AF165685

www.tredition.de

Wir haben versucht die Welt zu erkunden
und haben dabei kein Ende gefunden.

Wilfried Hildebrandt

Wer nicht fährt, der fliegt

mit Jetlag und Sicsac

© 2017 Wilfried Hildebrandt
Umschlag: Monika Hempel
Karten: © OpenStreetMap contributors
Routen: OpenRouteService.org

Verlag: tredition GmbH, Hamburg

ISBN
Paperback 978-3-7439-5584-4
Hardcover 978-3-7439-5585-1
e-Book 978-3-7439-5586-8

Printed in Germany

Das Werk, einschließlich seiner Teile, ist urheberrechtlich geschützt. Jede Verwertung ist ohne Zustimmung des Verlages und des Autors unzulässig. Dies gilt insbesondere für die elektronische oder sonstige Vervielfältigung, Übersetzung, Verbreitung und öffentliche Zugänglichmachung.

Inhalt

Reisen will gelernt sein...6
Estepona (Spanien)...7
Vielle-Saint-Girons (Frankreich)...25
Bonaire (Niederländische Antillen)...43
Teneriffa (Kanarische Inseln)...59
St. Martin / St. Maarten (Kleine Antillen)...69
El Portus (Spanien)...88
Le Porge (Frankreich)...103
Guadeloupe (Kleine Antillen)...119
Gdańsk (Polen)...140
Fuerteventura (Kanarische Inseln)...148
Tulum (Mexiko)...160
La Réunion (Indischer Ozean)...183
Gran Canaria (Kanarische Inseln)...195
Tavira (Portugal)...205
Korsika...213
Charlotte (USA)...218
Curaçao (Niederländische Antillen)...228
Alfarim (Portugal)...236
Antigua (Kleine Antillen)...245
Was sonst noch so passierte...254
Anhang: Reiseziele in Nord- und Mittelamerika...261

Reisen will gelernt sein

Das gilt vor allem in Bezug auf Sprachen. Zum Glück wird heute überall auf der Welt englisch gesprochen und an vielen Orten sogar auch deutsch, aber es macht allemal einen besseren Eindruck, wenn man wenigstens „Bitte" und „Danke" in der Landessprache sagen kann.

Ein Leser meines ersten Buches „Reisehusten und andere Urlaubsabenteuer" schrieb mir: „In Ihrem Buch geht es immer nur ums Essen."

Da gebe ich ihm recht, denn wenn man keine Pauschalreise macht, bei der für alles gesorgt ist, hat man tatsächlich die Aufgabe, sich um sein leibliches Wohl selber zu kümmern. Zum Glück ist dies heute einfacher als es vor der Wende in unseren sozialistischen Bruderländern war, aber getan werden muss es immer noch. Es bietet jedoch genau wie damals die Chance, sich mit Land und Leuten besser vertraut zu machen und auch etwas von der jeweiligen Sprache zu lernen, denn auf diese Weise hat man als Reisender auch mal Kontakt mit Einheimischen. Dabei folgt man unweigerlich dem Prinzip „Learning by doing", wie die Deutschen sagen oder auf Englisch ausgedrückt „Trial and error".

Auch in diesem Buch erfahren Sie wieder allerlei Erstaunliches, Vergnügliches und Interessantes, das ich auf meinen Reisen erlebt habe und Ihnen in unterhaltsamer Weise unterbreite.

Wer mein erstes Buch gelesen hat, wird manchen Verweis auf frühere Reisen verstehen, wer nicht, muss deshalb auch nicht auf das Lesevergnügen verzichten, und kann, wenn er will, das erste Buch eben nach dem zweiten lesen.

Als Anhänger der Freikörperkultur suchen wir bei unseren Reisen immer nach Naturistendörfern oder wenigstens FKK-Stränden, was allerdings nicht in jedem Fall gelingt, wie man hier lesen wird.

Bei der Lektüre dieses Buches wünsche ich viel Spaß und gute Unterhaltung.

Estepona (Spanien)

Im Jahr 1996 hatten wir wieder einmal Lust mit unserem Mitsubishi Colt zu neuen Ufern aufzubrechen. Bis ganz in den Westen Frankreichs hatten wir es ja schon geschafft, warum sollte es nun nicht weiter gehen? In Spanien gibt es auch Naturistendörfer. Eines davon heißt Costa Natura und liegt in der Nähe von Estepona. Dorthin wollten wir fahren, waren uns aber darüber im Klaren, dass dieses Ziel fast 3000 km von Berlin entfernt war, und dass wir bei unserer Art zu reisen mindestens vier Tage bis zum Ziel brauchen würden, aber das war es uns wert.

Da es uns in Südspanien im Sommer viel zu heiß war und außerdem die Preise besonders hoch waren, fuhren wir am 1. September von zu Hause los. Unsere Route führte uns wieder über Luxemburg, wo wir etwas außerhalb des Zentrums der Hauptstadt in einem sehr hübschen kleinen Hotel übernachteten.

Wir nahmen die Gelegenheit wahr, die Stadt ein wenig zu besichtigen und sie gefiel uns sehr gut. Wir hatten bisher eigentlich nicht viel über Luxemburg gewusst und wären wohl niemals auf die Idee gekommen, dorthin zu reisen, aber als wir dort waren, fanden wir immer mehr bemerkenswerte Dinge. Leider waren wir nur auf der Durchreise und hatten wenig Zeit.

Am nächsten Morgen brachen wir in Richtung Frankreich auf. Bald ging es wieder auf die uns nun schon so vertraute französische Autobahn. Diesmal besaßen wir schon Kreditkarten, womit sich die Bezahlung der Maut sehr vereinfachte und beschleunigte.

Gern hätten wir wieder in dem wunderschönen Hotel übernachtet, das wir drei Jahre zuvor durch Zufall gefunden hatten, aber leider war es geschlossen. Deshalb mussten wir weiterfahren und fanden erst in Nîmes ein Zimmer in einem der Billighotels, wie man sie in Frankreich häufig findet. Das war nicht besonders individuell, aber wir wussten vorher, was uns erwartete.

Als wir nach dem Einchecken noch nicht müde waren, sahen wir uns ein wenig in der Stadt um. Zu unserer großen Verwunderung gab es ein Amphitheater, das an eine Stierkampfarena erinnerte und um das herum unzählige zerschlagene rohe Eier lagen. Wir spekulierten, dass es dort tatsächlich noch Stierkämpfe gab und dass militante Tierschützer durch das Werfen mit Eiern dagegen protestiert hatten. Ob allerdings die Verwendung von Eiern als Wurfgeschosse mit dem Tierschutz in Einklang zu bringen war, bezweifelten wir, heißt es doch: „Wer mit Eiern wirft, versündigt sich am ungeborenen Leben."

Am nächsten Morgen ging es weiter. Zunächst fuhren wir wieder auf den französischen Autobahnen und ohne dass wir es richtig merkten, überquerten wir die Grenze zu Spanien. Die Autobahn unterschied sich nicht sehr von der in Frankreich. Sogar bei den Hinweistafeln gab es erstaunliche Übereinstimmungen. So hieß die Ausfahrt in Frankreich Sortie und in Spanien Sortida. Natürlich wusste ich, dass beides romanische Sprachen waren, aber dass die Übereinstimmung so groß sei, hatte ich nicht vermutet. Im weiteren Verlauf der Fahrt wurde ich immer zuversichtlicher, denn Französisch verstand ich inzwischen recht gut.

Ich wusste nicht, dass wir uns in Katalonien befanden, wo katalanisch und nicht wirklich spanisch gesprochen wird.

Auch die Mautstellen unterschieden sich nicht von denen in Frankreich, sodass wir damit keine Probleme hatten. Allerdings waren die Gebühren höher als in Frankreich.

Die Durchquerung von Barcelona war dann eine nervenaufreibende Angelegenheit. Man musste höllisch aufpassen, um im Gestrüpp der Autobahnen die richtige Richtung beizubehalten. Das Gute war, dass es um die Stadt herum keine Maut gab. Hinter Barcelona wurde es einfacher den Weg zu finden, aber da ging es wieder mit der Maut los.

Da uns die hohen Gebühren auf den spanischen Autobahnen ärgerten, beschlossen wir, auf der Landstraße, die parallel zur Autobahn verlief, weiterzufahren. Man sah mehr und sparte Geld - dachten wir jedenfalls. Da wir gerade auf Höhe des Ebrodeltas waren, versprachen wir uns eine besonders schöne Aussicht auf die Landschaft mit vielerlei Tieren und Pflanzen. Wir hatten gelesen, dass dort sogar Reis angebaut würde.

Soweit die Theorie. In der Praxis sah es jedoch so aus, dass diese neben der Autobahn verlaufende Landstraße außerordentlich stark befahren war. Der Anteil an sehr langsam fahrenden landwirtschaftlichen Fahrzeugen war sehr groß, weshalb wir nur mit ganz geringer Geschwindigkeit vorankamen. Das Betrachten der Landschaft entfiel, da die vielen Überholvorgänge und nötigen Ausweichmanöver meine ganze Aufmerksamkeit beanspruchten. Da auch meine Frau nicht wagte, den Blick von der Fahrbahn zu nehmen, beschlossen wir nach etwa einer Stunde zur Autobahn zurückzukehren. Das war zwar teurer, aber wenn wir uns anschauten, wie weit wir in der letzten Stunde gekommen waren, dann ahnten wir, dass wir ohne Autobahnbenutzung wahrscheinlich mehrere Wochen bis zu unserem Ziel brauchen würden.

Nunmehr wieder beschleunigt, erreichten wir Valencia, wo wir gewissermaßen en passant ein Hotel fanden. Wir checkten ein und hatten noch Zeit, uns ein wenig die Stadt anzusehen. Zum Glück befand sich unser Hotel direkt in der Altstadt und so hatten wir es nicht weit zur berühmten Kathedrale von Valencia. In deren Nähe fanden wir auch ein Freiluftrestaurant, welches wir für unser Abendessen wählten. Nach einem kleinen Verdauungsspaziergang gingen wir in unser Hotelzimmer um zu schlafen.

Für die Weiterfahrt am nächsten Tag wählten wir die Autobahn A-7 und ich musste erstaunt zur Kenntnis nehmen, dass die Ausfahrt nun nicht mehr Sortida sondern Salida hieß. Wir hatten Katalonien verlassen und von nun an wurde richtiges Spanisch gesprochen und geschrieben.

Auf unserer Fahrt passierten wir an diesem Tag unter anderem die Städte Alicante, Murcia, Granada, Málaga und Marbella, bis wir endlich am späten Nachmittag bei Costa Natura, unserem Ziel eintrafen.

An der Rezeption wurden wir freundlich auf Deutsch begrüßt. Wahrscheinlich sahen wir aus wie typische Deutsche. Wir wurden darauf hingewiesen, dass es sich bei der Anlage um ein FKK-Dorf handelte. Als wir dies zustimmend zur Kenntnis nahmen, bekamen wir drei Schlüssel und einen Lageplan mit Kreuzchen an den Stellen, wo es freie Häuser gab.

Nachdem wir uns das schönste Häuschen ausgesucht hatten, kehrten wir zur Anmeldung zurück, um den Vertrag zu unterschreiben. Danach brachten wir unser Gepäck ins Haus. Das Auto musste auf einem Parkplatz außerhalb der Ferienanlage abgestellt werden.

In der Anlage gab es viele exotische Pflanzen, an deren Anblick wir uns erfreuten. Glücklich bummelten wir über das Gelände, denn es war für uns einfach faszinierend dort zu sein, wo Orangen und Bananen wuchsen.

Das Meer war nur einen Katzensprung von unserem Haus entfernt. Da der Sandstrand recht klein war, lag man nicht direkt im Sand am Wasser, sondern weiter oben im Gras, was der Erholung jedoch keinen Abbruch tat.

Nicht so gut gefiel uns die Wasserqualität. Es war erschreckend, wie schmutzig das Mittelmeer an dieser Stelle war. Vor der Küste ankerten viele große und kleine Yachten und wir hatten den Verdacht, dass der auf diesen Schiffen anfallende Müll einfach ins Meer entsorgt würde. So traf man beim Schwimmen ständig auf leere Verpackungen, Plastiktüten und andere Abfälle.

Im Haus gab es sogar einen Fernseher, mit dem man auch deutsche Sender empfangen konnte. So waren die Abende mehr oder weniger mit Fernsehen ausgefüllt. Wir lasen nur am Strand und auf der Terrasse. An englischsprachiger Literatur gab es in dieser Anlage keinen Mangel, denn die meisten Urlauber kamen aus Großbritannien.

Unsere Nachbarn kamen aus Belfast, von wo man zu dieser Zeit nur schlimme Dinge hörte. Ich unterhielt mich gern mit dem Mann und war erstaunt, dass er so ein fröhlicher Mensch war, bei allem, was er miterlebt hatte. Das war wohl der sprichwörtliche britische Humor.

Gleich am ersten Tag hatten wir bemerkt, dass unser Kühlschrank defekt war. Er kühlte zwar noch, aber die Tür ließ sich nicht richtig schließen, sodass er ununterbrochen arbeiten musste, um die Innentemperatur niedrig zu halten. Wir meldeten diesen Schaden an der Rezeption und bald darauf kam ein junger Angestellter, um sich den Schaden anzusehen. Er nickte kurz und verließ uns mit den freundlichen Worten: „Mañana, five minutes." Das Erste konnte ich trotz meiner nur minimalen Spanischkenntnisse mit „morgen" übersetzen, das Zweite hieß eindeutig „fünf Minuten". Wir waren gespannt, welche Variante die gültige war.

Um es vorwegzunehmen, keine von beiden traf zu. Wir sahen den freundlichen jungen Mann während unseres gesamten Urlaubs nicht wieder.

Jeden Morgen ging ich in den kleinen Supermarkt und kaufte ein Pan zum Frühstück. Pan war eine Art Baguette. Ich freute mich, eine weitere Ähnlichkeit mit der französischen Sprache gefunden zu haben. Wenn man dem Ladenbesitzer das Geld passend gab, rief er jedes Mal erfreut: „¡Fantástico!"

Für den großen Einkauf fuhren wir nach Estepona. Dort gab es einen riesigen Supermarkt. Erfreut stellten wir fest, dass die Preise nicht so hoch waren wie in Frankreich. Dafür gab es aber auch nicht so leckeren Käse.

Damals schrieben wir noch Ansichtskarten aus dem Urlaub. Die Karten hatten wir im Supermarkt gekauft, aber für den Erwerb von Briefmarken mussten wir zur Post gehen. Leider fanden wir die Post in Estepona nicht auf Anhieb. Als ein Junge unseren Weg kreuzte, fragte ich ihn nach der Post. Da die Spanier, mit denen wir bisher gesprochen hatten, alle englisch sprachen, dachte ich, dass der Junge es auch könnte. Deshalb fragte ich ihn nach dem „post office". Er sah mich nur fragend an. Okay, dachte ich, vielleicht kennt er das schöne Wort „mail" besser, aber auch da schaute er nur verwirrt. Als dann auch „bureau de poste" nicht funktionierte, dankte ich ihm, denn „gracias" konnte ich schon sagen, und wir suchten auf eigene Faust weiter. Nach langem Hin und Her fanden wir endlich ein Gebäude, das wie ein Postamt aussah und bei näherer Betrachtung auch eines war. An der Tür stand „Correos", was dann wohl Post auf Spanisch hieß. Wieder was dazugelernt!

Da wir möglichst viel von Andalusien sehen wollten, machten wir Ausflüge in die nähere und weitere Umgebung. So fuhren wir einmal nach Ronda, um diese schöne alte Stadt zu besichtigen. Es war eine anstrengende Fahrt auf einer steilen schmalen Straße und zu allem Überfluss wurde es unterwegs auch noch neblig. Oben war es aber wieder schön warm und von Nebel war keine Spur. So konnten wir alle Sehenswürdigkeiten besichtigen und mussten nur aufpassen, dass wir keinen Sonnenbrand bekamen, denn es wehte ein kühles Lüftchen, aber die Sonne war sehr intensiv.

Am besten gefiel uns die Puente Nuevo, von der aus man einen herrlichen Ausblick hatte. Wenn man bedenkt, dass diese 70 Meter lange und 98 Meter hohe Brücke schon im 18. Jahrhundert errichtet wurde, ist man voller Bewunderung für die damaligen Baumeister.

So verbrachten wir einen schönen Tag in Ronda und fuhren abends wieder zu unserer Ferienanlage. Auf dem Weg nach unten regnete es wie aus Eimern.

Als wir am Haus waren, begrüßte uns der nordirische Nachbar. Ich erzählte von unserer Fahrt und dem Wetter unterwegs. Er zeigte auf den knochentrockenen Boden unter unseren Füßen. Über Costa Natura hatte wieder den ganzen Tag die Sonne geschienen. Wir fragten uns, ob es dort überhaupt jemals regnete.

Nach einigen Tagen Baden und Faulenzen hatten wir wieder Lust darauf, Neues zu entdecken. Deshalb starteten wir eines Morgens in Richtung Gibraltar. Wir wussten nicht viel darüber, außer dass es sich um eine britische Enklave in Spanien handelte, um die es immer wieder Ärger zwischen Spanien und dem vereinigten Königreich gab. Wir waren neugierig auf diesen südlichsten Zipfel Europas.

Gibraltar war etwa 35 Kilometer entfernt von Costa Natura und so dauerte es nicht lange, bis wir uns in La Linea in eine lange Schlange von Autos einreihten, die alle nach Gibraltar hineinwollten. Uns schien es, als ob es gar nicht voranging. Nach einer Weile hörten wir ein Flugzeug starten, danach kam die Kolonne wieder in Bewegung.

Wir wurden an vergangene Zeiten erinnert, als wir noch an Grenzübergängen anstehen mussten. Gibraltar war landseitig von einem Zaun umgeben und es gab nur einen einzigen Übergang. Überall sah man Plakate an diesem Zaun, auf denen gegen diese Abschottung protestiert wurde.

Irgendwann waren wir dann am Kontrollpunkt und wurden durchgewinkt, da wir wohl wie harmlose Touristen aussahen, die wir ja auch waren.

Kurios war, dass man, um in die Stadt zu gelangen, zuerst die Start- und Landebahn des Flughafens überqueren musste. Um Zusammenstöße zwischen Autos und Flugzeugen zu verhindern, gab es eine Schranke, die dann bei Bedarf heruntergelassen wurde, sodass die Autos warten mussten, wie am Bahnübergang, wenn ein Zug kommt. Da wohl eben ein Flugzeug gestartet war, hatte es offenbar wegen der geschlossenen Schranke einen Rückstau bis nach Spanien gegeben.

Befriedigt nahm ich zur Kenntnis, dass in Gibraltar Rechtsverkehr herrschte, obwohl alles nach „Good Old England" aussah, wie zum Beispiel der original englische Bobby und der typische Londoner Doppeldeckerbus.

Dieser Stadtstaat ist sehr klein und man sieht, dass die Einwohner versuchen, jeden Quadratzentimeter zu nutzen. Demzufolge sind auch Parkplätze Mangelware. Zum Glück gab es jedoch einen großen Supermarkt mit einem Parkplatz davor. Dort konnten wir unser Auto abstellen und die Erkundung zu Fuß fortführen.

Die Main Street war größtenteils Fußgängerzone und es machte Spaß, sie entlang zu schlendern. Es war eine ganz tolle Mischung zwischen spanischer Ausgelassenheit und britischer Vornehmheit. Überall gab es Souvenirshops und Restaurants. Wir hatten noch einige britische Pfund von unserem Londonbesuch und so kauften wir damit einige Kleinigkeiten als Mitbringsel für die Söhne. Als Wechselgeld erhielten wir Gibraltar-Pfund, die genauso viel wert waren wie britische Pfund, aber etwas anders aussahen.

Bei unserem Bummel kamen wir an eine Stelle, an der Bustouren zum Ape's Rock starteten und wir entschieden uns, solch eine Tour mitzumachen. Im Bus warteten schon andere Touristen und als wir einstiegen, war wohl die Mindestteilnehmerzahl erreicht, sodass es gleich losging.

Oben auf dem Berg stiegen wir aus und genossen die Aussicht über die Straße von Gibraltar und konnten sogar bis nach Afrika sehen. Es dauerte gar nicht lange, da erschienen die legendären Berberaffen auf der Bildfläche. Sie waren tatsächlich so frech, wie wir es gelesen hatten. Zum Glück führten wir nichts Essbares mit uns und waren auch davor gewarnt worden, Brillen und Mützen zu tragen, denn das alles wäre unweigerlich von den Affen geraubt worden. Unsere Reiseführer hatten ausgesprochene Mühe, die Makaken von dem Kleinbus zu vertreiben, auf dessen Dach sie immer wieder herumsprangen.

Als wir wieder zurück in der Stadt waren, packte uns wie jeden Mittag der Hunger. Zum Glück gab es auf der Main Street keinen Mangel an Restaurants. Also suchten wir uns eines aus, bei dem es unsere englische

Lieblingsspeise Fish & Chips gab, was außerdem das preiswerteste Essen war, das angeboten wurde.

Das Restaurant war vornehmer, als wir es von draußen erwartet hatten. Eine äußerst korrekt gekleidete Kellnerin kam an unseren Tisch und fragte nach unseren Wünschen. Ich bestellte zwei Portionen Fish & Chips und dazu zwei Gläser Orangensaft.

Der Orangensaft kam auch sehr schnell. Ich war ein wenig enttäuscht, denn die Gläser waren sehr klein und wir hatten großen Durst. Bevor das Essen kam, bestellten wir noch zwei gleiche Getränke, dann war der schlimmste Durst gelöscht.

Das Essen glich weder in Qualität noch in Quantität dem, was wir von den Berliner Pubs gewöhnt waren. Es war wahrscheinlich frischer Fisch, der mit Kartoffelecken serviert wurde. Zusammenfassend kann ich sagen: „Es war wenig, aber gut."

Nach dem Essen bestellte ich die Rechnung, die ich mit der Kreditkarte bezahlen wollte. Die Rechnung kam und zu unserem Erstaunen waren die Getränke genauso teuer wie das Essen. Als ich fragte, ob das ein Fehler sei, antwortete mir die Kellnerin beleidigt: "It was fresh squeezed juice!"

Ich konnte es kaum glauben, dass in diesem Land, wo die Apfelsinen einem praktisch in den Schoß fielen so ein bisschen Saft so teuer sein konnte. Wahrscheinlich war das Auspressen der Früchte so aufwendig und so machten wir gute Miene zum bösen Spiel, nahmen uns allerdings vor, beim nächsten Mal etwas genauer hinzusehen, bevor wir etwas bestellen.

Nach dem Essen bummelten wir die Main Street zurück zum Parkplatz, auf dem unser Auto stand. Da wir schon mal da waren, nutzten wir die Gelegenheit zum Einkaufen in dem Supermarkt. Trotz des komplizierten Umrechnungskurses von Peseta und Pfund konnten wir feststellen, dass alles etwas billiger war als in Spanien. Da auch das Benzin günstig war, tankten wir an der einzigen Tankstelle Gibraltars und verließen dieses kleine Überbleibsel britischer Kolonialzeit durch das einzige Tor. Raus ging es dann ganz schnell ohne geschlossene Landebahnschranke und ohne Grenzkontrolle.

Von diesem Städtetrip mussten wir uns in Costa Natura erst ein paar Tage erholen, dann schlug wieder der Entdeckergeist zu. Wir hatten vor, eine Fahrt über das Mittelmeer nach Afrika zu machen. Dort gibt es zwei spanische Exklaven, von denen eine Ceuta heißt. Diese wollten wir uns ansehen.

Zu diesem Zweck fuhren wir eines Morgens an Gibraltar vorbei in das etwa 45 Kilometer entfernte Algeciras, von dessen Hafen aus wir in See stechen wollten. Als wir dort eintrafen, mussten wir uns in eine lange Schlange wartender Autos einreihen. Alle wollten in das Hafengelände einfahren, aber die Tore waren noch geschlossen.

Während wir anstanden, kamen zwei junge Männer auf uns zu und winkten ganz aufgeregt. Sie versuchten mir in spärlichem Englisch zu erklären, dass bis zur Abfahrt des Schiffes nicht viel Zeit blieb und dass sie mir zeigen könnten, wo ich schnell Tickets kaufen könnte. Ich ließ mich hinreißen und rannte mit ihnen über die große Straße, auf der wir gekommen waren. Auf der gegenüberliegenden Seite gab es tatsächlich ein Verkaufsbüro für Schiffstickets, das einen ganz seriösen Eindruck machte. Ich kaufte zwei Tickets nach Ceuta, konnte aber leider nicht mit Kreditkarte bezahlen, und so wurde ich fast mein gesamtes spanisches Bargeld los.

Dann rannten wir wieder zurück zum Auto und die beiden Typen erklärten mir, dass es im Hafengelände keine Parkplätze gebe, sie mir aber einen Parkplatz besorgen könnten – für Geld natürlich. Ich fragte, wie viel es denn kosten würde, verstand aber die Antwort nicht. Ich zeigte mein gesamtes Bargeld vor, doch es reichte nicht. Daraufhin fing einer der beiden an, in meinem Portemonnaie zu suchen, ob da nicht noch verborgene Scheine seien, was mir eindeutig zu weit ging. Zum Glück ging in diesem Moment das Tor auf, sodass ich schnell ins Auto einstieg und gemeinsam mit den anderen Wartenden in das Hafengelände fuhr.

Ich stellte das Auto auf einen der zahlreichen kostenlosen Parkplätze und war froh, kein Geld für den Außenparkplatz mehr gehabt zu haben. Ob meine Tickets teurer waren als die, die im Hafen angeboten wurden, wollte ich gar nicht wissen. Ich wusste nur, dass ich mich wie ein typischer unwissender Tourist benommen hatte.

Zum Glück war uns kein nennenswerter Schaden entstanden. Wir waren einfach um eine Erfahrung reicher geworden.

Bis zur Abfahrt des Schiffes hatten wir noch viel Zeit. Wir schauten uns im Hafen um und sahen, dass es auch Fahrten nach Tanger gab. Ein solcher Schiffsausflug hätte uns sicher auch interessiert, aber die Fahrt dauerte so lange, dass wir es nicht geschafft hätten, am selben Tag zurückzukommen. Wir waren froh, dass wir die kurze Tour nach Ceuta gewählt hatten und gingen nach Aufforderung durch das Personal an Bord des Schiffes, das uns nach Afrika bringen sollte.

Die Fahrt war recht kurz und unspektakulär. Man sah die ganze Zeit den Felsen von Gibraltar und auf der anderen Seite die afrikanische Küste, die ebenfalls felsig war.

Nach einer Stunde legte das Schiff an und wir betraten zum ersten Mal afrikanischen Boden. Vielleicht war es Einbildung, aber es schien uns noch wärmer zu sein als in Südeuropa, wo wir gerade herkamen.

Das erste Gebäude, auf das wir stießen, war anscheinend die Stadtverwaltung. Es war in einem sehr gepflegten Zustand, wie es auch in jeder spanischen Stadt stehen könnte.

Auf der Straße ging es noch viel quirliger, um nicht zu sagen chaotischer zu als in Spanien. Wir schlenderten die Hauptstraße entlang und schauten uns neugierig um. Überall gab es junge dunkelhäutige Männer, die ganz eifrig den suchenden Autofahrern Parkplätze zeigten und dafür ein Trinkgeld bekamen. Ich musste an unsere Straße in Berlin-Prenzlauer Berg denken, wo ich auch jedem Trinkgeld zahlen würde, der mir abends eine freie Parklücke zeigt.

Auf uns wirkte Ceuta viel größer und sauberer als Gibraltar, was auch logisch schien, denn sie hatten ja viel mehr Platz da drüben in Afrika.

Beim Weitergehen kamen wir zu einer Markthalle und konnten nicht widerstehen hineinzugehen. Diese Besichtigung hätten wir uns lieber sparen sollen, denn was wir da sahen, war nicht dazu geeignet, dort zu verweilen oder gar einzukaufen. Es wurde vor allem rohes Fleisch angeboten und bei der herrschenden Hitze hatte es die optimale Temperatur für die

Vermehrung von Bakterien. Die Händler versuchten gar nicht mehr, die Legionen von Fliegen zu verscheuchen und so konnte man sich die Madendichte im Fleisch gut vorstellen. Der Geruch in der Halle war fast unerträglich.

Wir kamen übereinstimmend zu dem Entschluss, in Ceuta nicht essen zu gehen, denn wo sonst, als in dieser Markthalle, kauften wohl die Köche der hiesigen Restaurants ihre Zutaten, wie Fleisch und Fisch. Hunger und Durst hatten wir aber trotzdem. Deshalb kauften wir uns in einem kleinen Supermarkt eine Flasche Mineralwasser und ein Päckchen Babybel, denn das war der einzige verpackte Käse, der dort angeboten wurde.

Zum Verzehr unseres spärlichen Mahls setzten wir uns in einen Park unter einen Schatten spendenden Baum. Um uns herum tobte das Leben. Wir konnten gar nicht genug sehen. Alles, was wir sahen, war sehr exotisch und wir machten uns bewusst, dass wir auf dem afrikanischen Kontinent und trotzdem in der Europäischen Union waren. Wahrscheinlich war es diese besondere Mischung aus Europa und Afrika, die uns faszinierte.

Nachdem wir lange genug geschaut hatten, ließen wir es uns nicht nehmen, bis zur marokkanischen Grenze zu gehen, um uns den Grenzzaun anzusehen, der die Afrikaner davon abhalten sollte, über Ceuta nach Europa zu kommen. Hatten wir erwartet eine Art Berliner Mauer vorzufinden, so hatten wir uns geirrt. Es gab lediglich einen etwa drei Meter hohen Zaun mit Stacheldraht und Wachposten entlang der Grenze.

Durchgeschwitzt und hungrig kehrten wir zum Hafen zurück. Sicherheitshalber wollten wir mit dem vorletzten Schiff des Tages zurückfahren, denn wir befürchteten, das letzte könnte ausfallen und übernachten wollten wir in Ceuta auf keinen Fall.

Bevor wir an Bord gehen durften, wurden wir erst einmal kontrolliert. Wir mussten unsere Pässe zeigen, die wir vorsichtshalber mitgenommen hatten, denn schließlich waren wir ja nach Afrika gereist. Da wir nicht so aussahen wie geflüchtete Marokkaner und unsere Pässe gültig waren, durften wir auf das Schiff.

Mit uns waren mehrere Nordafrikaner an Deck, die offensichtlich die Erlaubnis hatten, hinüber nach Spanien zu fahren. Vielleicht waren sie ja Einwohner der spanischen Exklave und als solche EU-Bürger wie wir.

Bevor das Schiff ablegte, rollten die Männer ihre Gebetsteppiche auf dem Deck aus und richteten diese wohl gen Mekka aus. Dann zogen sie ihre Schuhe und langen Hosen aus, die sie unter ihren weißen Gewändern trugen, knieten sich hin und beteten.

Es war für uns eine ganz neue Erfahrung, denn dass Moslems beim Beten keine Hosen anhaben durften, hatten wir noch nie gehört. Für Christen und Juden wäre es wohl eher unanständig, wenn sie sich zum Gebet die Hosen ausgezogen hätten. Da erlebten wir mal an einem kleinen Beispiel, wie unterschiedlich die Moralvorstellungen der einzelnen Religionen sind.

Als sie fertig waren, zogen sie ihre Hosen und Schuhe wieder an und aßen einige Weintrauben und dazu trockenes Weißbrot.

Inzwischen hatte sich das Schiff in Bewegung gesetzt und wir näherten uns schon wieder dem europäischen Kontinent. Dort angekommen, stiegen wir in unser Auto und fuhren zu unserem vorübergehenden Heim.

Von diesem anstrengenden Tag mussten wir uns dann bis zum Urlaubsende am und im Mittelmeer erholen, wenn auch das Schwimmen zwischen den Abfällen keinen allzu großen Spaß machte.

Eigentlich wollten wir es auf keinen Fall versäumen, die weltberühmte Alhambra zu besuchen. Unser nordirischer Nachbar hatte eine Bustour dorthin mitgemacht und mir hinterher begeistert davon erzählt. Leider war diese Sehenswürdigkeit mehr als 200 Kilometer von unserem Ferienort entfernt, sodass wir darauf verzichtet hatten von Costa Natura aus dorthin zu fahren. Vielmehr wollten wir auf unserer Rückfahrt einen kleinen Abstecher nach Granada machen.

Das taten wir dann auch und standen gegen Mittag am Ende einer langen Schlange vor der Kasse des Alhambra. Trotz der Mittagshitze wollten wir nicht weggehen. Die Geduld wurde jedoch besonders stark dadurch strapaziert, dass ständig Busse ankamen und weitere Anwärter auf das Monument ausspuckte, welche an uns vorbei gingen und sofort eingelassen wurden. Nachdem wir eine Stunde gestanden hatten, tauchten plötzlich einige Frauen auf, die Zweige vom Gebüsch abrissen und an die Wartenden verteilten. Auch ich war einer der Beschenkten. Ich wusste nicht, was ich mit dem Grünzeug anfangen sollte und hielt es unschlüssig in der Hand. Die Frau, die mir diesen Zweig gegeben hatte, forderte nun aber plötzlich Geld. In mehreren Sprachen sagte sie, dass dies ein Glücksstrauß sei und dass ich ihr dafür Geld schulde.

Also versuchte ich, ihr den Zweig zurückzugeben, was jedoch nicht gelang, da sie sich dagegen heftig wehrte und wie eine Furie auf mich losging. Um es nicht zum Handgemenge kommen zu lassen, traten wir den geordneten Rückzug an, indem wir zum Auto gingen und weiterfuhren.

Somit musste eine weitere Touristenattraktion ohne unseren Besuch klarkommen.

Auf der Fahrt kamen wir an der Sierra Nevada vorbei. Die Berge sahen tatsächlich aus wie Sägezähne und machten ihrem Namen alle Ehre.

Auch die Höhlen von Guadix lagen auf unserem Weg und wir warfen einen schnellen Blick darauf, denn wir mussten uns beeilen, wenn wir die Verzögerung durch Granada wieder aufholen wollten. Schließlich hatten wir für die Heimfahrt nur fünf Tage eingeplant. Die nächste Nacht wollten wir in Valencia verbringen, woraus leider nichts wurde, denn am Abend waren wir erst in Alicante.

Deshalb suchten wir uns dort ein Hotel. Wir checkten ein, nahmen unser kleines Gepäck mit aufs Zimmer und duschten, denn es war immer noch sehr heiß, obwohl es Ende September war.

Dann besichtigten wir die Umgebung des Hotels, die aber leider keine optischen Höhepunkte bot. Was also blieb uns übrig als im Hotel zu Abend zu essen?

Obwohl es nach 20 Uhr war, waren wir wieder einmal die ersten Gäste. Trotzdem war der Kellner freundlich und wir wurden gut bedient. Erstaunlicherweise sprach er kein Englisch oder gar Deutsch. Deshalb war es mit der Verständigung ein bisschen kompliziert, aber wir hatten ja bei unserem Aufenthalt schon einige spanische Wörter gelernt, sodass wir am Ende genau das bestellen konnten, was wir wollten und es auch bekamen.

Als wir dann gegen 23 Uhr endlich im Bett lagen, konnten wir vor Hitze gar nicht einschlafen. Da es keine Klimaanlage gab, öffneten wir alle Fenster, aber es kam von draußen auch nur warme Luft herein. Zu dieser Luft gesellten sich leider auch noch Geräusche, die das Schlafen unmöglich machten. Unter unserem Zimmer lag nämlich ein Garagenhof, der auch um diese Zeit noch sehr gut besucht war. Ein Auto nach dem anderen kam, der Fahrer stieg aus, schlug dann natürlich die Autotür zu, öffnete lautstark ein Garagentor, stieg wieder in sein Auto ein, wobei er selbstverständlich die Autotür wieder zuknallte, fuhr in die Garage, ließ den Motor noch einmal richtig aufheulen, stieg aus, haute die Autotür zu, wobei uns in der Garage das Schließen der Autotür noch lauter erschien, dann schloss er am Ende lautstark das Garagentor.

Es wurde schon wieder hell, als wir endlich einschlafen konnten, denn dann hatte wohl auch der Letzte sein Auto eingeschlossen.

Dass wir am nächsten Morgen lange schliefen und trotzdem nicht sehr ausgeruht waren, versteht sich wohl von selbst.

Etwas später als gewöhnlich frühstückten wir und setzten unsere Fahrt fort.

Ich hatte es mir in den Kopf gesetzt, das Fürstentum Andorra mit seiner in Europa höchstgelegenen Hauptstadt kennenzulernen. Deshalb entfernten wir uns bei Tarragona vom Mittelmeer und fuhren in Richtung Pyrenäen. Dann erfolgte eine schöne Fahrt über Bergstraßen bis wir Andorra la Vella erreicht hatten. Dort suchten wir uns ein Hotel. Da ich nicht wusste, ob man in Andorra spanisch oder französisch spricht, versuchte ich es mit Englisch, was in fast jedem Hotel der Welt gesprochen wird – also auch dort.

Trotz eines sehr günstigen Preises bekamen wir gleich eine kleine Suite mit getrennten Räumen zum Schlafen und Wohnen. Hier machten sich wohl die geringen Steuern in Andorra bemerkbar. Weil Andorra keine eigene Währung hatte, konnten wir uns aussuchen, ob wir in spanischen Pesetas oder französischen Franc bezahlen wollten, was mir eigentlich egal war, aber da es nun einmal entschieden werden musste, wählte ich Franc und zahlte mit Kreditkarte.

Auf dem Weg von Alicante nach Andorra hatten wir versucht unseren Proviant mithilfe einer Kühlbox frisch zu halten. Diese Kühlbox wurde mit Strom aus der Autosteckdose versorgt. Offenbar hatte es einen Defekt in der Box gegeben, sodass eine Sicherung im Auto durchgebrannt war. Aus diesem Grund waren z.B. die Instrumentenbeleuchtung und das Radio ausgefallen. Keine schlimme Sache, aber ich wollte doch für unsere Weiterfahrt lieber wieder alles in Ordnung haben. Da es mir nicht gelungen war, die Sicherung im Auto selber auszutauschen, suchte ich eine Mitsubishi-Werkstatt auf.

Dort ging ich zu dem Chef und versuchte ihm mein Problem klarzumachen. Leider wusste ich nicht, was Sicherung auf Spanisch oder Französisch heißt und versuchte es mit Englisch, jedoch sah er mich nur hilflos an, denn er verstand kein Wort. Auch meine freie Interpretation des englischen Wortes fuse in fühs oder fusa brachte mich meinem Ziel keinen Millimeter näher.

Also ging ich in die Werkstatt, schnappte mir einen der dort Beschäftigten. Nach dem obligatorischen „¡Hola" wusste ich mir keinen anderen Rat, als zu sagen: „¡Vamos!" Ich deutete auf unser Auto und er folgte mir. Dann zeigte ich ihm das Problem und innerhalb kürzester Zeit war die Sicherung ausgewechselt. Er bekam 500 Pesetas und beide sagten wir gleichzeitig „Muchas Gracias".

Dann hatten wir endlich Zeit uns dieses sonderbare kleine Land anzuschauen. Es gab viele Möglichkeiten sehr preiswert einzukaufen. Modefans, Freunde des geistigen Getränkes und Raucher mussten hier im Paradies sein, aber die Berge rings herum waren auch sehr attraktiv und boten uns eine gute Gelegenheit zum Wandern. Es war herrliches Wetter und wir liefen auf einem Rundweg einmal um die Stadt herum.

Am Abend gingen wir essen und freuten uns erneut über die verbraucherfreundlichen Preise in Andorra.

Am nächsten Morgen fuhren wir weiter in Richtung Frankreich. Je weiter wir kamen, desto französischer wurde alles um uns herum. Kurz vor der Grenze tankten wir noch billig. Beim Tankwart sagte ich: „Faites-moi le plein, s'il vous plaît." Er verstand mich und mit vollgetanktem Auto machten wir uns an die Abfahrt. Die Strecke war sehr kurvenreich und bei meiner Frau setzte die übliche Übelkeit ein.

Hinter einer Kurve stand der französische Zoll und kontrollierte. Wir wurden aber durchgewinkt. Es ging wohl nur um französische Schnaps- und Zigarettenschmuggler.

Die nächste Übernachtung hatten wir in Dijon. Als wir an die Rezeption kamen, grüßten wir aus Gewohnheit mit „¡Hola". Später schauten wir uns die Stadt an, soweit wir dazu vor Müdigkeit noch in der Lage waren und kauften Senf, für den diese Stadt einst so berühmt war.

Beim Abendessen machten wir einen großen Fehler, denn wir dachten, dass wir die französische Küche schon ganz gut kannten und wüssten, was wir essen könnten und was nicht. Wir setzten uns in ein Freiluftrestaurant und schauten uns die Angebote auf einer schwarzen Tafel an. Dort lasen wir das wohlklingende Wort „Andouillette" und meinten, dass wir dieses Gericht einmal bestellen sollten. Die Kellnerin fragte bei unserer Bestellung, ob wir wüssten, worum es sich handele, was ich bejahte, denn ich hatte keine Lust auf lange Erklärungen, die ich sowieso nicht verstehen würde. Was dann kam, war eine recht unangenehme Überraschung. Auf dem Teller lagen außer Pommes Frites und grünem Salat eine Menge kleiner gebratener Röllchen, die nicht schlecht aussahen, wenn da nicht dieser ekelhafte Geruch gewesen wäre. Meine Frau schob den Teller von sich, ohne auch nur einen Bissen probiert zu haben, ich versuchte wenigstens eines der Röllchen zu essen, hatte aber Mühe es herunterzuschlucken, weil mir die gummiartige Konsistenz und der Geschmack nicht gefielen. Ich schluckte dennoch tapfer, aber beschränkte mich danach auf die Pommes und Salatblätter, die nicht mit der Soße in Berührung gekommen waren.

Als auch ich das Essen eingestellt hatte, legte ich mein Besteck so hin, dass die Kellnerin sehen konnte, dass ich fertig war und hoffte, dass sie nun die Teller wegräumen würde und wir die Rechnung bekämen. Das war leider ein Trugschluss, denn sie dachte nicht im Traum daran, noch einmal zu uns zu kommen, vielmehr bediente sie erst alle anderen Gäste und würdigte uns keines Blickes. Offenbar nahm sie es persönlich übel, dass wir das gute Essen verschmähten und strafte uns nun mit Nichtachtung. Während wir warteten, kramte ich meinen Reiseführer heraus und fand unter dem Begriff „Andouillette" tatsächlich eine Erklärung. Es handelte sich demnach um eine sogenannte Gekrösewurst meist bestehend aus Darm und Magen von Schweinen.

Irgendwann erbarmte sich die Kellnerin dann doch noch und räumte unsere Teller ab. Nachdem wir bezahlt hatten, gingen wir um eine Erfahrung reicher in unser Hotel.

Am nächsten Tag fuhren wir bis Fritzlar in Hessen, wo wir einen großen Bummel durch die Stadt machten. Die Stadt hat eine große Bedeutung für meine Frau, da ihre Großmutter dort geboren und aufgewachsen ist.

Am Sonnabend, trafen wir dann abends glücklich nach vier Wochen wieder zu Hause ein.

Nach unserer Bulgarienreise war das die weiteste und vielfältigste Autotour, die wir bis dahin unternommen hatten. Wir hatten so viel Neues gesehen und Interessantes erlebt, dass uns der Kopf lange schwirrte von all den Eindrücken.

Es blieb nur der Sonntag, dann mussten wir wieder arbeiten gehen und Geld für die nächste Reise verdienen.

Vielle-Saint-Girons (Frankreich)

Im Herbst 1997 hatten wir erneut Sehnsucht nach der französischen Atlantikküste. Unser Ziel war ein weiteres Village Naturiste mit dem komplizierten Namen Arnaoutchot in der Nähe von Biarritz. Viele bevorzugen die Abkürzung Arna, da sie sich bedeutend leichter sprechen und merken lässt.

Wir hatten inzwischen ein neues Auto - einen Mitsubishi Carisma. Es war nicht nur größer, sondern hatte auch eine Klimaanlage, die im sonnigen Südfrankreich besonders wichtig sein würde. Bisher hatten wir es zwar mit dem alten Auto ohne Kühlung auch ausgehalten, aber es machte keinen Spaß überall durchgeschwitzt und mit Nackenschmerzen, die vom Fahren mit offenen Fenstern herrührten, anzukommen.

Als wir am frühen Morgen des 31. August in unserem Auto saßen und gerade über die Bornholmer Straße in Richtung Stadtautobahn fuhren, erreichte uns aus dem Radio die traurige Nachricht, dass Lady Diana, die Ex-Ehefrau des britischen Thronfolgers in Paris infolge eines Autounfalls verstorben war. Die genauen Umstände waren zunächst unklar und sofort rankten sich Verschwörungstheorien um ihren gewaltsamen Tod.

Nun hatten wir nicht vor, wieder durch Paris zu fahren, aber dennoch kam ein komisches Gefühl bei dem Gedanken auf, dass wir gerade in dieser Situation nach Frankreich reisten. Wir ließen uns jedoch nicht beirren und folgten unserer ausgewählten Route. Wir wollten unbedingt wieder über Luxemburg fahren, denn obwohl es ein kleiner Umweg war, gab es doch rationale und emotionale Gründe das kleine Land zu besuchen.

Am späten Nachmittag erreichten wir mit fast leerem Tank Wasserbillig. Also konnte ich von dem sehr günstigen Benzinpreis maximal profitieren. Ich bezahlte das Benzin mit Kreditkarte.

Unseren Kaffee wollten wir in einem der anderen Geschäfte in Wasserbillig kaufen. Als wir jedoch mit unseren von der vorigen Reise übrig gebliebenen Luxemburger Franc bezahlen wollten, sagte uns die Verkäuferin, dass unsere Geldscheine ungültig geworden seien. Man könne sie aber bei einer Bank umtauschen. Also suchten wir eine Bank in der Umgebung auf und der Umtausch ging tatsächlich ganz unproblematisch vonstatten. So konnten wir endlich unseren Kaffee für den Urlaub kaufen und ärgerten uns darüber, dass es immer noch keine gemeinsame europäische Währung gab, die uns dieses sinnlose Umtauschen erspart hätte.

In der Stadt Luxemburg kannten wir inzwischen eine Stelle in Zentrumsnähe, an der wir unser Auto kostenlos und legal parken konnten. Wieder waren wir begeistert, denn die Hauptstadt dieses kleinen Landes bot mehr als wir erwartet hatten. Wir fühlten uns aufs Neue sehr wohl und mussten nur aufpassen, dass wir uns dort nicht zu lange aufhielten, denn wir brauchten ja noch eine Bleibe für die Nacht und die sollte nicht unbedingt in der Großstadt sein.

Also trennten wir uns schweren Herzens von der Stad Lëtzebuerg, wie es auf Luxemburgisch heißt und fuhren weiter. Kurz vor der Grenze zu Frankreich fanden wir in Esch an der Alzette ein Hotel zum Übernachten. Bedingt durch die nahe Grenze war der französische Einfluss groß, sodass wieder meine französischen Sprachkenntnisse gefragt waren.

Wir schauten uns in der Stadt um und sahen viele Überbleibsel der einstigen Stahlproduktion in dieser Gegend. Während wir auf der Fahrt an manchen Stellen befürchteten, mitten in ein Industriegebiet zu kommen, sahen wir in der Stadt, wie die alten Industrieanlagen sehr gelungen einer neuen Bestimmung zugeführt worden waren.

Leider war die Zeit für Besichtigungen wieder sehr begrenzt, da wir ja auf der Durchreise waren. So begnügten wir uns mit einem kurzen Überblick und aßen dann im Hotel zu Abend. Danach gingen wir schlafen, um am nächsten Tag fit zu sein für die Weiterreise.

Am nächsten Morgen setzten wir unsere Reise fort. Da wir die Route am Mittelmeer schon fast auswendig kannten, hatten wir beschlossen, durch das Landesinnere zu fahren. Allerdings wollten wir auf keinen Fall noch einmal durch Paris fahren. Deshalb bot sich der Weg über Metz, Troyes, Orleans, Tours und Châtellerault an. In Châtellerault wollten wir übernachten, obwohl wir es wahrscheinlich bis zu unserem Ziel geschafft hätten. Da wir aber nicht reserviert hatten, wollten wir nicht am späten Abend dort ankommen.

Wir fanden ein Etap Hotel, das einen bescheidenen, aber für uns völlig ausreichenden Standard bot. Beim Einchecken bekamen wir eine Art Kassenbon, auf dem eine sechsstellige Zahl stand, mit der wir die Tür unseres Zimmers öffnen konnten.

Wir bezogen also das uns zugewiesene Zimmer und während wir unser schwarzes Köfferchen auspackten, hörten wir, wie nebenan zwei Franzosen ihre Tür öffneten. Das geschah in der Art, dass die Frau die einzelnen Ziffern laut vorlas und der Mann sie in das Terminal eintippte. Selbst mir als Französisch-Anfänger wäre es ohne Probleme möglich gewesen, die

Zahlen mitzuschreiben und später, wenn die beiden weg wären, in das Zimmer einzudringen. Das taten wir natürlich nicht, sondern lachten nur über ihre Naivität.

Die Innenstadt von Châtellerault war schnell durchstreift. Uns war wichtig ein Restaurant zu finden, was wir selbstverständlich fanden und so aßen wir wieder einmal wie Gott in Frankreich. Es wäre noch schöner gewesen, wenn nicht genau in meinem Blickfeld ein Mann gesessen hätte, der Austern schlürfte. Mir bereitete schon das Zusehen Übelkeit und ich musste mich sehr auf mein eigenes Essen konzentrieren, damit mir nicht richtig schlecht wurde.

Am nächsten Morgen gab es ein typisch französisches Frühstück, das mir sehr gut gefiel. Man konnte sich Kaffee nehmen so viel man wollte und zu essen gab es Baguette und Marmelade. Auf Teller wurde ganz verzichtet, man begnügte sich mit einem Tablett. Ich aß mit großem Appetit Baguette mit Erdbeermarmelade, während sich meine Frau mehr an den Kaffee hielt, denn süßes Frühstück mag sie nicht.

Mehr oder wenig gesättigt fuhren wir weiter. Um nicht ausschließlich auf Autobahnen zu fahren, fuhren wir bei Poitiers auf die Nationalstraße 10, die uns durch Angoulême führte. Da wir aber doch zu langsam vorankamen, kehrten wir bald wieder auf die Autobahn zurück.

Bald erreichten wir den Autobahnring von Bordeaux. Hier mussten wir nur noch aufpassen, dass wir die richtige Ausfahrt fanden, dann war das Schlimmste eigentlich schon vorüber.

Nach weiteren zwei Stunden waren wir am Ziel. Auf dem Tacho sah ich, dass wir mehr als 1800 Kilometer gefahren waren. An der Rezeption von Arna wurden wir freundlich begrüßt und bekamen ein Chalet vom Typ Hibiscus, das genau unsere Ansprüche erfüllte. Wir durften mit dem Auto auf das Gelände fahren. Vor uns fuhr ein Radfahrer als Lotse.

Im Haus gab es noch eine für uns ungewohnte Aufgabe, denn auf dem Tisch stand der gesamte Inhalt der Küchenschränke und wir mussten anhand einer Liste nachzählen, ob alles vorhanden war. Nachdem ich die Vollständigkeit mit meiner Unterschrift bestätigt hatte, fuhr der Angestellte mit seinem Fahrrad davon und wir waren endlich angekommen.

Zuerst trugen wir das Gepäck ins Haus, dann bezogen wir die Betten. Dabei mussten wir feststellen, dass ein Bein unseres Doppelbettes nicht richtig fest war und abknickte, wenn man versehentlich daran stieß. Gut, dass wir das noch am Tag bemerkt hatten, denn nachts wäre das Ganze wesentlich unangenehmer gewesen. So holte ich die aus Gewohnheit immer noch mitgeführte Werkzeugkiste aus dem Auto und reparierte den Schaden so gut es ging. Für die nächsten 21 Tage sollte es halten. Vorsichtshalber beschloss ich aber, auf der intakten Seite zu schlafen, denn ich wiege wesentlich mehr als meine Frau.

Es gab noch ein Kinderzimmer mit einem Doppelstockbett, das wir als Ablageort für unsere leeren Koffer und dergleichen nutzen.

Nach getaner Arbeit schauten wir uns auf dem Gelände um. Im Gegensatz zu unserer sonstigen Gewohnheit besuchten wir nicht zuerst den Strand, sondern das Restaurant. Wir waren mal wieder hungrig und wünschten uns nichts mehr, als diesen Zustand zu beenden. Das klappte im dortigen Restaurant dann auch ganz ausgezeichnet.

Gesättigt gingen wir wieder in unser Häuschen, zogen uns aus, cremten uns ein, schnappten uns unsere Strandtücher und los ging es zum Strand. Das Gelände war sehr groß, sodass wir sicher Schwierigkeiten gehabt hätten den Strand zu finden, wenn es nicht überall Wegweiser mit dem Wort „Plage" gegeben hätte.

Der Weg war relativ weit, aber er war angenehm, denn wir liefen fast die ganze Zeit in einem dichten Pinienwald. Dann erreichten wir die Dünen und sahen den Ozean. Schon von oben erkannte ich, dass diese Wellen noch größer waren als die bei Euronat und freute mich darüber.

Der Strand war eigenartig geteilt. Parallel zum Ufer gab es einen kleinen Fluss, in und an dem Kinder planschten und buddelten. Um ins Meer zu gelangen, musste man durch diesen Fluss hindurchwaten. Das tat ich auch sofort und bemerkte, dass dieses Wasser sehr schön warm war. Im Gegensatz dazu war das Meerwasser recht kühl und vor allem sehr bewegt. Es war kaum möglich hineinzugehen, ohne von den Wellen umgeworfen zu werden. Deshalb war ich wohl auch ziemlich allein im Wasser.

Ich wendete wieder meine Taktik an, unter den Wellen durchzutauchen, was aber hier bedeutend schwerer war als in Euronat. Ich schaffte es dennoch und schwamm bald darauf genüsslich hinter der Brandung, wo ich von den Wellen sanft geschaukelt wurde.

Irgendwann musste ich natürlich auch wieder zurück ans Ufer und damit begann der schwierigste Teil des Schwimmens. Alles war eine Frage des Timings. Ich ließ mich von den Wellen bis in die Ufernähe spülen, dann musste ich schnell genug aufstehen, um aus dem Wasser zu kommen, bevor die nächste Welle heranrollte. Diese kam jedoch schneller als ich es erwartet hatte und so wurde ich umgeworfen und auf den Meeresboden gepresst. Da, wo ich eben noch bis zu den Knien im Wasser stand, lasteten plötzlich gefühlt mehrere Tonnen Wasser auf mir. Ich konnte mich auch unter Aufbietung aller Kraft nicht vom Boden hochdrücken und musste abwarten bis die Welle vorbei war. Es muss für Zuschauer lustig ausgesehen haben, wie ich da platt auf dem Sand lag, nachdem sich das Wasser verzogen hatte.

Im zweiten Anlauf gelang es mir aber rechtzeitig aus dem Wasser zu kommen, bevor die nächste Welle heran rauschte. Während ich zu unserer Decke zurückging, fragte ich mich, ob das eben eine gefährliche Situation gewesen war. Ich kam zu dem Schluss, dass keine Gefahr bestanden hatte, denn die Wellen waren ja nicht so lang, dass man es unter Wasser nicht aushalten würde, bis sie vorbei waren.

Ich watete durch den kleinen Fluss und erreichte unsere Decke. Meine Frau fragte neugierig: „Na, war's schön?" Ich nickte begeistert und erzählte ihr mein Erlebnis. Sie schaute mich besorgt an und ermahnte mich, nur nicht zu viel zu riskieren. Ich glaube, sie hatte Angst davor, allein nach Hause fahren zu müssen. Jedenfalls hatte sie erst mal keine Lust ins Wasser zu gehen und auch ich wollte eine Weile liegen bleiben und lesen.

Nach einiger Zeit schaute ich wieder in Richtung Meer und staunte, welcher Anblick sich mir nun bot. Offensichtlich kam jetzt die Flut, denn das Wasser schwappte über den ersten Strandabschnitt und füllte den kleinen Fluss mehr und mehr. Dadurch wurde dieser zu einem schnell fließenden Strom, in Richtung eines Durchbruchs, durch den das Wasser wieder in das Meer zurückströmen konnte. So gab es praktisch einen ständigen

Kreislauf, bei dem das Meerwasser in breiter Front in den kleinen Fluss lief, um ihn am Ende wieder in Richtung Meer zu verlassen.

Wohl aus Sicherheitsgründen hatten die Eltern ihre Kinder von dem reißenden Fluss weggeholt. Dafür ließen sich jetzt Erwachsene laut jauchzend treiben, sodass sie mit ziemlich großer Geschwindigkeit an uns vorbeisausten.

Ich stieg auch in diesen Wasserlauf und konnte tatsächlich darin schwimmen, so tief war er. Vergeblich versuchte ich gegen die Strömung anzukämpfen, schaffte es aber nur für kurze Zeit, dann wurde ich ebenso wie die anderen Badenden in Richtung Meer getrieben. Ich musste rechtzeitig aufstehen, damit ich nicht in den hohen heranrollenden Wellen der offenen See landete. Als ich meine Frau anregte, ebenfalls ein Bad in dem Flüsschen zu nehmen, wagte sie es aber nur, sich die Beine darin nass zu machen.

Ich kam mir aber doch bald ein wenig kindisch vor, wenn ich mich von der Strömung über den Strand treiben ließ. Für die auf ihren Decken liegenden Strandbesucher musste es so aussehen, als ob Menschen über den Sand rutschten.

Nachdem wir lange genug am Strand gewesen waren, gingen wir zu unserem Chalet zurück und ordneten die Küchenutensilien in die entsprechenden Fächer des Küchenschranks ein.

Danach war Kaffeezeit und wir hatten noch ein paar Müsliriegel von der Reise übrig, die schon sehr klebten und dringend gegessen werden mussten. Dieser Aufgabe widmete ich mich, während meine Frau lediglich Kaffee trank.

Während wir auf unserer Terrasse saßen, beratschlagten wir, wie wir den Nachmittag gestalten wollten. Wir kamen zu dem Ergebnis, dass wir unbedingt Lebensmittel einkaufen müssten, denn wir hatten nichts zum Abendbrot und nichts für das morgige Frühstück.

Deshalb machten wir uns nach dem Kaffeetrinken auf und suchten das Centre Commercial. Das Angebot war sehr bescheiden und die vorhandene Ware auch recht teuer. Darum wollten wir lediglich ein Baguette sowie

Käse und Wein für den Abend dort kaufen und später alles, außer Baguettes für das Frühstück aus einem externen Supermarkt zu besorgen.

Wir saßen nach dem Abendbrot noch länger auf unserer Terrasse und sahen die Sonne über dem Ozean untergehen. Viele Urlauber hatten den Sonnenuntergang am Strand beobachtet und kamen danach wieder zu ihren Häusern zurück. Jeder, der bei uns vorbeiging, sagte freundlich „Bonsoir" und wir antworteten ebenso.

Bevor wir schlafen gingen, machten wir uns noch einmal klar, dass wir sehr glücklich sein konnten hier zu sein. Wir hofften, dass sich die See am nächsten Tag beruhigen würde, damit auch meine Frau baden könnte.

Am nächsten Morgen ging ich pünktlich um acht Uhr zum Supermarkt, um ein Baguette zu holen. Als ich ankam, musste ich mich in eine Schlange einreihen, denn der Laden war noch nicht offen. Nach einer halben Stunde kam dann plötzlich ein Lieferwagen um die Ecke geflitzt und hielt genau vor dem Geschäft. Ein Mann stieg aus, öffnete die hintere Tür seines Autos und nahm einen großen Korb voller Baguettes und anderer herrlich duftender Backwaren heraus. Wie auf Kommando wurde die Ladentür geöffnet, die Wartenden bildeten eine Gasse und der Lieferant konnte seine Ware an die richtige Stelle bringen. Die Baguettes kamen in ein Wandregal und die übrigen Artikel gab es an der Kasse.

Ich nahm ein Baguette aus dem Regal und ging damit zur Kasse, um zu bezahlen. Vielleicht wegen des guten Geruchs oder weil alle vor mir noch mehr kauften, wurde ich schwach und verlangte zusätzlich „deux croissants". Ich ahnte zwar, dass meine Frau kein Croissant essen würde, aber da ich nicht wusste, ob es „un" oder „une croissant" heißt, und da man an der Kasse seine Bestellung mündlich formulieren musste, kaufte ich zwei Stück, denn bei der Mehrzahl spielt das Geschlecht keine Rolle.

Als ich zurück zum Haus kam, war meine Frau schon fertig mit Kaffee kochen. Sie erwartete mich ebenso neugierig wie hungrig.

Das Baguette war ganz nach ihrem Geschmack, nämlich sehr knusprig. Über die weichen Croissants freute sie sich nicht. Ich aß eines gleich zum Frühstück, das andere hob ich für den Nachmittagskaffee auf.

Als wir fertig gefrühstückt hatten, hielt uns nichts mehr im Haus. Das Wetter war wieder schön und da wollten wir so schnell wie möglich zum Strand.

Ein weiteres Mal schätzten wir einen der Vorteile dieser Naturistendörfer, der darin bestand, dass man bereits im Haus die Sonnencreme auftragen konnte und auf dem Weg zum Strand nichts überziehen musste, was die Creme wieder abwischen würde.

So zogen wir also gut gewappnet zum Meer. Als wir die Düne an einer der erlaubten Stellen überschritten, sahen und hörten wir schon, dass die See noch mehr tobte als am Tag davor. Der Fluss in der Mitte war noch reißender und breiter als gestern und nur einige Wenige wagten es darin zu schwimmen.

Wir breiteten unsere Decke aus und legten uns darauf. Allerdings hielt ich es nicht lange aus, dann wollte ich ins Wasser. Zuerst stieg ich in die Stromschnelle in der Strandmitte und merkte schnell, warum ich da ziemlich allein war. Die Strömung war so stark, dass ich sehr schnell ins offene Meer befördert wurde.

Die Wellen waren noch höher als am Vortag und es kostete schon einige Überwindung, sich ihnen entgegenzustellen. Ich wendete meine bewährte Taktik an und bald schwamm ich hinter der Brandung, wo ich das Auf und Ab der Wellenbewegung genoss. Ich konnte beobachten, wie sich die Wellen durch Überlagerung kurz vor dem Ufer auslöschten oder auch verstärkten. Das hatte ich mal in Physik gelernt und wusste, dass man solche Vorgänge Interferenz nennt.

Als ich wieder einmal in Richtung Strand blickte, bemerkte ich, dass meine Frau zum Wasser gekommen war und sich so hingesetzt hatte, dass ihre Beine im Meer waren. So wurde sie von jeder heranrollenden Welle überspült, aber auch jedes Mal ein Stückchen weiter in das Wasser hereingezogen. Während ich noch staunte, dass sie so mutig war, wurde sie plötzlich von einer besonders hohen Welle erfasst und mehrere Meter über den Strand befördert, als würde sie auf Glatteis entlang rutschen. Sie lag noch einen Moment da, wo die Welle sie abgelegt hatte, dann stand sie auf und ging zur Decke zurück, wobei ich ihre Rückfront sah und feststellte, dass diese knallrot war. Sie hatte auf diese Weise ein Rücken- und Po-Peeling erhalten.

Ich kam so schnell wie möglich aus dem Wasser, um sie zu trösten, aber als ich bei ihr war, erzählte sie mir lachend, was sie erlebt hatte. Ich war froh, dass sie keinen nennenswerten Schaden davongetragen hatte. Sie hatte auch nicht vor, das Baden ganz und gar zu unterlassen, wollte aber in Zukunft etwas vorsichtiger sein, was jedoch meiner Ansicht nach gar nicht möglich war.

Eine Weile blieben wir noch am Strand, dann merkten wir, dass es wieder sehr heiß wurde, denn es war kurz vor Mittag. Also packten wir unsere Siebensachen und gingen zum Haus.

Da wir noch nicht eingekauft hatten und nicht erneut im Restaurant der Anlage essen wollten, mussten wir uns wohl oder übel anziehen und dann mit dem Auto auf die Suche nach einem Supermarkt machen, den wir dann auch in Linxe fanden. Nachdem wir eingekauft hatten, schauten wir uns nach einem Restaurant zum Mittagessen um, fanden aber keines in der Nähe. Wir sahen lediglich einen Stand mit gebratenen Hähnchen. So ließen wir uns zwei halbe Hähnchen einpacken, denn wir wollten sie im Chalet genießen, wo wir Geschirr hatten. Das Essen von Papptellern an groben Holztischen schien uns zu primitiv zu sein. Außerdem würden wir uns die Hände fettig machen, danach nicht waschen können und das Auto vollschmieren. Also nahmen wir die heißen in Silberfolie und eine Plastiktüte verpackten Broiler, wie wir sie in der DDR genannt hätten, und stiegen ins Auto, um zum Campingplatz zu fahren. Für den Hinweg hatten wir auch nur eine Viertelstunde gebraucht und so sollten wir auch schnell wieder zu Hause sein.

Nachdem wir eine halbe Stunde unterwegs waren, mussten wir uns eingestehen, dass wir uns verfahren hatten. Die Landkarten hatten wir dummerweise mit ins Haus genommen, um uns Ausflugsziele zu suchen. Dort lagen sie nun immer noch.

Nach weiteren vergeblichen Versuchen, Arnaoutchot zu finden, waren die vormals heißen Hühner nur noch lauwarm und unser Hunger war ins Unermessliche gestiegen. Irgendwann riss mir deshalb der Geduldsfaden und ich fuhr von der Landstraße auf einen Seitenweg. Dort stiegen wir aus, setzten uns ins Gras und aßen unsere fast kalten Hühnerhälften. Wir hatten weder Besteck noch Teller und auch Servietten hatten wir uns nicht mitgenommen, sodass wir uns nach dem Essen die Hände an Putzlappen, die ich immer im Auto habe, abwischten.

So gesättigt konnten wir wieder klar denken und holten den Kompass aus dem Handschuhfach. Mit seiner Hilfe fanden wir zuerst wenigstens die Richtung zum Meer und dann endlich auch unsere Ferienanlage.

Da wir die Hühnerknochen natürlich nicht in die Landschaft geworfen, sondern wieder eingepackt hatten, stank das ganze Auto nach Brathuhn. Außerdem fühlte sich das Lenkrad fettig an, da die Putzlappen eben kein vollwertiger Ersatz für ein Waschbecken sind.

In Arna angekommen, entsorgten wir zuerst das Gerippe, wuschen uns gründlich und gingen gleich zum Kaffeetrinken über.

Am Nachmittag wollten wir nicht schon wieder zum Strand gehen. Deshalb stiegen wir erneut in unser Auto und fuhren ein Stück parallel zum Strand. Laut unserer Karte der Umgebung sollte sich in der Nähe ein Naturpark befinden. Nach einigen Kilometern kamen wir an eine Stelle, an der schon mehrere Autos parkten. Hier schien also ein Ausgangspunkt für Wanderungen zu sein. Deshalb stellten wir unser Auto ebenfalls dort ab und folgten einem Weg, der in den Wald führte. Bald näherte sich der Weg einem Flüsschen, um dann weiter neben ihm zu verlaufen. Dieses Flüsschen war der Courant d'Huchet und wir befanden uns im gleichnamigen Réserve naturelle nationale.

Während wir diesem Weg folgten, erlebten wir einen wunderbaren Spaziergang in einer wild-romantischen Umgebung. Sehr angenehm war, dass wir fast die ganze Zeit im Schatten von Bäumen liefen.

Der Weg führte immer neben dem kleinen Fluss her – mal etwas näher, mal etwas weiter entfernt.

So liefen wir etwa eine Stunde parallel zum Meer und konnten fast die ganze Zeit die Düne sehen. Als wir es schon fast aufgegeben hatten die Mündung zu erreichen, lichtete sich plötzlich der Wald und der Boden wurde sandig. Der Courant d'Huchet hatte sein Ziel erreicht und floss in einem eleganten Bogen in den Atlantik.

Wir waren froh, den Weg bis zu Ende gegangen zu sein, denn eine solche Mündung hatten wir bis dahin noch nicht gesehen.

Nach wiederum einer Stunde erreichten wir unser Auto und fuhren zurück nach Arna. Wir freuten uns sehr, diesen schönen Wanderweg gefunden zu haben.

Am nächsten Tag war wieder Baden angesagt. Als wir jedoch die Dünen überquerten, mussten wir feststellen, dass die Wellen noch höher waren als an den Vortagen. Meine Frau war sich sicher, dass sie an diesem Tag nicht im Meer baden würde. Mich bat sie inständig, es auch nicht zu tun. Ich tat es trotzdem und hatte viel Spaß bei dem Kampf gegen die Elementargewalten. Ich war übrigens der Einzige, der an diesem Tag im Meer schwamm.

Zum Mittag gingen wir dann wieder ins Haus und wärmten uns Ratatouille aus der Konservendose auf, was für uns der Inbegriff der französischen Küche war.

Damit meine Frau auch ihr Badevergnügen hatte, gingen wir nachmittags zum Pool. Ich hasse zwar Swimmingpools, aber in diesem Fall war es gut, dass es einen gab, denn sonst hätten die meisten Gäste gar keine Möglichkeit zum Schwimmen gehabt.

Am nächsten Tag mieden wir den Strand und unternahmen einen Ausflug nach Biarritz. Wir schwelgten in dem Gefühl, in einer Stadt zu sein, in der sich in alten Zeiten Könige und andere Herrscher von ihren Zipperlein erholt hatten. Die Hotels, in denen sie damals gewohnt hatten, sahen zwar heute noch sehr pompös aus, aber lockten jetzt wohl kaum noch die Schönen und Reichen dieser Welt nach Biarritz. Neuerdings beherrschen Surfer die Gegend, denn die Wellen sind auch an dieser Stelle sehr einladend.

Interessant war der Rocher de la Vierge, eine Marienstatue auf der Spitze eines Felsvorsprungs im Meer, zu dem man über eine von Gustave

Eiffel entworfene Brücke gelangt. Die Aussicht an dieser Stelle war einfach überwältigend.

In der Stadt schlenderten wir durch die Fußgängerzone und suchten zum Mittag ein Restaurant auf. Während wir aßen, kam die Kellnerin zu uns an den Tisch und fragte: „Ça va?" Nun wusste ich, dass das heißt „geht es?" Das konnte ich natürlich nicht bejahen, denn das Essen war hervorragend. Leider hatte ich den Mund voll und so schüttelte ich nur den Kopf. Daraufhin verschwand sie in der Küche, aus der sie kurz darauf mit dem Koch zurückkehrte. Zum Glück hatte er weder Beil noch Messer bei sich, sonst hätten wir wohl richtige Angst bekommen. Zu unserem Erstaunen fragte er uns auf Deutsch, warum es uns nicht schmecken würde. Wir antworteten, dass das Essen ganz vorzüglich sei. Daraufhin war er beruhigt und erzählte uns, dass er lange in Bern gelebt und gearbeitet hätte, weshalb er Deutsch sprach. Er erklärte uns auch, dass in diesem Fall „ça va!" als Antwort auf „ça va?" durchaus ein Lob bedeute.

Nachdem wir dieses Missverständnis aufgeklärt hatten und mein Sprachschatz wieder um einen kleinen Baustein gewachsen war, machten wir die Geschäfte von Biarritz unsicher. Am Ende kauften wir aber doch wieder nur Lebensmittel für die nächsten Tage ein und fuhren zurück nach Arnaoutchot.

An den folgenden Abenden hatten wir sehr schöne Stunden mit dem Mond. Er wurde sehr groß und rund und schien dabei so tief zu stehen, dass wir zusammen mit anderen Urlaubern auf der Düne saßen und ihn bewunderten. Dabei war der Fantasie keine Grenze gesetzt und so wurden Fotos aufgenommen, auf denen es so aussehen sollte, als ob jemand den Mond trug oder als ob er zwei Menschen als Spielball diente. Auch als Heiligenschein war er brauchbar. Man musste sich nur richtig hinstellen, dann war die Täuschung auf dem Foto perfekt.

Mir fiel ein, dass ich mal gelesen hatte, dass es bei Vollmond zu einer Springflut kommt. Das war dann wohl der Grund, warum die Flut immer höher stieg und die Wellen ebenfalls wuchsen.

Der Vollmond allein war ja schon ein imposantes Schauspiel, aber es sollte noch besser kommen. Am 16. September gab es eine totale Mondfinsternis und da das Wetter hervorragend war, saßen wohl alle Arna-Gäste auf der Düne und wir konnten das seltene Schauspiel ungetrübt gemeinsam genießen.

Nach der Mondfinsternis wurden die Wellen auch wieder etwas kleiner und sogar meine Frau traute sich ins Wasser, aber wieder nur ganz vorne an.

Zum Courant d'Huchet fuhren wir tatsächlich noch einmal. Als wir das Auto verließen und die Wegweiser studierten, bemerkten wir, dass es auch einen Wanderweg in die andere Richtung gab und folgten diesem. Dabei stellten wir fest, dass dies ein noch schönerer Weg war.

Wir sahen für uns fremde Pflanzen. Einige sahen aus, als hätte ein Biber ganze Arbeit geleistet. Aus dem Boden ragten nur kahle Stümpfe, die wie abgefressen aussahen. Fast waren wir geneigt, anzunehmen, dass überall Erdmännchen herumstanden, die sich nicht bewegten. Nach dem Urlaub fand meine Frau heraus, dass es sich um die Wurzeln der Sumpfzypressen handelte, die auch Wurzel- oder Atemknie genannt werden. Auch Korkeichen, Tamarisken, Hibiskus, Arum und verschiedene Farne leben dort mit den Kiefern in Eintracht.

Von Weitem hörten wir plötzlich Stimmen, die vom Wasser her kamen. Da der Weg sich ein wenig hin und her schlängelte, sahen wir erst später, dass Kähne auf dem Fluss fuhren. Sie wurden von jeweils einem Mann mittels Staken bewegt, wie man es vom Spreewald oder aus Venedig kennt. Dabei erzählte er recht laut Wissenswertes und Anekdoten über diese Gegend. Sowohl akustisch als auch sprachlich verstand ich nicht viel, hörte aber einmal die Wortfetzen „L'Amazonie Landaise". Tatsächlich war diese Landschaft so, wie wir uns Amazonien vorstellten, und da wir uns im Département Landes befanden, passte dieser Name.

Nach etwa 45 Minuten kamen wir dann an eine Stelle, an der der Fluss durch ein Wehr aufgestaut wird. Die Passagiere mussten aussteigen und wir sahen, wie die Schiffer es schafften, die Boote an einer vorgesehenen Stelle über die Stufe zu manövrieren. Wir wurden unwillkürlich an den mühevollen Weg der Lachse in Kanada erinnert.

Nach dem Hindernis durften die Fahrgäste wieder einsteigen und wurden nun über den Lac de Léon befördert. Während sie in Richtung See schipperten, traten wir den Rückweg an und waren erneut begeistert von der einzigartigen Flora, die wir dort erlebten. Die Fauna blieb uns leider verborgen. Lediglich die Mücken machten durch aggressives Verhalten auf sich aufmerksam. Eine flog mir sogar durch den geöffneten Mund in den Hals und löste einen nicht enden wollenden Husten aus.

Trotzdem waren wir uns einig, dass das ein wirkliches Kleinod war, das wir hier gefunden hatten.

Obwohl das Wetter die ganze Zeit sehr schön war, kam das Baden im Atlantik leider etwas zu kurz. Meine Frau hatte einfach Angst, dass ihr oder mir etwas passieren könnte.

Nach drei Wochen sagten wir Arna und der Biskaya mit ihren hohen Wellen au revoir und fuhren in Richtung Heimat.

Der Rückweg sollte uns über die Schweiz führen. Wir hatten viel Gutes von Bern gehört und wollten uns diese kleine Bundesstadt, die ja offiziell keine Hauptstadt ist, einmal ansehen.

Zu diesem Zweck durchquerten wir Frankreich über das Zentralmassiv und übernachteten in Clermont-Ferrand.

Am nächsten Tag erreichten wir die Schweiz bei Genf. Da wir keine Vignette kaufen wollten, umgingen wir die Autobahnen. Es war spät am Abend, als wir Bern erreichten. Weil ich mir keine Zeit zum Tanken genommen hatte, blinkte ständig eine Warnlampe und es piepste ununterbrochen, um darauf hinzuweisen, dass das Auto mit dem buchstäblich letzten Tropfen Benzin fuhr. Zum Glück fanden wir auf Anhieb ein Hotel, das ein freies Zimmer für uns hatte. Das Auto konnten wir in der Kellergarage parkieren, wie man dort sagte. Ich machte mir schon Sorgen, dass der Motor ausgehen könnte, wenn wir eine Schräge befahren würden, doch zum Glück hatte das Hotel einen Aufzug, mit dessen Hilfe ich das Auto waagerecht in den Keller bringen konnte.

Danach liefen wir so schnell wie möglich in Richtung Altstadt, wozu wir erst eine lange Brücke überqueren mussten. Da wir nur wenige

Schweizer Franken besaßen, suchten wir nach einem Restaurant, das Kreditkarten akzeptierte. Schnell wurden wir fündig und stürzten uns ins Getümmel, das darin herrschte. Von einer gepflegten Gaststättenkultur konnte man nicht sprechen, denn der Raum war voll und verraucht. Der herrschende Lärmpegel erinnerte uns an Restaurants in Spanien.

Es gab keinen freien Tisch mehr, weshalb wir uns mit an einen Tisch setzen mussten, an dem noch zwei Plätze frei waren. Da wir ganz hinten an der Wand saßen, war die Verständigung mit dem Kellner etwas erschwert. Trotzdem konnten wir mit Erstaunen zur Kenntnis nehmen, dass er uns mit Madame und Monsieur ansprach, als er uns die Speisekarte reichte.

Wir wählten beide Bratwurst mit Rösti, denn das war wohl das typische Schweizer Gericht, ohne dass wir genau wussten, was Rösti waren. Dazu bestellte ich zwei große Bier für uns. Der Kellner sagte höflich: „Merci, Monsieur."

Was dann zu der Bratwurst serviert wurde, war eine Art Kartoffelpuffer. Es schmeckte sehr gut, aber wir waren ja auch sehr hungrig.

Als wir aufgegessen hatten, waren wir müde und wollten nur noch ins Bett. Ich bat um die Rechnung, und als sie kam, schaute ich nur auf die Endsumme und gab dem Kellner meine Kreditkarte nicht ohne ihm zu sagen, dass er fünf Franken als Trinkgeld addieren sollte. Ich unterschrieb und er sagte erneut: „Merci, Monsieur."

Am nächsten Morgen genossen wir unser Frühstück im Hotel und machten danach Bern unsicher. Während unseres Stadtbummels wurden wir auf einige Parallelen zu Berlin hingewiesen. Nicht nur der Name der Stadt war so ähnlich, auch Bären spielten eine große Rolle in der Stadt. Im Bärenpark konnten wir sie bewundern.

Die Altstadt war sehr schön und sehenswert und wir wanderten lange herum, ohne alles gesehen zu haben. Zu Mittag nahmen wir von unseren letzten übriggebliebenen Franken einen kleinen Imbiss ein.

In der Tourist Information sahen wir eine multimediale Ausstellung zur Stadtgeschichte, die für die damalige Zeit sehr modern war und uns gut gefiel.

Nach einer weiteren Nacht und einem guten Frühstück im Hotel packten wir unsere Sachen und holten unser Auto aus der Tiefgarage. Ich hatte an der Rezeption nach der nächsten Tankstelle gefragt. Sie war etwa einen Kilometer entfernt und ich hoffte sehr, dass wir es bis dahin noch schaffen würden, ohne schieben zu müssen.

Das Gepiepse ging sehr auf die Nerven, aber wir erreichten die Tankstelle zum Glück noch mit Motorkraft und nach dem Tanken hörten die Alarmsignale auf. Gemessen an dem Benzin, das in den Tank hineinging, war vorher wohl nicht mal mehr ein Liter im Tank gewesen.

Unser weiterer Weg führte uns nach Basel. Da wir ohne Vignette fuhren, benutzen wir auch weiterhin keine Autobahn. So dauerte die Fahrt nach Basel etwa drei Stunden.

In Basel musste es uns nur noch gelingen, den Grenzübergang nach Deutschland zu finden, was für uns nicht ganz einfach war, denn alle Hinweisschilder deuteten auf den Autobahnübergang hin.

Also suchten wir auf eigene Faust, wobei wir wieder den Kompass zu Hilfe nahmen.

Endlich hatten wir einen Übergang gefunden, aber als wir ihn passiert hatten, bemerkten wir, dass wir uns plötzlich in Frankreich wiederfanden. Was blieb uns also übrig, als zu wenden und wieder in die Schweiz zurückzufahren. Die Zöllner hatten unser Manöver gesehen und lachten.

Zurück in Basel, suchten wir weiter, fanden aber den Übergang wieder nicht, sodass wir uns nicht anders zu helfen wussten, als doch wieder nach Frankreich zu fahren, um dann weiter nördlich den Rhein zu überqueren.

Als wir das Grenzhäuschen zum dritten Mal passierten, schauten die Beamten nicht schlecht und wir hatten schon Angst, sie würden uns anhalten und kontrollieren, aber sie lachten wiederum nur und wir konnten passieren.

Nach einigen Kilometern fanden wir endlich eine Brücke, die uns nach Deutschland hinüberließ. Wir landeten in Weil am Rhein, wo wir auf die Autobahn fuhren.

Da es erst Sonnabend war, gönnten wir uns wieder einmal einen Abstecher nach Fritzlar, das uns immer wieder gefiel. Es machte Spaß durch die alten Gassen zu gehen und die Fachwerkhäuser anzuschauen.

Wir blieben eine Nacht in einem sehr gemütlichen Hotel in der Innenstadt und fuhren dann am nächsten Mittag endgültig nach Hause, wo wir am Abend wohlbehalten ankamen.

Bonaire (Niederländische Antillen)

Nach den guten Erfahrungen mit dem weiten Flug nach Kanada zwei Jahre zuvor wagten wir uns im Februar 1997 erneut über den großen Teich, aber diesmal sollte es die Insel Bonaire in der Karibik sein.

Bei unserem FKK-Reisebüro buchten wir also eine Reise zu einer der ABC-Inseln, die aus Aruba, Bonaire und Curaçao bestehen und die zu den Niederländischen Antillen gehören.

Zwar sprach man dort wohl eher niederländisch als französisch, aber trotzdem hatte ich die Assoziation, dass Bonaire soviel wie guter Platz heißen müsste, denn das französische Wort „aire" kann man mit Platz übersetzen und dass „bon" gut heißt, war ja klar.

Spät am Abend flogen wir mit dem KLM Cityhopper von Berlin los, um eine Stunde später in Amsterdam zu landen. Diesen Flug kannten wir ja schon von unserer Amsterdamreise. Aufgrund der Dunkelheit sahen wir diesmal beim Landeanflug von oben allerdings die vielen hell leuchtenden Gewächshäuser, mit deren Hilfe uns die Niederländer mit Tomaten und Gurken versorgten.

Während der langen Wartezeit auf unseren Anschlussflug lernten wir den Flughafen Schiphol ausgiebig kennen und staunten, wie groß er ist und was es dort alles gibt. Er kam uns wie eine kleine Stadt vor.

Irgendwann war dann endlich unser Flugzeug bereit und wir durften einsteigen. Es handelte sich um einen Jumbojet und voller Ehrfurcht betraten wir das Flugzeug. Es war riesig und man brauchte mehrere Flugbegleiter als Platzanweiser. Wir saßen natürlich wieder in der Touristenklasse, hatten aber glücklicherweise Plätze am Notausstieg bekommen, sodass ich mehr Beinfreiheit als auf dem Flug nach Kanada hatte.

Als alle saßen, wurden die Türen geschlossen und wir rollten in Richtung Startbahn. Während wir fuhren gab es eine Sicherheitsbelehrung durch die Flugbegleiter. Nachdem sie diese Aufgabe erledigt hatten, setzten sie sich auf die für sie vorgesehenen Plätze. Eine von ihnen saß direkt uns gegenüber, also entgegen der Fahrtrichtung. Sie war sehr hübsch und ich musste mich entscheiden, wohin ich lieber sah, auf sie oder aus dem Fenster. Weil draußen nicht viel zu sehen war, fiel mir die Wahl nicht schwer.

Schiphol ist ein großer Flughafen und vor uns waren noch etliche Flugzeuge, aber irgendwann durften auch wir auf die Startbahn einbiegen. So ein riesiges Flugzeug braucht naturgemäß bedeutend mehr Anlauf bis es fliegt. Als ich schon fast die Hoffnung aufgegeben hatte, dass wir abheben würden, ging es plötzlich doch noch in die Höhe.

Der Flug war angenehm, aber noch länger als der nach Kanada. Das war logisch, denn wir mussten ja außer nach Westen auch noch nach Süden fliegen.

Um die Langeweile zu vertreiben, wurden nacheinander zwei Filme gezeigt. Leider wurden sie auf eine Zwischenwand in der Mitte projiziert. Wegen unseres ungünstigen Blickwinkels darauf und wegen der Passagiere in der Mitte, die ständig aufstanden und Teile des Bildes verdeckten, hatte ich keinen rechten Spaß an den amerikanischen Filmen und las lieber, während meine Frau schlief. Zu den Mahlzeiten weckte ich sie.

Als wir nach etwa zehn Stunden auf Curaçao landeten, war es immer noch heller Tag und beim Verlassen des Flugzeuges schlug uns feuchtwarme Luft entgegen. Es hatte wohl gerade geregnet. Wir liefen über das kleine Vorfeld in die Halle. Dort mussten wir Einreiseformulare ausfüllen und durften nach Abstempelung unserer Pässe einreisen.

Leider war es nicht möglich gewesen unser Gepäck bis Bonaire durchzuchecken, weshalb wir es nun in Empfang nehmen mussten. Dann checkten wir für den Anschlussflug nach Bonaire ein. Unser Gepäck mussten wir bei einem Mitarbeiter der Regionalfluglinie abgeben, der es in einer kleinen Kammer deponierte.

Bald war auch das Flugzeug für die letzte Etappe unseres Fluges bereit und wir wanderten wieder über den Flughafen, wo ein zweimotoriges Flugzeug vom Typ Dash 8 auf uns wartete.

Mit uns gingen wenige Passagiere an Bord und da fast alle Plätze im Flugzeug leer waren, hatten wir freie Auswahl. Wir setzten uns in die letzte Reihe, denn dort waren die Sitze noch in einem einigermaßen guten Zustand. Auch die übrige Innenausstattung ließ sehr zu wünschen übrig. Wir hofften nur, dass wenigstens technisch alles in Ordnung sei.

Schon auf dem Flughafen hatten wir gesehen, dass die meisten Menschen hier eine dunkle Hautfarbe hatten. Auch das fliegende Personal machte da keine Ausnahme, wobei die weißen Hemden auf der schwarzen Haut noch weißer wirkten und sowohl bei Männer als auch bei Frauen sehr gut aussahen.

Der Pilot ließ die Motoren an und das gesamte Flugzeug begann sich so sehr zu schütteln, dass wir dachten, es würde gleich auseinanderfallen. Der Flugbegleiter erläuterte uns kurz die Sicherheitsvorschriften, dann ging es auch schon mit lauten Motoren in die Luft. Was folgte, war ein kurzer schöner Flug in geringer Höhe. Kaum hatten wir Curaçao hinter uns, da tauchte Bonaire vor uns auf.

Die Landung war sanft und wir erreichten schnell das Gebäude des winzigen Flughafens. Auf dem Flug hatten wir schon wieder Einreiseformulare ausfüllen müssen. Nun bekamen wir jeder einen Stempel in unseren Pass. Darin war ein Flamingo abgebildet und zu lesen war „Flamingo International Airport Bonaire".

Wir verließen das Gebäude, denn das Gepäck sollte sich auf einem Band außerhalb befinden. Leider warteten wir aber vergebens auf unsere Koffer und es blieb uns nichts anderes übrig, als wieder hineinzugehen, um den Verlust anzuzeigen.

Wir mussten unsere Luggage Tags zeigen, von denen ich bis dahin gar nicht gewusst hatte, wofür sie eigentlich gut waren. Dann mussten wir in einem Katalog Koffer heraussuchen, die den unsrigen glichen. Als dies getan war, bekamen wir ein Protokoll und die Zusicherung, dass unser Gepäck bald eintreffen würde. Wir sollten morgen beim Flughafen anrufen und nachfragen.

Nach all dem fiel uns ein, dass wir mit unserer Reise auch ein Taxi-Transfer zum Resort gebucht hatten. Dafür hatte uns das Reisebüro doch extra 20 Dollar geschickt. Wir schauten uns um und sahen einen einsamen Taxifahrer, der geduldig wartete. Wir fragten ihn, ob er uns fahren sollte und als er dies bejahte, stiegen wir ein. Er fragte, warum wir kein Gepäck hätten und wir berichteten von unserem Pech. Er beruhigte uns, indem er sagte, dass so etwas hier ständig passiere, das Gepäck aber meist nach kurzer Zeit wieder auftauche.

Uns war schleierhaft, wie auf so einem kurzen Flug mit so wenigen Passagieren Gepäck verloren gehen kann. Aber das war wohl der karibischen Gelassenheit geschuldet.

Angenehm war, dass der Taxifahrer gut englisch sprach, was eine gute Verständigung ermöglichte.

Wenige Minuten später waren wir am Ziel unserer Reise. Vor uns lag das Sorobon Beach Resort. Ich gab dem Taxifahrer einen Zehn-Dollar-Schein, womit er voll und ganz zufrieden war und sich überschwänglich bedankte. Obwohl auf Bonaire der Antillen Gulden das gesetzliche Zahlungsmittel war, wurden US-Dollar wohl sehr gern genommen.

Im Resort wurden wir freundlich begrüßt. Betrieben wurde die Anlage von einem niederländischen Ehepaar, das sehr gut deutsch sprach.

Uns wurde eine Hütte zugewiesen. Sie war einfach aber zweckmäßig ausgestattet. Erstaunlich war, dass es kein Schloss an der Tür gab. Anscheinend gab es dort nur ehrliche Menschen, vor denen man nichts verschließen musste. Außerdem waren ja alle nackt und man hätte gesehen, wenn jemand mit einer Brieftasche aus einem fremden Haus herausgekommen wäre.

Unser Missgeschick mit dem fehlenden Gepäck wurde auch nicht so tragisch genommen, denn Handtücher aller Art bekamen wir sowieso vom Resort und über fehlende Garderobe mussten wir uns in einer FKK-Anlage keine Gedanken machen. Wir hatten nur ein Problem: Unsere Sonnencreme war im Koffer und wir wollten uns doch nicht am ersten Tag schon einen Sonnenbrand holen. Deshalb blieben wir lieber im Haus. Wir legten uns ins Bett und die lange Reise sowie die Zeitverschiebung sorgten dafür, dass wir schnell einschliefen. Da störte es auch kaum, dass plötzlich ein Handwerker in unserer Küche auftauchte, um lautstark die Wasserleitung zu reparieren. Ich nahm es zur Kenntnis, schlief aber gleich wieder ein.

Als ich aufwachte, war es draußen stockdunkel und ich fürchtete, wir hätten bis mitten in der Nacht geschlafen. Dem war zum Glück nicht so, wie mir ein Blick auf die Uhr zeigte. In der Karibik wird es gegen 18 Uhr ziemlich schnell dunkel, bleibt aber trotzdem noch sehr warm, was wir als angenehm empfanden.

Für den Abend hatten wir einen Tisch im angeschlossenen Restaurant reserviert. Da wir die Gepflogenheiten nicht kannten, gingen wir vorsichtshalber in unserer Reisekleidung zum Essen. Dass das nicht nötig gewesen wäre, zeigte uns ein Blick auf die anderen Gäste. Die meisten von ihnen saßen da, wie Gott sie geschaffen hatte. So kamen wir uns irgendwie ein bisschen overdressed vor, hatten aber auch keine Lust unsere Sachen zum Haus zu bringen und nackt zurückzukommen.

So aßen wir dann kultiviert gekleidet und hofften auf die Toleranz der übrigen Gäste.

Nach dem Essen, zu dem wir eine gute Flasche Wein tranken, gingen wir in unsere Hütte. Weil wir sowieso nicht abschließen konnten, ließen wir wegen der Wärme die Eingangstür offen und schlossen nur die Fliegengittertür. Erstaunlicherweise konnten wir schon wieder schlafen. In dieser Nacht träumte ich davon, dass unsere Koffer endgültig abhanden gekommen wären und wir uns alles neu kaufen mussten. Ich versuchte auszurechnen, wie teuer unsere Kofferinhalte insgesamt waren und sah uns im Traum den ganzen Urlaub mit Shopping verplempern.

Als ich am nächsten Morgen aufwachte und zur Tür schaute, um zu sehen, ob die Sonne schon aufgegangen war, sah ich in der Morgendämmerung als Erstes unsere Koffer vor der Tür stehen. Der freundliche Gastgeber hatte sie vom Flughafen abgeholt.

Es war kurz nach sechs und so schnell, wie die Sonne gestern Abend untergegangen war, ging sie am Morgen auf.

An der Rezeption konnten wir uns zum Frühstück Brot und Käse holen. Der Käse war allerdings noch hart gefroren, sodass wir trotz der warmen Umgebung noch eine ganze Weile warten mussten, bis wir ihn essen konnten.

Kaffee hatten wir mitgebracht und genießbares Trinkwasser kam aus dem Wasserhahn.

Dann packten wir unsere Koffer aus und rieben uns nun endlich mit Sonnencreme ein, bevor es an den Strand ging.

Es gab da Öko-Sonnenschirme, bestehend aus je einem Holzstamm mit Palmfächern, die die Gäste vor der Sonne, die ganz unbarmherzig vom Himmel brannte, schützen sollten. Tückischerweise wehte ein ziemlich frischer Wind über den Strand, der die Haut abkühlte und so die Sonnenbrandgefahr vergessen ließ.

Wir setzten uns in einen der vorhandenen Shelter aus Holz. So früh am Morgen waren wir die einzigen Badegäste. Ich konnte es natürlich wieder nicht aushalten und rannte ins Wasser, welches fast so warm wie in der Badewanne und extrem salzig war. Mein Versuch zu schwimmen misslang leider, denn das Wasser war viel zu flach. So watete ich weiter und weiter hinein, aber viel tiefer wurde es nicht. Lediglich an einer Stelle hatte man eine Art Fahrrinne ausgebaggert, damit man beim Schwimmen nicht auf Grund lief. Aber richtig tief war es da auch nicht. Die zweite Enttäuschung bestand darin, dass die gesamte Badestelle von einem Riff umgeben war, das keine Wellen vom Meer durchließ. Die von mir so geliebte Brandung fehlte also völlig.

Nach und nach füllte sich der Strand. Die Urlauber, die kamen, waren überwiegend US-Amerikaner und Kanadier, von denen einige französisch sprachen.

Ein älteres Ehepaar setzte sich zu uns in den Shelter und wir begannen miteinander zu sprechen. Sie kamen aus Colorado und wir stellten fest, dass sie vom Alter her unsere Eltern sein könnten.

Meine Frau hielt sich wie immer zurück. Das lag nicht nur an der Sprachbeherrschung, sondern sie hätte sicherlich auch nicht viel gesagt, wenn wir Deutsche getroffen hätten.

Schon nach wenigen Stunden flüchteten wir vom Strand, weil es uns zu gefährlich schien, gleich zu Anfang so viel Sonne abzubekommen. Wir waren nicht ein bisschen vorgebräunt, denn wir kamen ja aus dem tiefsten Winter.

Um nicht zwei Wochen in diesem Resort eingesperrt zu sein, hatten wir die feste Absicht, ein Auto zu mieten. Deshalb fragte ich an der Rezeption und die freundliche Dame rief eine Autovermietung an. Wir hatten Glück, denn es war gerade noch ein Auto verfügbar, das wir orderten. Nun mussten wir nur warten, denn das Auto sollte uns gebracht werden.

Wir waren gerade angezogen, da kam ein Auto angerast. Der Fahrer stieg aus und sagte etwas wie „wi mu go tu äpo". Ich fragte unsicher: „Do you speak English?" Daraufhin sah er mich verständnislos an und wiederholte seinen Satz von eben. Ich begann zu begreifen, dass das Englisch sein sollte und dass er meinte, dass wir zum Flughafen fahren müssten. Also stiegen wir ein und er raste nicht angeschnallt mit uns dorthin.

Die Autovermieterin war eine freundliche rotblonde Holländerin, die perfekt englisch sprach. Ich unterschrieb einige Papiere, legte meine Kreditkarte und meinen Führerschein vor, dann hatten wir das Auto. Sie belehrte mich noch, dass ich nur unleaded tanken und nur auf befestigten Straßen fahren dürfe, dann fuhren wir los.

Es war sehr heiß im Auto, aber der Fahrer hatte die Fenster offen gelassen, was wohl als Klimaanlagenersatz dienen sollte. Auch wir fuhren also nur mit offenen Fenstern, denn sonst wäre es unerträglich gewesen.

Als Erstes besichtigten wir die Inselhauptstadt Kralendijk, die sehr klein war, weshalb unser Spaziergang schnell beendet war. Wichtig war für uns, dass wir einen Supermarkt gefunden hatten. Zu diesem fuhren wir, um uns mit Lebensmitteln zu versorgen.

Im Geschäft gab es drei markante Wahrnehmungen. Die erste bezog sich auf die Temperatur. Es schien uns eiskalt in dem Laden zu sein und wir stellten fest, dass die Angestellten in dick gefütterten Arbeitsanzügen herumliefen. Der Kontrast zu der Außentemperatur war enorm und da wir ausgesprochen leicht bekleidet waren, beeilten wir uns sehr mit dem Einkaufen, um uns nicht zu erkälten. Die zweite Besonderheit war der intensive Geruch nach Reinigungsmitteln. Die dritte und unangenehmste Erkenntnis war, dass alles wesentlich teurer war als zu Hause, was uns jedoch einleuchtete, denn die Ware musste schließlich von weit her per Schiff angeliefert werden.

Nachdem wir das Wichtigste gekauft hatten, fuhren wir zurück zum Resort. Dort verstauten wir die eingekauften Lebensmittel im Kühlschrank.

Da es die richtige Zeit war, setzten wir uns auf die Terrasse vor unserem Haus und tranken Kaffee. Dabei lernten wir unseren Nachbarn kennen. Er war Holländer, sprach deutsch wie Rudi Carrell und wir unterhielten uns ein Weilchen mit ihm.

Danach gingen wir wieder an den Strand. Dort erwarteten uns wieder die pralle Sonne und das amerikanische Ehepaar. Im Verlauf des Gesprächs erzählten sie uns, dass sie abends immer zur Happy Hour gingen. Wir hatten keine Ahnung, was das bedeutete, und so erklärten sie uns, dass in dieser Zeit die Drinks nur die Hälfte kosteten. Sie mussten uns nicht lange überreden mitzukommen.

Pünktlich um 17 Uhr saßen wir also mit mehreren amerikanischen Paaren im Kreis und schlürften irgendeinen Cocktail. Da wir keine Ahnung hatten, schlossen wir uns der Mehrheit an.

Es schmeckte süß und alkoholisch, aber das Getränk war offensichtlich nicht das Wichtigste bei der Happy Hour. Es ging vielmehr um das Zusammensitzen und Quatschen. Wir Deutsche waren hier die Exoten und so wurden wir ausgefragt bis aufs Hemd, das wir nicht anhatten. Meine Frau schwieg wieder weise und ich führte die Konversation allein. Zum ersten Mal lernten wir Amis persönlich kennen und sie machten erst einmal einen sehr freundlichen und aufgeschlossenen Eindruck. Eine Lady wollte gleich bei mir Deutsch lernen. Daraus wurde aber nichts, denn sie und ihr Mann mussten am nächsten Tag abreisen.

Es gelang uns kurz vor Ende der Happy Hour noch einen Drink zu holen. So saßen wir bei der wiederum schnell hereinbrechenden Dunkelheit zusammen, unterhielten uns und lachten viel miteinander. Zum Glück kannte ich ein paar Witze in Englisch, die ich dort zum Besten gab.

Etwas beschwipst aber glücklich kehrten wir zu unserem Häuschen zurück. Auf Abendbrot hatten wir keinen Appetit mehr.

Am nächsten Tag war endlich auch mal Zeit, sich der uns umgebenden Tierwelt zu widmen. Bereits am ersten Tag waren uns die großen Leguane aufgefallen, die auf manchen Dächern saßen. Wir hatten den Eindruck, sie seien Bestandteile der Häuser, denn sie bewegten sich gar nicht.

Am Morgen, als ich den Frühstückstisch decken wollte, stolperte ich jedoch fast über ein besonders großes Exemplar, das auf unserer Terrasse lag. Es sah aus wie ein Drache und war mindestens 1,50 m lang. Ich näherte mich ihm vorsichtig, aber er bewegte sich nicht. Erst als ich ihn am Rücken berührte, sprang er plötzlich auf und sauste mit einem Tempo fort, das man ihm nicht zugetraut hätte.

Als wir dann beim Frühstück saßen, bemerkten wir lauter kleine niedliche schwarz-gelbe Vögel, die immer näher kamen. Wir nahmen an, dass es sich um diese Zuckerdiebe handelte, von denen wir schon gelesen hatten. Deshalb streuten wir einige Zuckerkristalle auf unseren Tisch und schon kamen sie und machten ihrem Namen alle Ehre.

Als der Niederländer von nebenan unser Treiben beobachtete, warnte er uns, dass wir die lieben Tierchen nachher gar nicht mehr los würden. Wenn wir an die Spatzen in Genf dachten, die uns die Pommes vom Tisch gemopst hatten, mussten wir ihm recht geben und hörten sofort auf, die Vögel zu füttern.

Da der Strand zwar sehr schön war, das Wasser uns aber gar nicht zum Schwimmen einlud, unternahmen wir viele Fahrten auf der Insel.

Am besten gefiel es uns im Washington-Slagbaai National Park. Wir mussten Eintrittsgeld bezahlen, dann durften wir mit dem Auto hineinfahren, nicht ohne von dem freundlichen Kassierer belehrt zu werden, dass wir sehr vorsichtig fahren sollten, da die Wege eher für einen Jeep als für einen PKW geeignet wären.

Dass er recht hatte, bemerkten wir bald. Meine Frau hatte mehrmals Angst, wir würden umkippen, so schräg lag das Auto. Bei der Gelegenheit fiel mir ganz beiläufig ein, dass ich unterschrieben hatte, nur befestigte

Straßen zu befahren. Für solche Überlegungen war es nun zu spät. Wir hatten bezahlt und wollten natürlich auch etwas sehen für unser Geld.

Innerhalb des Nationalparks befindet sich der mit 241 Metern höchste Berg der Insel, den wir wegen der Hitze aber nicht bestiegen.

An einer Wasserstelle namens Gotomeer hielten wir an, denn da waren viele Tiere zu sehen. Kaum hatten wir jedoch die Autotür geöffnet, da flogen etliche dieser niedlichen Zuckerdiebe in unser Auto, um sich dort niederzulassen. Vergeblich versuchten wir sie aus dem Auto zu scheuchen, aber immer wenn wir einen hinausbefördert hatten, kamen mehrere andere durch die geöffneten Fenster herein.

Letztlich wussten wir uns keinen anderen Rat als einfach mit geöffneten Fenstern loszufahren und zu warten, bis auch der letzte Vogel mit unserer Hilfe das Auto verlassen hatte.

Schließlich waren wir am Ende des Rundwegs und verließen den Nationalpark wieder. Der Kassierer wollte noch wissen, ob es uns gefallen hatte, woher wir kämen und welche Temperatur wir daheim gerade hätten. Als wir ihm sagten, dass Winter sei und die Temperatur sich so um die minus10 Grad bewegte, schauderte er und war wohl sehr froh, auf Bonaire zu leben.

Ich hatte Angst, dass er die Autovermieterin kannte und ihr über unseren Ausflug in die Wildnis berichten würde. Auf so einer kleinen Insel mit 15000 Einwohnern war das nicht unmöglich. Zu allem Überfluss war unser Auto über und über mit rotem Staub bedeckt, den es wahrscheinlich nur im Nationalpark gab und der uns bei der Rückgabe des Mietwagens zum Verhängnis werden konnte. Wir hofften, dass der nächste Regen das Auto reinwaschen würde.

Überall auf den Straßen sahen wir überwiegend sehr üppige Frauen in hellen Gewändern mit aufgespannten Regenschirmen. Manche standen an Bushaltestellen, was insofern verwunderte, als es gar keinen öffentlichen Busverkehr auf Bonaire gab. Somit schienen die Haltestellenschilder ebenso sinnlos wie das Warten an ihnen. Später bemerkten wir, dass Einheimische, die von einem Ort zum anderen wollten, sich an die Haltestelle stellten und winkten, denn sie wollten mitgenommen werden. Da wir aber nur ein zweitüriges Auto hatten, sahen wir davon ab, eine der ausladenden Damen auf unseren Rücksitz zu platzieren.

Nicht so weit entfernt und spektakulär wie der Nationalpark waren die Anlagen zur Salzgewinnung in der Nähe unseres Resorts. Zum ersten Mal sahen wir, wie Meersalz in Salinen gewonnen wird. Früher mussten viele Sklaven die Arbeit verrichten, heute wird sie von einer Maschine erledigt. Zum Gedenken an diese bedauernswerten Menschen hatte man mehrere „Slave Huts" stehen lassen. Ich erinnerte mich an meinen Sprachurlaub in Malta und wusste deshalb, dass es sich um Sklavenhütten handelte. Obwohl sie so klein waren, dass kein einziger Mensch ausgestreckt darin liegen konnte, hatten sich doch acht Sklaven eine solche Hütte zur Nachtruhe teilen müssen. Wie sie das gemacht hatten, blieb uns ein Rätsel.

Nachdem wir ziemlich viel auf der Insel herumgefahren waren, mussten wir irgendwann tanken. Ich fuhr also an eine Tankstelle. Ein Tankwart sprang sofort hinzu, denn unser Auto war das einzige. Er fragte „Regular?" und ich nickte, denn das hatten wir in Kanada auch immer getankt. Als ich jedoch zur Anzeige schaute, sah ich mit Schrecken, dass es außer Regular auch noch Unleaded gab und mir fiel ein, dass wir ja bleifreies Benzin tanken sollten. Schnell sagte ich zum Tankwart; „Stop, I need unleaded gas!" Er wechselte sofort die Sorte, sagte aber wie zur Entschuldigung: „But you told me so." Wahrscheinlich hatte er Angst, dass ich ihm die Schuld geben würde. Ich beruhigte ihn und so wurden wir uns am Ende einig, was den Benzinpreis und das Trinkgeld betraf. Er versicherte mir noch, dass das falsche Benzin kein Problem sei, ich aber wusste es besser. Ich hoffte nur, dass schon irgendjemand vor mir den Katalysator mit bleihaltigem Benzin beschädigt hatte und ich nicht der erste Trottel war. Die Vermutung lag nahe, denn es passten beide Zapfpistolen in den Einfüllstutzen und Regular war billiger. Wieder beschlich mich ein ungutes Gefühl, wenn ich daran dachte, dass der Tankwart möglicherweise die Autovermieterin kannte und uns verpetzen würde.

Wir fuhren los und ich bemerkte keinen Unterschied in der Motorleistung. Als wir jedoch an einem historischen Aloe Vera Ofen anhielten, um uns diesen anzusehen, wollte ich den Motor ausschalten, er dieselte jedoch fröhlich weiter, obwohl ich den Zündschlüssel abgezogen hatte. Ich kannte diesen Effekt vom Trabi, bei dem genau das passierte, wenn man ihn mit sogenanntem Russen-Benzin fuhr. Damals hatte ich gelernt, wie man den Motor in diesem Fall zum Stillstand bringt und so tat ich es auch jetzt. Ich legte einfach einen Gang ein und ließ die Kupplung schnell kommen, wie beim ungeschickten Anfahren. Schon war der Motor aus.

Aloe Vera ist eine sehr häufig anzutreffende Pflanze auf Bonaire und aus ihr werden alle möglichen medizinischen und kosmetischen Produkte hergestellt, wie wir erfuhren.

Die Insel ist nicht sehr groß, trotzdem fuhren wir ziemlich viel auf ihr herum. Das Straßennetz war sehr übersichtlich, sodass nicht einmal wir uns verfahren konnten.

Auf dem Weg zum Einkaufen in Kralendijk fuhren wir immer an einem Mangrovenwald vorbei, der uns so faszinierte, dass wir fast jedes Mal anhielten. Es waren nicht nur die im Salzwasser stehenden Bäume, die uns so interessierten, sondern auch die bunten Vögel und Fische.

Anscheinend blieb niemand so lange im Resort wie wir. Wir hatten fast täglich neue Nachbarn. Eines Tages kam ein rotblonder Ire mit seiner rotblonden Familie. Sie verbrachten einen Tag am Strand, dann waren alle krebsrot und trauten sich für die restlichen drei Tage ihres Urlaubs nicht mehr an die Sonne. Sie werden wahrscheinlich noch zu Hause unter ihrem Sonnenbrand gelitten haben.

Es gab auch einen Araber, den wir den Scheich nannten. Er war mit seiner amerikanischen Frau, seinem kleinen Sohn, einem Kindermädchen und einem Chauffeur angereist. Der Kleine schrie ununterbrochen, während seine Mutter sich nackt am Strand aalte. Weder der Scheich noch die Bediensteten zogen sich aus, sondern liefen korrekt arabisch gekleidet in der Anlage herum. Wir staunten nur, dass der Scheich die Offenheit seiner Frau tolerierte.

Ich hatte mich mit unserem Leguan angefreundet. Ehrlich gesagt, wusste ich gar nicht, ob es immer derselbe war, aber das tat dem Spaß keinen Abbruch. Ich fütterte ihn oder sie immer mit Apfelstücken und das erregte die Aufmerksamkeit der Nanny. Sie kam mit ihrem Schützling, um bei der Raubtierfütterung zuzusehen und die ganze Zeit war der Kleine ruhig. Wenn aber der Apfel alle war und der Leguan verschwand, ging das Gebrüll wieder los. Zum Glück blieb auch diese Familie nur drei Tage.

Dann zog in unser Nachbarhaus ein kanadisches Paar ein. Sie kamen aus Quebec, sprachen französisch und ich freute mich, mit ihnen ins Gespräch zu kommen. Vor allem die Frau war sehr interessiert an uns, sprach langsam und hörte meinem französischen Gestammel geduldig zu. Ich erzählte ihr, wo in Frankreich wir schon gewesen waren und wie es uns gefallen hatte. Sie war sehr wissbegierig, denn sie erwog auch einmal nach Frankreich zu reisen.

Mit einer französischen Familie hingegen hatte ich weniger Glück. Ich sprach die beiden halbwüchsigen Söhne am Strand an, um sie auf eine Krabbe aufmerksam zu machen, indem ich darauf zeigte und sagte: „Un crabe." Sie würdigten mich jedoch keines Blickes und gingen weg. Wahrscheinlich war für sie mein Französisch unter aller Sau.

Eines Tages wurde bekanntgegeben, dass es in Kralendijk einen Karnevalsumzug geben würde. Wer Lust hatte, konnte mit dem Kleinbus des Resorts in die Stadt fahren und sich das bunte Treiben ansehen. Wir meldeten uns an und so kam es, dass wir zusammen mit der Kanadierin und der französischen Familie im Bus saßen und zum Karneval fuhren.

Der Umzug war sehr nett anzusehen. Es waren ausschließlich Kinder, die an uns vorbeizogen, und wir waren erstaunt, dass keines von ihnen in ihren zum Teil sehr warmen Kostümen kollabierte. Wir jedenfalls hatten alle Mühe so lange durchzuhalten bis der Umzug zu Ende war - und wir standen im Schatten, hatten Wasser zum Trinken und waren hochsommerlich angezogen.

Auf dem Rückweg fragte die Kanadierin mich: „Vous vous êtes amusés?" Ich war stolz, dass ich sie verstanden hatte und antwortete: „Mais oui, nous nous sommes amusés."

Die Franzosen schauten genervt aus dem Fenster und sprachen mit niemandem ein Wort. Das fand ich insofern erstaunlich, dass sie auch sonst Probleme mit der Verständigung hatten, da niemand vom Personal französisch sprach. Da hätte es doch nahegelegen, dass sie sich wenigstens mit den Frankokanadiern verbündet hätten.

Immer wieder versuchten wir auf der Insel einen Strand zu finden, der unseren Vorstellungen entsprach. Man sollte schwimmen können und es sollte Wellen geben. Bald begriffen wir, dass es auf der dem Atlantik zugewandten Seite sehr hohe Wellen gab, aber dass leider nirgends ein Sandstrand zu finden war. So nutzten wir die vorhandenen Felsen und die an ihnen entstehende Gischt wenigstens als Hintergrund für unsere Urlaubsfotos. Bei dem Versuch besonders spektakuläre Bilder aufzunehmen, wagten wir uns über Felsen kletternd immer dichter an das Wasser heran. Dabei mussten wir erkennen, dass nicht alle anrollenden Wellen gleich groß waren, sodass es mal mehr und mal weniger spritzte. Wieder einmal wurde uns das physikalische Prinzip der Überlagerungen in der Praxis demonstriert. Als wir nämlich einmal ganz dicht an das Wasser herangeklettert waren, gab es plötzlich eine Riesenwelle, die uns von oben bis unten nass machte. Dabei hatten wir großes Glück, dass wir festen Halt auf den Felsen hatten, sonst wären wir womöglich ins Meer gespült worden. So konnten wir über unser Missgeschick lachen und uns vorsichtig wieder auf festen Boden begeben.

Da die Sonne es auch an diesem Tag sehr gut mit uns meinte, zogen wir die nassen Sachen aus und legten sie zum Trocknen auf die Felsen. Es konnte doch nur eine Frage von Minuten sein, bis alles wieder trocken war. Dass uns jemand hier nackt sah, war unwahrscheinlich, denn wir waren weit weg von jeder menschlichen Behausung und Durchgangsverkehr gab es an dieser Stelle auch nicht.

Nach einer Stunde in der prallen Sonne waren wir total ausgetrocknet und am Rand eines Hitzschlags, unsere Klamotten waren jedoch immer noch klitschnass. Es blieb also nichts anderes übrig als das nasse Zeug wieder anzuziehen und zur Ferienanlage zu fahren.

Die nasse Kleidung war zwar warm, aber trotzdem entstand ein unangenehmes Gefühl, weil alles am Leib klebte.

Als wir am Resort ausstiegen, hinterließen wir nasse Flecke auf den Autositzen.

Wir sahen viel Interessantes und Exotisches auf Bonaire. Da waren die Divi-Divi-Bäume, die wohl aufgrund des ständigen Windes nur in eine

Richtung gewachsen waren. Es gab riesige Kakteen, die so groß wie Bäume waren. Manche Inselbewohner hatten sie so gepflanzt, dass sie sogar zu undurchdringlichen Zäunen um ihre Grundstücke geworden waren.

Flamingos und Pelikane waren weitere exotische Tiere, die wir auf dieser Insel sahen.

Am letzten Tag fuhren wir noch zu einem Reservat für Esel. Da es auf der Insel so viele dieser Tiere gab, wurde für sie eine so genannte Donkey Sanctuary eingerichtet.

Während der Fahrt zeigte meine Frau auf einen unscheinbaren Schalter auf dem Armaturenbrett und fragte, wozu der eigentlich da sei. Ich wusste es nicht, denn eine Beschriftung fehlte. Mutig drückte ich ihn und kurz danach wurde es kühl im Auto. Das Auto hatte wider Erwarten eine Klimaanlage und ich hatte sie soeben eingeschaltet. Schade, dass es uns nicht schon früher eingefallen war auf diesen Taster zu drücken.

Auf Regen warteten wir vergeblich und so benutzten wir den Handfeger aus dem Ferienhaus, um das Auto notdürftig vom roten Sand zu befreien. Auf der Rückfahrt tankte ich dann das richtige Benzin und hoffte, dass bei der Abgabe des Mietwagens nichts mehr von meinem Fehler bemerkt werden würde.

Wir hatten Glück und konnten uns erleichtert dem Abflug zuwenden.

Allerdings gab es da ein Problem. Man durfte erst einchecken, wenn man die Ausreisesteuer in Höhe von 10 US-Dollar bezahlt hatte, aber wir hatten nur noch deutsches Geld, das aber nicht angenommen wurde. Auch mein Versuch, die Gebühr mittels Kreditkarte zu bezahlen, scheiterte - sie wollten Bargeld sehen.

Eigentlich merke ich mir nie die PIN von Kreditkarten, da ich sowieso kein Bargeld damit abhebe. Durch irgendeinen Zufall wusste ich jedoch diesmal die Geheimnummer und war in der Lage am Geldautomaten Dollar abzuheben. Ich hob gleich 100 Dollar ab, damit es sich lohnte. Dann zahlte ich die Abfluggebühr, nicht ohne noch einmal meinen Unmut über diese Verfahrensweise auszudrücken.

Der Rückflug über Curaçao und Amsterdam konnte beginnen.

In Curaçao hatten wir wieder ein paar Stunden Aufenthalt und bekamen Hunger. Wir stellten uns bei einer kleinen Bar an, die allerlei Ess- und Trinkbares anbot. Ich bemerkte einen kleinen Berg von Pasteten, auf einem Pappteller. Da sie sehr klein waren und alle übereinanderlagen, war ich mir nicht sicher, ob man nur eine nehmen sollte oder den ganzen Teller. Ich fragte die hinter mir anstehende Einheimische in der Hoffnung, dass sie sich hier besser auskenne als ich: „Should I take one or all?" Sie sah mich erstaunt an, dann lachte sie und erwiderte: „That depends on your hunger." Wenn es nach dem Hunger gegangen wäre, hätte ich wahrscheinlich die ganze Vitrine leergegessen. Wahrscheinlich hätte ich meine Frage präziser stellen sollen, so wusste ich also immer noch nicht, wie viel ich davon nehmen sollte und entschied mich deshalb für ein Sandwich.

Der Flug von Curaçao nach Amsterdam verlief normal, also mit den uns nun schon bekannten Turbulenzen über dem Atlantik.

Auch in Amsterdam hatten wir wieder Aufenthalt, aber schließlich landeten wir dann auf dem uns schon vertrauten Flughafen Berlin-Tegel und fuhren mit dem Taxi nach Hause.

Dieser erste Karibikurlaub hatte uns Mut auf mehr gemacht. Es war dort sehr schön gewesen, aber an manchen Stellen noch optimierbar. Beim nächsten Mal wollten wir wenigstens einen Strand mit der Möglichkeit zum Schwimmen haben.

Teneriffa (Kanarische Inseln)

Im Herbst 1998 wollten wir testen, ob wir es nicht auch ohne so einen ganz weiten Flug warm haben könnten. Deshalb zogen wir die Kanarischen Inseln in die engere Wahl. Bei der Suche im Internet fand ich ein interessantes Angebot für einen Finca-Urlaub auf Teneriffa. Ich schrieb an den Betreiber Herrn Milchmeier und erhielt zustimmende Antwort. Allerdings mussten wir Halbpension buchen, was uns eigentlich nicht sehr lieb war, aber wir stimmten zu, denn wir wollten nach Teneriffa und es war schon zu spät für Alternativen.

Für die Buchung des Fluges bekamen wir von Herrn Milchmeier den Tipp, uns an ein bestimmtes Reisebüro zu wenden, denn dort bekämen wir die günstigsten Flüge. Wir taten dies auch, waren aber hinterher nicht überzeugt, tatsächlich die preiswertesten Flüge bekommen zu haben. Vor allem war ungünstig, dass wir mitten in der Nacht von Berlin-Schönefeld abflogen. Das bedeutete für uns, Berlin von Norden nach Süden zu durchqueren. Da zu dieser Uhrzeit weder Busse noch Bahnen dorthin verkehrten, fuhren wir am 30. Oktober zu nächtlicher Stunde mit unserem Auto zum Flughafen, denn eine einfache Rechnung zeigte, dass je eine Taxifahrt hin und zurück teurer gewesen wäre als die damals noch moderaten Parkgebühren. Unser Auto stellten wir auf dem großen Langzeitparkplatz ab.

Das Einchecken verlief sehr entspannt, da zu dieser frühen Morgenstunde kaum etwas los war am Flughafen. Als wir in das Flugzeug einsteigen konnten, bemerkten wir, dass das Publikum sich erheblich von dem unserer bisherigen Flüge unterschied. Es waren überwiegend ältere Menschen um uns herum und sie waren alle aus Deutschland. Sie wuselten aufgeregt durcheinander und brauchten sehr lange bis sie ihre Sitzplätze eingenommen hatten. Unangenehm fiel uns auch auf, dass wir alles verstanden, was gesprochen wurde, denn alle sprachen deutsch.

Ausgerechnet bei den Herrschaften in den vorderen Reihen dauerte es ewig, bis sie ihr Handgepäck verstaut hatten und auf ihren Plätzen saßen. Da wir eine gefühlte Ewigkeit im Gang warten mussten, bis einer der Herren seinen Mantel sorgfältig gefaltet und in die Gepäckablage über sich gelegt hatte, hörte ich plötzlich meine sonst so ruhige Frau laut sagen: „Meine Oma wäre schon fertig."

Als endlich alle saßen, erfolgte die schlecht zu verstehende Ansage des Piloten in Deutsch und Englisch. Der alte Herr hinter mir verstand offensichtlich kein Wort und sagte zu seiner Begleiterin: „Wenn der so fliegt, wie er spricht, dann gnade uns Gott."

Endlich in der Luft gab es die übliche Bordverpflegung. Ein Fluggast bestellte eine Cola. Daraufhin fragte die Stewardess: „Mit Eis und Zitrone?" Als der Gefragte bejahte, meldete sich eine ältere Dame mit den Worten: „Ich möchte auch eine heiße Zitrone!" Diesem Wunsch schlossen sich spontan viele andere Passagiere an und die armen Flugbegleiter waren nur damit beschäftigt, heißes Wasser zu bereiten und mit Zitronenscheiben und Zucker zu präparieren.

Der Flug verlief folgendermaßen: Es gab etwas zu essen, dann kamen Filme mit Mr. Bean und danach fing es an zu schaukeln, sodass man seinen Platz nicht mehr verlassen durfte.

Im Landeanflug auf Teneriffa sahen wir schon den Pico del Teide, der oben aus den Wolken herausschaute.

Wir landeten pünktlich auf dem Flughafen Teneriffa-Süd, wo wir von Herrn Milchmeier abgeholt werden sollten. Obwohl wir auf unsere Koffer wieder sehr lange warten mussten, standen wir in der Ankunftshalle wie bestellt und nicht abgeholt. Wir mussten feststellen, dass da niemand auf uns wartete.

Jetzt hatte ich zwar die Telefonnummer des Vermieters und Peseta-Scheine, aber kein spanisches Kleingeld zum Telefonieren. So kaufte ich mir etwas zu trinken und mit dem Wechselgeld konnte ich von einem öffentlichen Münzfernsprecher bei der Finca anrufen, um zu fragen, ob man uns vergessen hätte. Sichtlich erschrocken meldete sich Frau Milchmeier, und versprach sofort loszufahren, um uns zu holen.

Es dauerte auch wirklich nicht lange und sie erschien in der Halle. Nach einer kurzen Begrüßung schimpfte sie auf die Mitarbeiterin der

Fluggesellschaft. „Diese blöde Kuh hat mich belogen. Sie hat mir gesagt, das Flugzeug landet erst in einer Stunde."

Ihre Ausdrucksweise war für uns ebenso befremdlich wie die Aussage selbst, denn das Flugzeug war genau zur richtigen Zeit gelandet und die Flugdaten hatte ich Herrn Milchmeier per E-Mail übermittelt.

Vor dem Flughafengebäude stand ein großer Geländewagen und mit diesem wurden wir zur Finca gebracht, wo uns auch der Hausherr begrüßte. Dann bekamen wir unser Apartment zugewiesen und wurden schließlich in die Gepflogenheiten auf der Finca eingewiesen, bevor wir das im Gesamtpaket mitgebuchte Auto in Empfang nehmen konnten.

Unsere Ferienwohnung bestand aus zwei Räumen. Es gab ein Schlafzimmer und einen Raum mit Dusche und WC – beides etwas provisorisch. Erstaunt stellten wir fest, dass zwischen den beiden Räumen eine offene Durchreiche war. Das deutete darauf hin, dass die Toilette früher eine Küche gewesen war. Insgesamt machte die Wohnung keinen guten Eindruck und wir hatten das Gefühl, dass diese Räume sehr schnell für uns eingerichtet worden waren.

Die Außenanlage gefiel uns wesentlich besser. Es wuchsen Palmen, Bananenstauden und andere exotische Pflanzen. Bei den aus den Häusern herausführenden kleinen Kanälen fragten wir uns allerdings, ob das, was da floss wohl Abwässer seien. Da es uns verboten war, Klopapier in die Toilette zu werfen und herunterzuspülen, konnten wir unsere Befürchtung nicht eindeutig beweisen.

Als wir fürs Erste genug geschaut hatten, bestiegen wir unser kleines Mietauto und fuhren ein wenig in der Gegend herum. Am meisten interessierte uns natürlich wo sich der FKK-Strand befand, wie er beschaffen war und ob es Wellen gab.

Auf dem Weg dahin beeindruckten uns die Bananenplantagen, die wir überall passierten. Nachdem wir schon einzelne Bananenstauden in Spanien gesehen hatten, konnten wir nun beobachten, wie die Bananen im großen Stil wuchsen und geerntet wurden.

Wir mussten eine ganze Weile nach dem Strand suchen und kletterten der besseren Übersicht wegen sogar auf einen Berg, dann fanden wir ihn. Zwar hatten wir schon öfter davon gehört, dass die Sandstrände auf den Kanaren schwarz seien, aber dieser Strand war gar nicht so dunkel wie wir gedacht hatten. Das Wasser war warm und die Wellen waren gerade richtig, sodass dem Badevergnügen nichts im Wege stand. Jedoch auch an dieser Stelle kühlte der Wind die Haut und man musste höllisch aufpassen, dass man keinen Sonnenbrand bekam. Deshalb ließen wir es am Nachmittag gut sein und fuhren zur Finca zurück.

Dort trudelten auch nach und nach die anderen Gäste ein und wir machten uns miteinander bekannt. Es gab ein Paar aus dem Sauerland, eines aus München und eines aus Hamburg. Wie es sich für Urlauber gehört, waren alle gut drauf und es wurde viel gescherzt.

Pünktlich um 18 Uhr wurde zum Abendessen gebeten. Wir betraten den Speiseraum und uns sowie dem Hamburger Paar wurden Plätze an einem kleineren Extratisch zugewiesen. Irgendwie kam mir der Begriff „Katzentisch" in den Sinn. Am großen Tisch saßen die anderen Urlauber zusammen mit Familie Milchmeier - vier Plätze blieben frei.

In einer Ansprache vor dem Essen verkündete Herr Milchmeier, dass er weder Kosten noch Mühe gescheut und extra für uns einen Spitzenkoch aus Deutschland engagiert habe, der unser Essen zu einem einzigartigen Erlebnis machen sollte. Am ersten Tag gab es Fisch und Herr Milchmeier pries die besondere Kunst dieses Kochs an, den Fisch so zu filetieren, dass die Gräten im Ganzen entfernt wurden und wir unbesorgt essen könnten.

Bei den Mahlzeiten war der Hauswein inklusive. Wer etwas Besseres trinken wollte, musste zuzahlen. Da wir sowieso keine Ahnung von Wein hatten, stand für uns fest, dass wir nur den Hauswein nehmen würden.

Ärgerlich wurde es für das Hamburger Paar an unserem Tisch. Er trank nur Bier und sie gar keinen Alkohol. Notgedrungen stellte Herr Milchmeier dem jungen Mann eine so winzige Flasche Bier hin, wie man sie gewöhnlich im Flugzeug bekam. Die junge Frau bekam ein Glas Orangensaft und Herr Milchmeier konnte es sich nicht verkneifen, seine Missbilligung über dieses Trinkverhalten auszudrücken.

Bald wurde die Vorsuppe serviert, die nicht schlecht schmeckte.

Da wir dann recht lange auf das Hauptgericht warten mussten, nippten wir ab und zu an unseren Weingläsern bis sie schließlich leer waren. Herr Milchmeier dachte aber nicht daran, aus der Flasche, die er in Verwahrung hatte, nachzuschenken. Zum Glück gab es noch Wasser, das wir trinken konnten.

Als endlich der Fisch serviert wurde, gab es aber doch noch ein halbes Glas Wein für jeden von uns.

Ich bin kein geübter Fischesser und da es hieß, dass in dem Filet keine Gräten wären, hatte ich mich darauf gefreut. Ich nahm einen Bissen und hatte den ganzen Mund voller kurzer, harter Gräten. Da war die Enttäuschung natürlich groß. Ich sortierte und suchte die spitzen Dinger, um sie aus dem Mund zu nehmen, was alles andere als vornehm war. Der einzige Trost, den ich hatte, war der, dass es den anderen Gästen genauso ging. Nach einer Weile fühlte sich Herr Milchmeier bemüßigt uns mitzuteilen, dass er den Koch noch besser schulen müsse, denn dieser hätte die Gräten durchgeschnitten, anstatt sie zu entfernen. Das erklärte auch, warum man sie auf der Gabel nicht sah, aber dann im Mund umso mehr spürte.

Nach dem Essen saßen wir noch ein wenig auf der Terrasse zusammen und unterhielten uns über unsere bisherigen Reisen. Das Paar aus dem Sauerland schien sehr wohlhabend zu sein, denn sie waren offenbar ständig auf Reisen. Auch beim Wein waren sie wählerisch, denn sie bestellten noch eine Flasche guten Wein. Als sie uns davon anboten, lehnten wir dankend ab.

Die Finca lag direkt in der Einflugschneise des Flughafens und so hatten wir schon den ganzen Abend den Lärm der Flugzeuge gehört. In der Nacht schliefen wir schlecht, da wir immer wieder aufgeweckt wurden. Außer den Flugzeugen sorgten auch die Hunde der Familie Milchmeier die ganze Nacht für eine Geräuschkulisse.

Am nächsten Morgen gab es zum Frühstück Brötchen, Brot und Belag vom Buffet. Als mehr gegessen wurde als eingeplant war, musste Frau Milchmeier noch schnell zur Bäckerei fahren und zusätzliche Brötchen kaufen.

Wir setzten uns wieder in unser Auto und fuhren ein wenig auf der Insel herum. Obwohl es schon November war, zeigte das Thermometer fast 40 Grad Celsius und wir schwitzten sehr im Auto, das auch nach eingehender Prüfung wirklich keine Klimaanlage besaß.

So kauften wir uns etwas zum Essen und zum Trinken, dann zog es uns schnell wieder zum Strand. Dort war es angenehm, da einige Felsen zu bestimmten Zeiten Schatten spendeten.

Wie wir bemerkten, waren überall kleine Öl- oder Teerklumpen im Sand versteckt. Wenn man auf diese trat, hatte man eine schwarze klebrige Masse am Fuß, die kaum wieder abging. Ich fand jedoch heraus, dass man sie mit Sonnencreme einweichen konnte, um sie dann mit einem Papiertaschentuch zu entfernen. Andernfalls hätten wir uns alle Schuhe und Strümpfe versaut.

Als es uns dann wieder zu heiß wurde, fuhren wir zur Ferienwohnung zurück und setzten uns dort in den Schatten.

Inzwischen war ein weiteres Paar angereist. Beide waren älter als wir und wie der neue Gast jedem erzählte, war er schon Rentner. Er sei jedoch von seiner Firma an den Arbeitsplatz in der Chefetage zurückgeholt worden, da es ohne ihn nicht ginge.

Als er hörte, dass ich beruflich mit Computern zu tun hätte, lachte er nur höhnisch und erzählte stolz, dass er nur unter der Bedingung zurückgekehrt sei, dass dieser technische Blödsinn aus seiner Nähe entfernt würde. Er trank bereits vor dem Abendessen guten Wein und Herr Milchmeier freute sich offensichtlich über diese neuen Gäste.

Endlich war es 18 Uhr und wir durften zum Essen eintreten. Wir saßen weiterhin mit den Hamburgern am Extratisch und die neuen Gäste durften am großen Tisch Platz nehmen.

Während wir uns wieder mit dem spärlich ausgeschenkten Hauswein begnügten und die Hamburger erst nach mehrmaliger Bitte ihre alternativen Getränke bekamen, bestellte der neue Gast die nächste Flasche Wein vom Feinsten.

Herr Milchmeier ließ sich während des Essens lautstark über den Geschmack seiner Gäste aus, indem er sagte, dass er wette, dass die Hälfte von ihnen mit verbundenen Augen Rotwein nicht von Weißwein unterscheiden könnten. Wir fühlten uns gleich ertappt, denn das konnte nur auf uns gemünzt sein. Wir verzichteten aber darauf zu protestieren, denn am Ende hätte er uns wirklich die Augen verbunden und kosten lassen. Wir hätten höchstwahrscheinlich seine These untermauert.

Nach dem Essen bestellte der neue Urlauber die nächste Flasche Wein und während er trank, rauchte seine Frau eine Zigarette nach der anderen.

Da der angebliche Top-Manager gerne redete, erzählte er uns, wo er schon überall gewesen sei. Unter anderem hatte ihn sein Weg auch nach Hongkong geführt. Seine Frau hatte ihn wohl dorthin begleitet, denn sie meinte die intelligente Ergänzung hinzufügen zu müssen, dass es nur drei Piloten auf der ganzen Welt gebe, die auf dem dortigen Flughafen landen könnten. Meinen Einwand, dass dann ja nur sehr selten Flugzeuge in Hongkong landen würden, widerlegte sie, indem sie berichtete, dass dort die Maschinen im Minutentakt starteten und landeten, es aber immer dieselben drei Piloten seien, die dort hinflögen. Alle lachten und ihr Mann sagte zu ihr: „Du redest immer nur Blödsinn!" Dann trank er weiter und sie rauchte die nächste Zigarette.

Außer den interessanten Feriengästen gab es auch noch anderes Bemerkenswertes auf Teneriffa. Auf jeden Fall wollten wir den schon von oben bewunderten Pico del Teide besuchen, war er doch der höchste Berg Spaniens. Wir fuhren deshalb gleich nach dem Frühstück los und parkten etwa 90 Minuten später an der Talstation der Seilbahn. Das Wort Talstation ist allerdings etwas irreführend, denn diese liegt in 2356 Metern Höhe.

Von dort geht es dann in acht Minuten zur Bergstation auf 3555 Meter.

Da oben ist es sehr kalt und die Luft ist schon relativ dünn. Wir waren vorbereitet und hatten uns warm angezogen. Die dünne Luft spürten wir nicht sofort, aber als wir dann ein wenig herumwanderten und dabei noch weiter in die Höhe stiegen, kamen wir schnell außer Atem.

Der Ausblick war gut, denn wir hatten Glück, dass der Berggipfel an diesem Tag nicht in oder über den Wolken lag.

Am Abend kehrten wir von unserem Ausflug gerade noch rechtzeitig zurück, um am gemeinsamen Abendessen teilzunehmen.

Da wir nicht die ganze Zeit nur faul am Strand liegen wollten, unternahmen wir auch weitere Ausflüge. So fuhren wir zur Höllenschlucht Barranco del Infierno. Es gibt dort einen Wanderweg mit der Länge von etwa sechs Kilometern, auf dem man atemberaubende Blicke genießen kann.

Ein anderes Mal machten wir eine Schifffahrt – eine sogenannte Whale Watching Tour. Wir fuhren mit einem Ausflugsschiff auf das offene Meer hinaus und hatten tatsächlich das Glück einige Delfine sehen zu können, die anscheinend mit Absicht das Schiff begleiteten. Sie sprangen übermütig herum und es bedurfte keines großen Geschicks, sie zu fotografieren.

Nach der Beobachtung von Walen gab es auch noch die Möglichkeit vom Schiff aus schwimmen zu gehen. Dazu manövrierte uns der Steuermann so dicht wie möglich an die Masca-Schlucht und viele der Passagiere sprangen dort zum Baden in das glasklare Atlantikwasser über Bord. Wir mussten auf diese Abkühlung verzichten, da wir keine Badekleidung bei uns hatten. So sahen wir ein wenig neidisch dem Treiben der Schwimmer zu. Das Schiff drehte sich mit der Strömung ein wenig vom Ufer weg und plötzlich sahen wir, wie sich das Wasser am Heck dunkel zu verfärben begann. Sollten sie etwa dort das Abwasser ablassen? Was immer es auch war, es sah ekelhaft aus und nun waren wir sehr froh, nicht mit ins Wasser gegangen zu sein. Die Badenden mussten alle durch diese schmutzige Brühe schwimmen, um zum Schiff zurückzukehren. Niemand von ihnen bemerkte das dreckige Wasser und ich widerstand der Versuchung, sie darauf hinzuweisen, denn sie hätten ja gar keine andere Möglichkeit gehabt zum Schiff zurückzukommen.

In der Finca lief es immer nach dem gleichen Schema. Morgens versammelten sich alle zum Frühstück und abends zum Abendessen. Immer achtete Herr Milchmeier darauf, dass ein gehöriger Abstand zwischen seinen Lieblingsgästen und uns erhalten blieb.

An dem Tag, an dem es Paella gab, aßen wir wenig, denn es war für uns einfach sehr ungewohnt, dass aus dem Essen Tentakel und Antennen herausschauten. Wir beschränkten uns deshalb auf den Verzehr von Reis.

Nach etwa einer Woche bat der angebliche Top-Manager plötzlich um eine Zwischenrechnung, nach deren Studium er auch nur noch Hauswein trank. An unseren Extratisch musste er aber trotzdem nicht umziehen.

Niedlich waren die kleinen Geckos, die abends bewegungslos an der Wand klebten. Am ersten Tag dachten wir, es handele sich um künstlichen Wandschmuck, dann aber sahen wir, wie die Tierchen sich blitzschnell bewegten. Ein Wunder war, dass sie weder von der Wand noch von Fensterscheiben abrutschten und herunterfielen.

Wenn bei uns in Deutschland die Geschäfte weihnachtlich dekoriert werden, ist es meist kalt, regnerisch und im besten Fall schneit es. Auf Teneriffa sahen wir gegen Ende unseres Urlaubs auf Hauswänden abgebildete Rentierschlitten und Tannenbäume und schwitzten bei immer noch 35 Grad Celsius.

Bei einem Besuch der Inselhauptstadt Santa Cruz de Tenerife machten wir keine allzu guten Erfahrungen. Die Straßen waren verstopft und es gab kaum Parkplätze. Als wir dann endlich unser Auto abgestellt hatten, wollten wir unbeschwert durch die Stadt spazieren. Das war aber gar nicht so einfach, denn wir wurden ständig von Leuten angesprochen, die uns etwas anbieten wollten. Wie wir später erfuhren, handelte es sich dabei um sogenanntes Time Sharing. Da wir keine Lust hatten, an irgendwelchen Werbeveranstaltungen teilzunehmen, versuchten wir so zu tun, als ob wir nur deutsch sprachen, aber leider sprachen diese Typen ebenso gut niederländisch, deutsch und englisch.

Um den permanenten Nachstellungen zu entgehen, versuchte ich es mit einer List. Als wir das nächste Mal angesprochen wurden, kramte ich meinen ganzen französischen Wortschatz zusammen und sagte: „Pardon Monsieur, je ne comprend rien. Parlez-vous français?"

Meistens war dann schon Ruhe. Wenn es jedoch noch nicht half, legte ich nach. „Mon nom est Pierre. Je viens de Paris. Comment vous vous appelez, Monsieur?" Spätestens an dieser Stelle ließen sie kopfschüttelnd von uns ab. Ich fürchtete nur, dass sie sich noch am selben Tag für einen Französisch-Sprachkurs anmelden würden. Aber da hatte ich auch schon eine Idee. Beim nächsten Stadtbummel wollte ich polnisch oder russisch mit ihnen sprechen, das konnten sie bestimmt nicht.

Zu einem weiteren Stadtbesuch kam es jedoch gar nicht, denn uns war die Urlaubszeit zu schade, um sie in der Inselhauptstadt zu verplempern. Stadt hatten wir in Berlin genug.

In Berlin-Schönefeld landeten wir planmäßig mitten in der Nacht. Als wir zu unserem Auto kamen, musste ich erst einmal eine ganze Weile kratzen, um die Scheiben vom Eis zu befreien.

Da hatten wir nun die Vorweihnachtszeit wie gewohnt. Aber ehrlich gesagt, hätte ich mich lieber an die Wärme zu Weihnachten gewöhnt als in Berlin zu frieren.

Teneriffa blieb uns in guter Erinnerung, der Aufenthalt in der Finca der Familie Milchmeier war jedoch nicht nach unserem Geschmack. Wir schlossen nicht aus, noch einmal nach Teneriffa zu reisen, dann wollten wir allerdings woanders wohnen. Wir hatten den Eindruck, dem Hamburger Paar ging es genauso.

St. Martin / St. Maarten (Kleine Antillen)

Nach dem ersten Ausflug in die Karibik war bei uns Lust auf mehr geweckt worden. Bei ausführlichen Recherchen im Internet stellte ich fest, welches das ideale Urlaubsziel für uns sein könnte. Es handelte sich um Saint Martin, das alles zu haben schien, was wir suchten. Da gab es vor allem Sonnengarantie, Meer mit richtigen Wellen und natürlich ein Clothing Optional Resort.

Derartig informiert buchten wir über unser FKK-Reisebüro 14 Tage Club Orient auf Saint Martin. Die Reise war noch teurer als die nach Bonaire, aber es sollte dort auch alles perfekt sein.

So klein die Insel auch ist, zerfällt sie doch in zwei Teile – den französischen und den niederländischen. Deshalb konnte man mit Air France oder KLM dorthin fliegen - wir wählten Air France.

An einem sehr frühen Morgen im März 1999 fuhren wir mit einem Taxi zum Flughafen Berlin-Tegel. Da unsere Söhne inzwischen nicht mehr bei uns wohnten, würde unsere Wohnung während der ganzen zwei Wochen unbeaufsichtigt bleiben. Nachdem wir gehört hatten, dass Einbrecher auch von Taxifahrern Tipps bekommen, wo Wohnungen leerstehen, dachten wir uns einen schlauen Trick aus. Kaum saßen wir im Taxi sagte meine Frau laut genug, dass der Fahrer es hören musste: „Hoffentlich verschläft Marko nicht wieder so oft." Wir hofften, dass der Taxifahrer auf diese Weise verstand, dass da noch jemand in unserer Wohnung sei.

Am Flughafen gab es das übliche morgendliche Gedränge. Dann ging es endlich ins Flugzeug. Es war sehr angenehm mit einem freundlichen „Bonjour" begrüßt zu werden. Ich wandelte im Geist den Spruch unseres Sohnes über die erste Coca Cola von damals ab und formulierte ihn so: „Wenn ich das erste Bonjour höre, weiß ich, dass der Urlaub begonnen hat."

Zuerst ging es nach Paris, von wo wir nach etwa zwei Stunden in Richtung Saint Martin weiterfliegen würden.

Der Pariser Flughafen Charles de Gaulle hatte etwa die gleiche Größe wie der von Amsterdam. Wir mussten weit gehen bis wir am richtigen Terminal ankamen. Dort warteten wir geduldig.

Ziemlich pünktlich war unser Flugzeug zum Einsteigen bereit und wir gingen an Bord. Wir flogen wieder mit einer Boeing 747, die wir ja nun schon kannten. Für mich war es schön, mit Air France zu fliegen, denn ich freute mich über das französische Flair und die französische Sprache im Flugzeug und ich versuchte mit den Stewardessen französisch zu sprechen so gut es ging.

Über dem Atlantik gab es diesmal so heftige Turbulenzen, dass sich die Flugbegleiter an der Flugzeugdecke abstützen mussten, um nicht hochgeworfen zu werden, während wir über sehr lange Zeit angeschnallt auf unseren Sitzen bleiben mussten.

Auch in diesem Flugzeug wurden die Spielfilme an die vordere Kabinenwand projiziert, weshalb wir kaum etwas sehen konnten. Bemerkenswert war, dass amerikanische Filme in französischer Synchronisation mit englischen Untertiteln gezeigt wurden. Sehr traurig waren wir jedoch nicht, die Filme nicht genießen zu können, denn amerikanische Filme mochten wir sowieso nicht. Während meine Frau die meiste Zeit schlief, versuchte ich zu lesen.

Die Mahlzeiten an Bord waren gut, und es gab sogar pro Person eine kleine Flasche Bordeaux, die wir aber nicht gleich tranken sondern einsteckten. Wir wollten sie uns erst am Ziel unserer Reise gönnen.

Endlich leitete der Pilot den Sinkflug ein und wir sahen einige Inseln unter uns. Wieder mussten wir Einreiseformulare ausfüllen, denn wir landeten auf dem niederländischen Inselteil, der Sint Maarten heißt. Die Niederländischen Antillen haben sich ihre Eigenständigkeit bewahrt und sind nicht dem Schengener Abkommen beigetreten.

Der Flughafen war klein und deshalb waren wir schnell am Gate und konnten aussteigen. Es empfing uns wieder dieser ganz besondere karibische Geruch, den wir schon von Bonaire kannten.

Nachdem unsere Pässe einen weiteren Stempel bekommen hatten, durften wir den Flughafen verlassen – diesmal sogar mit unserem Gepäck.

Ich hatte noch zu Hause versucht, über das Internet ein Auto zu mieten, aber aus unerfindlichen Gründen war das im letzten Moment schiefgegangen. Deshalb war ich jetzt auf der Suche nach einem Leihwagen.

Vor dem Flughafengebäude standen mehrere Hütten und jede von ihnen beherbergte eine andere Leihwagenfirma. Mein suchender Blick wurde sofort richtig gedeutet und die Anbieter überboten sich in der Lautstärke, um mir ihre Wagen anzupreisen.

Ich ließ mich jedoch nicht beirren, sondern ging schnurstracks zu Hertz. Diese Firma kannte ich seit Kanada und ich war sicher, dass sie seriös war. Ich hatte mich im Internet vorab über die Preise informiert und festgestellt, dass ein Auto für zwei Wochen etwa umgerechnet 600 DM kosten sollte.

Die junge schwarze Dame am Schalter war sehr freundlich und bot mir ein Auto an, das auch meinen Preisvorstellungen entsprach. Wir wurden uns einig und ich bekam den Vertrag. Dann mussten wir warten, denn die Garage befand sich an einem anderen Ort, zu dem wir bald darauf mit einem Shuttle gefahren wurden.

Endlich waren wir im Besitz des Autos und fuhren los. Zu unserem Ziel, dem Club Orient, sollte es etwa eine halbe Stunde sein. Da wir jedoch in die falsche Richtung fuhren, dauerte es etwas länger. Zum Glück war die Insel so klein, dass auch der weiteste Umweg kein Problem war.

Auf diese Weise kamen wir schon am ersten Tag durch die Inselhauptstadt des französischen Teils. An der Grenze wurde man lediglich durch ein ganz unscheinbares Schild darauf hingewiesen, dass man in das jeweils andere Land wechselte.

Etwas verspätet erreichten wir den Club Orient und wurden von einer schwarzen Rezeptionistin begrüßt. Da sie sah, dass wir nicht aus den USA kamen, sprach sie uns französisch an und ich konnte mich auch gut mit ihr verständigen.

Wir bekamen ein Studio zugewiesen. Es lag gemäß unserer Kategorie nicht direkt am Strand, sondern in der dritten Reihe. Somit hatten wir von unserer Terrasse aus keine Sicht auf das Meer. Unser Studio war die Hälfte eines hölzernen Doppelhauses. Das Auto durften wir am Haus parken und ich stellte es in den Schatten einer Palme.

Nachdem wir unser Gepäck ins Studio gebracht und uns eingecremt hatten, gingen wir zum Strand. Auf die dort vorhandenen freien Liegen legten wir die gelben Strandhandtücher, die wir bekommen hatten, und machten es uns darauf bequem. Zuallererst wollte ich natürlich das Wasser testen und konnte feststellen, dass es meine Erwartungen voll und ganz erfüllte. Es war warm und tief genug zum Schwimmen, ja, es gab sogar mittelgroße Wellen. Obwohl es schon Nachmittag war, brannte die Sonne erbarmungslos auf uns herab. Die übrigen Strandbesucher hatten alle einen Sonnenschirm, der sie schützte. Den hätten wir auch gebraucht. Wir wussten jedoch nicht, wie wir einen bekommen konnten und deswegen zogen wir uns bald wieder in unser Haus zurück.

Nach dem Duschen erkundeten wir die Anlage, wie wir es jedes Mal machen, wenn wir irgendwo neu sind. Wir fanden wieder die uns schon bekannten Divi-Divi-Bäume, die auf Saint Martin aber nicht so schief wuchsen wie auf Bonaire. Wahrscheinlich lag das am schwächeren Wind.

Am Ende des Strandes gab es ein Restaurant, das wir an diesem Abend aufsuchen wollten. Inzwischen hatten wir festgestellt, dass zumindest in der Anlage die englische Sprache vorherrschte. Die am Restaurant ausgelegte Speisekarte war jedoch in Englisch und Französisch verfasst.

Wieder einmal wussten wir nicht, wie man zum Abendessen zu erscheinen hatte – nackt oder angezogen. Dieses Mal war unser Häuschen zum Glück aber so gelegen, dass wir von unserer Terrasse aus beobachten konnten, wie die Urlauber essen gingen.

Die meisten Restaurantbesucher waren leger angezogen und so schlossen wir uns der Mehrheit an.

Der Kellner verstand genauso gut Englisch wie Französisch, und da wir uns wie Gott in Frankreich fühlten, sprach ich französisch, so gut es ging.

Als ich hinterher mit der Carte Bleu, die in Wirklichkeit meine goldene Visakarte war, bezahlen wollte, wurde ich gefragt, ob in Franc oder Dollar. Aus Prinzip wählte ich Franc, aber die Abrechnung, die ich einen Monat später nach Hause bekam, war trotzdem in Dollar. So wie die gemeinsame Sprache der beiden Inselteile Englisch war, so war eben der Dollar die gemeinsame Währung.

Zwar hatten wir noch 80 Dollar von Bonaire übrig, aber ich musste dringend Geld abheben, denn es war nicht sicher, dass überall Kreditkarten akzeptiert werden würden. Ich hoffte nur, dass die Geldautomaten auch Dollar und nicht etwa nur Antillengulden ausgaben.

Froh und glücklich über unser so perfekt ausgewähltes Urlaubsziel schliefen wir gut und fest; nur der laute Kühlschrank weckte uns hin und wieder.

Am nächsten Morgen ging ich zu dem kleinen Supermarkt, um uns ein Baguette zu kaufen. Wir hatten am Abend zuvor vergessen nachzusehen, wann der Laden öffnet, und so stand ich eine halbe Stunde davor und wartete. Das war insofern schlecht, da ich noch keinen Sonnenschutz aufgetragen hatte und nicht einmal eine Mütze trug. Bereits nach kurzer Zeit merkte ich wie intensiv die Sonne auch schon um diese Zeit brannte. Ich stellte mich so gut es ging in den Schatten.

Nach einiger Wartezeit gesellte sich ein Amerikaner zu mir, mit dem ich schnell ins Gespräch kam. Er erzählte mir, dass im Jahr 1995 ein Hurrikan hier alles vernichtet hatte und dass die Anlage völlig neu aufgebaut werden musste. Jetzt wurde mir klar, warum ich 1996 meine postalische Reservierungsanfrage an den Club Orient mit der Bemerkung „Pas de boîte aux lettres" zurückerhalten hatte. Als alle Häuser hier weggerissen worden waren, hatte den Briefkasten wohl das gleiche Schicksal ereilt.

Das Baguette, das ich bekam als der Laden endlich offen war, kostete einen Dollar und war alles andere als typisch französisch. Zusätzlich kaufte ich ein Glas Marmelade und ein Päckchen Butter, damit wir an diesem ersten Morgen etwas zum Frühstück haben würden.

Wir waren gerade dabei, das Frühstücksgeschirr abzuwaschen, da rief jemand an unserer Tür: „Naak, naak!" Verwundert schauten wir, wer das war und sahen eine Frau, die ein Fleischpaket in der Hand hielt. Sie fragte uns in breitem amerikanischen Englisch, ob wir ihr Grillfleisch haben wollten, denn sie reise jetzt ab. Ich verneinte höflich mit der Begründung, dass wir gar kein Fleisch äßen. Das war zwar nicht die ganze Wahrheit, aber selbst, wenn ich der leidenschaftlichste Fleischesser gewesen wäre, hätte ich kein Fleisch von einer Unbekannten genommen.

Sie ging mit ihrer Spende ein Haus weiter und wir überlegten, warum sie an unserer Tür „Naak, naak" gesagt hatte. Nach einer Weile kam ich darauf, dass sie „Knock, knock" amerikanisch ausgesprochen hatte und damit ein Anklopfen andeuten wollte.

Um zehn Uhr gingen wir zum Strand. Wir ließen außer unseren Strandtüchern alles im Haus und schlossen es sorgfältig ab. Da wir jedoch Angst hatten, dass uns der Hausschlüssel am Strand verloren gehen könnte, suchten wir ein Versteck für ihn. Schließlich fanden wir eine Lösung. Wir versteckten ihn im Radkasten auf einem Reifen unseres Autos. Wir mussten nur aufpassen, dass uns dabei niemand beobachtete.

Dann gingen wir nackt und unbeschwert zum Strand, legten uns mit unseren Strandtüchern auf zwei freie Liegen. Während wir noch herauszufinden versuchten, wo die vielen Sonnenschirme von gestern geblieben waren, erschien ein athletisch gebauter junger Mann, der eine große Kiste aufschloss und ihr einen Sonnenschirm entnahm, den er bei uns aufstellte.

So machte er es mit allen Strandbesuchern, die ein ebenso gelbes Handtuch hatten wie wir. Dieser Service schien im Preis enthalten zu sein.

Schnell verging der Vormittag und es wurde immer heißer. Trotz des Sonnenschutzes durch den Schirm hielten wir es nicht mehr am Strand aus und flüchteten in unser Ferienhaus.

Vor jedem Haus gab es eine Außendusche, mit deren Hilfe man sich die beim Baden im Meer entstandene Salzkruste abspülen konnte. Das war in der Karibik besonders wichtig, denn das Wasser war extrem salzhaltig, was sich unter anderem darin bemerkbar machte, dass man auch ohne Schwimmbewegungen nicht unterging.

Da wir nichts zum Mittagessen hatten und außerdem sowieso nach einem Supermarkt suchen wollten, zogen wir uns an und fuhren mit unserem Auto los. Zuerst suchten wir in der Nachbargemeinde, die Baie Orientale hieß. Dort gab es aber nur eine Boulangerie, die sehr verlockend duftete, weshalb ich mir vornahm, von nun an unser morgendliches Baguette dort zu kaufen. Das war erstens billiger und zweitens sah es viel knuspriger aus, wie ein Blick in den Laden verriet.

Da wir an diesem Ort keinen Supermarkt gefunden hatten, fuhren wir weiter nach Marigot, der Hauptstadt des französischen Teils der Insel. Dort angekommen, schauten wir uns erst einmal ein wenig um. Wir stiegen auf einen Hügel und von dem darauf befindlichen Fort Saint-Louis aus hatten wir einen schönen Blick über die Stadt und die Bucht. Die alte Kanone, die es da oben noch gab, zeigte uns, dass es wohl früher nötig gewesen sein musste, die Stadt gegen Eindringlinge zu verteidigen. Dass es in der Karibik jede Menge Piraten gab, ist ja allgemein bekannt.

Dann gingen wir wieder in die Stadt zurück und fanden ein lauschiges Restaurant unter Schatten spendenden Pflanzen, wo wir unser Mittagessen einnehmen konnten. Es war alles sehr französisch und so fühlten wir uns auf Anhieb wohl. Wir aßen Ratatouille mit Couscous, was uns sehr gut schmeckte und für uns der Inbegriff der französischen Küche war.

Nach dem Essen gingen wir einkaufen. Es gab direkt neben dem Restaurant ein typisches französisches Centre Commercial mit einem Supermarkt. Dort kauften wir nach Herzenslust ein. Dabei waren wir erstaunt, dass alle Produkte aus Frankreich kamen. Man hatte den Eindruck, sich in einem französischen Supermarkt zu befinden. Dass alles viel teurer war als bei uns, erklärten wir uns wieder mit dem langen Lieferweg.

Im Centre Commercial gab es einen Geldautomaten, der französische Franc ausgab. Da wir uns ja überwiegend auf der französischen Seite aufhielten, hob ich erst mal 1000 Franc ab.

Gesättigt und mit Lebensmittelvorräten ausgestattet, traten wir den Heimweg an. Zufällig war gerade Schulschluss und wir sahen viele Kinder, die alle die gleichen Schuluniformen trugen. Die meisten wurden abgeholt, aber manche winkten auch und wollten mitgenommen werden. Als wir anhielten, stiegen ein Junge und ein Mädchen ohne zu fragen in unser Auto und nahmen auf der Rückbank Platz. Sie hatten ein Kuchenpaket bei sich, das sie jetzt öffneten, um etwas zu essen. Dass sie dabei fürchterlich krümelten, war kein Problem, denn es war ja ein Mietwagen, den andere hinterher säubern würden. Mich störte viel mehr, dass die Kinder überhaupt nichts zu ihrem Fahrziel sagten. Außer „Bonjour" hatten wir noch nichts von ihnen gehört. Da ich gern gewusst hätte, wohin sie wollten, versuchte ich es zuerst auf Englisch.

„Where do you want to go? What's your destination?"

Sie schauten mich nur groß an, schienen aber nichts zu verstehen. Voreilig hatte ich angenommen, dass alle Inselbewohner englisch sprechen würden, was aber bei diesen beiden Kindern offensichtlich nicht zutraf.

Also fragte ich auf Französisch: „Où voulez-vous aller?" Sicherheitshalber fügte ich noch hinzu: „Votre destination?" Wieder sahen sie mich erstaunt an, sagten aber nichts, sondern aßen weiter. Ich fragte unsicher: „Parlez-vous français?" Sie nickten mit vollem Mund. Ich erzählte ihnen auf Französisch, dass wir aus Deutschland kämen, welches das Nachbarland von Frankreich sei. All das nahmen sie interessiert und kauend zur Kenntnis, ohne jedoch auf die Frage nach ihrem Ziel einzugehen. Nachdem wir schon eine ganze Weile in Richtung unserer Ferienanlage gefahren waren, machte ich mir Sorgen, wie es mit den Kindern denn weitergehen sollte. Wir konnten sie doch nicht einfach ins Resort mitnehmen. An der Abzweigung zu unserem Resort fragte ich: „À gauche ou à droite?" Sie zeigten nach links, wohin auch wir fahren mussten.

Am Tor unserer Anlage angekommen, blickte ich mich fragend um und sah die beiden aussteigen. Ich fragte ungläubig: „Vous habitez ici?" Sie nickten, sagten „Merci" und gingen die Straße ein Stück weiter, um dann in einem Haus zu verschwinden.

Ich war geneigt an Voodoo zu glauben, denn wie hatten die Kinder wissen können, wo wir wohnten. Da wir gerade erst angereist waren, konnten sie uns auch noch nicht gesehen haben.

Als wir dann auf unserer Terrasse bei einer Tasse Kaffee saßen und die Karte von Saint Martin betrachteten, stellten wir fest, dass es gar keine andere Möglichkeit gab, als in Richtung des Wohnortes der Kinder zu fahren. Wären wir vorher schon an unserem Ziel gewesen, hätten sie eben auf das nächste Auto gewartet, das in ihre Richtung gefahren wäre.

Seitdem wir in diese warmen Länder reisten, beherzigten wir eine Weisheit, die besagt: „Geh aus der Sonne, wenn dein Schatten kürzer ist, als du selbst." Da unsere Schatten inzwischen länger waren als wir, wagten wir uns wieder an den Strand. Jetzt waren schon viele Liegen mit Sonnenschirm frei und wir konnten uns aussuchen, wo wir liegen wollten.

Es wurde noch ein schöner Nachmittag. Fast als Letzte verließen wir den Strand und gingen in unser Studio. Dort aßen wir Abendbrot und tranken hinterher die kleinen Flaschen Bordeaux, die wir im Flugzeug bekommen hatten.

Am nächsten Morgen war ich bei Sonnenaufgang wach, zog mich schnell an und wanderte zu der Boulangerie, die wir tags zuvor entdeckt hatten. Ich musste ein paar hundert Meter am Strand entlang gehen, dann war ich in der Siedlung. Der Bäckerladen war schon geöffnet und es duftete so gut, dass ich nicht widerstehen konnte, zusätzlich zum Baguette auch noch zwei Croissants zu kaufen.

Als ich wieder bei meiner Frau ankam, hatte sie schon Kaffee gekocht und wir frühstückten gemütlich.

Aus dem Supermarkt hatten wir uns eine 5-Liter-Flasche Wasser mitgebracht, denn das Leitungswasser der Insel war zwar trinkbar, aber es schmeckte eigenartig. Mit dem gekauften Wasser roch der Kaffee auch gleich viel besser.

Nach dem Frühstück nahmen wir unsere Strandtücher, eine Flasche Wasser sowie Bücher und gingen an den Strand. Es war noch sehr früh und der junge Mann, der die Schirme verwaltete und aufstellte war noch nicht da. So lagen wir fast eine Stunde in der schon sehr intensiven Morgensonne. Fast wären wir wieder zurückgegangen, denn wir fürchteten einen Sonnenbrand zu bekommen, da kam der Herr der Schirme endlich und stellte uns in den Schatten. Wo es gewünscht wurde, rückte er sogar die Liegen zusammen.

Neben uns lag ein junges Paar mit seinen gelben Handtüchern im Sand. Sie unterhielten sich recht laut und ich versuchte herauszufinden, in welcher Sprache sie das taten. Von den mir bekannten Sprachen war es keine. Ich dachte, es könne vielleicht Schwedisch, Dänisch oder Norwegisch sein.

Der Schirmaufsteller kam auch zu ihnen und wollte sie ebenfalls abschirmen, sie aber wehrten sich gestenreich dagegen. Nun fragte er auf Englisch, ob sie auch eine der Liegen und einen Sonnenschirm haben wollten. Sie schienen kein Wort verstanden zu haben und schüttelten nur den Kopf, wobei sie gestikulieren, als müssten sie den Leibhaftigen abwehren. Also versuchte der Schirmherr es noch einmal auf Französisch – wieder ohne Erfolg. Als auch Niederländisch nichts nützte, ließ er sie in Ruhe und wendete sich anderen Gästen zu.

Das Paar im Sand schimpfte laut über den Schirmaufsteller. Ich verstand einige wenig freundliche Worte und begriff plötzlich, dass sie Schweizerdeutsch sprachen. Sie hatten vielleicht doch etwas verstanden, aber wohl befürchtet, für den Service extra zahlen zu müssen. So lagen sie eben ohne Liege und Sonnenschirm in der prallen Sonne.

Dass unsere Vorsicht vor der Sonne nicht unbegründet war, wurde mir bestätigt, als ich im flachen Wasser einen Mann mit einer Bierdose in der Hand traf, der leise vor sich hin wimmerte: „My back is killing me!" Nachdem er an mir vorbei war, drehte ich mich um und mir wurde fast schlecht als ich seinen Rücken sah. Die Haut hing in großen Fetzen herunter und ich wusste, dass Bier mit Sicherheit nicht ausreiche, um diese Schmerzen zu bekämpfen.

Ich stürzte mich schnell in die Fluten und tauchte unter, damit ich nicht auch zu viel Sonne abbekam. Außerdem war das Wasser einfach herrlich.

Rechtzeitig vor der großen Mittagshitze verließen wir den Strand und setzten uns auf unserer Terrasse in den Schatten vor dem Haus und lasen.

Den ganzen Vormittag über hatten sich schon Gärtner in unserer Nähe zu schaffen gemacht. Sie beschnitten die Palmen und pflückten die reifen Kokosnüsse, von denen sie einige öffneten und deren Inhalt tranken. Als sie sahen, wie interessiert wir ihnen zuschauten, kamen sie zu uns und fragten, ob wir auch eine Kokosnuss haben möchten. Wir nahmen das Angebot gerne an, baten aber darum, dass sie sie uns öffneten. Sie stimmten zu und forderten uns auf, ein Gefäß zu holen, in das die Kokosmilch eingefüllt werden konnte. Wir stellten die Glaskanne von der Kaffeemaschine zur Verfügung. Dann ging alles ganz schnell. Einer der Gärtner nahm sein Buschmesser, schlug ein paarmal kräftig zu, dann war die Nuss geköpft wie ein Frühstücksei. Er goss uns die Milch in die Kanne und ich gab ihm einen Dollar. Aus der geöffnete Kokosnuss kratzten wir mit dem Messer das Fruchtfleisch heraus und aßen es.

Während wir die tropische Frucht genossen, erinnerten wir uns daran, dass wir vor vielen Jahren zu Weihnachten eine Kokosnuss gekauft hatten, die es in der DDR nur ganz ausnahmsweise gab. Nachdem alle uns zur Verfügung stehenden Möglichkeiten gescheitert waren, an das Innere der Nuss zu gelangen, spannte ich sie schließlich in einen Schraubstock und sägte sie mit einem Fuchsschwanz auf. Leider wurden dadurch sowohl die Kokosmilch als auch das Fruchtfleisch mit Sägespänen versetzt, sodass die Kinder beides nicht einmal kosteten.

Nach dieser Überraschung fuhren wir wieder ein wenig auf der Insel herum. Im Gegensatz zu Bonaire waren hier jedoch die Straßen viel voller und es kam immer wieder zu Staus.

Diesmal führte uns unser Weg auf den niederländischen Teil der Insel nach Philipsburg.

Dort angekommen, stellten wir das Auto etwas außerhalb ab und flanierten die Hauptstraße entlang. Links und rechts gab es unzählige Läden, in denen man alles Mögliche von Ananas und Armbanduhren bis Zigaretten und Zündkerzen zollfrei kaufen konnte.

Es machte keinen Spaß dort entlang zu laufen, wenn man nichts kaufen wollte. Deshalb dauerte es nicht lange und wir entfernten uns wieder von dieser Einkaufsstraße.

Auf dem Rückweg besuchten wir den kleinen Zoo in der Nachbarschaft der Stadt. Er war nicht zu vergleichen mit den Tierparks, wie wir sie aus Deutschland kannten, aber einen Besuch war er allemal wert. Wir wanderten an Käfigen und Gehegen vorbei bis wir bei zwei Papageien stehenblieben. Es scheint ein Naturgesetz zu sein, dass Menschen, die auf Papageien treffen, immer versuchen mit ihnen zu sprechen. So taten auch wir es und begannen mit: „Hello!" Sie gaben keinen Laut von sich.

Vielleicht sprachen die Vögel ja französisch. Also versuchten wir es mit: „Bonjour!" Als auch das keinen Erfolg brachte, schickten wir noch ein freundliches „Salut" hinterher, das leider auch unbeantwortet blieb. Wir waren uns jetzt sicher, dass diese Papageien nicht sprachen. Als wir uns jedoch vom Käfig entfernten, hörten wir, wie einer der Vögel uns hinterherrief: „Bye, bye!"

So näherten wir uns wieder dem Käfig und versuchten es nun mit allerlei englischen Floskeln, aber es kam kein Laut aus dem Käfig. Erst als wir ihnen den Rücken zukehrten, ertönte erneut „Bye, bye!"

Lachend verließen wir den Zoo, und bevor wir zum Club Orient zurückfuhren, gingen wir im niederländischen Teil der Insel in einem Supermarkt einkaufen. Neben dem Supermarkt gab es einen Geldautomaten, der Dollarnoten ausgab und wir hoben 200 Dollar ab.

Um zu unserem Ferienhaus zu gelangen, mussten wir durch den streng bewachten Eingang des Clubs. Es war einerseits ein gutes Gefühl, dass etwas für unsere Sicherheit getan wurde, andererseits waren wir natürlich auch nicht begeistert, dass so etwas überhaupt nötig war. Wir hatten bisher bei unseren Fahrten auf der Insel nie das Gefühl gehabt, uns in irgendeiner Gefahr zu befinden. Allerdings fuhren wir auch nur am Tag herum. Wer weiß, was dort nachts los war?

Erstaunt stellten wir fest, dass wir während unserer Abwesenheit saubere Handtücher bekommen hatten. Dass auch schon die Betten neu bezogen worden waren, fanden wir etwas übertrieben.

Auf unserer Terrasse fanden wir eine Einladungskarte für eine Cheese & Wine Party am Abend. Da auf der Karte zwei nackte Menschen als Karikatur dargestellt waren, wussten wir in diesem Fall wenigstens, wie die Kleiderordnung für die Party war.

Anstatt des üblichen Abendbrotes am Haus gingen wir kurz nach 18 Uhr zum Restaurant, denn wir wollten nicht die Ersten sein. Schon von weitem hörten wir ein lautes Volksgemurmel, das von den bereits anwesenden Gästen herrührte.

Die meisten waren im Eva- und Adamskostüm, allerdings ohne Feigenblatt, aber einige Damen hatten sich mehr oder weniger durchsichtige Tücher umgehängt. Der Wein wurde von einem Kellner ausgeschenkt. Bei Baguette und Käse herrschte Selbstbedienung. Nachdem ich mir ein großes Stück Brie auf eine kleine Scheibe Brot gelegt hatte, ging ich zum Kellner und bestellte: „Du vin rouge pour ma femme et moi."

Der eigentliche Sinn der Party war ja, dass man mit den anderen Urlaubern in Kontakt kam. Während es mir schwerfiel, mich in Gespräche anderer Leute einzumischen und ich deshalb ziemlich einsam in der Gegend herumstand, kam plötzlich meine Frau mit einem ganzen Tross von Urlaubern im Schlepptau, die sie kennengelernt hatte. Der Grund war der, dass sie nichts verstanden hatte, als sie angesprochen worden war, weshalb sie mich als Übersetzer brauchte. Nach kurzem Dialog stellte sich heraus, dass die neuen Bekannten aus Kanada stammten und ein Ehepaar sogar deutscher Abstammung war und deutsch sprach. So kamen wir nicht mehr zum Essen und Trinken, sondern unterhielten uns ausgiebig über Deutschland, Kanada und den Rest der Welt.

Irgendwann war dann die Party schlagartig zu Ende und alle gingen in ihre Häuser zurück.

Am nächsten Vormittag konnten wir am Strand unsere neuen Freunde begrüßen und etwas small talk mit ihnen betreiben.

Leider schien es auf der Insel eine Art Hunde-Supermarkt zu geben, denn immer mehr Amerikaner brachten junge Hunde mit an den Strand. Die Welpen waren ja sehr niedlich und taten niemandem etwas, aber sie ließen ab und zu etwas fallen, was die Amis vornehm mit dog drop umschrieben und was sie vorsorglich immer gleich mit einer dünnen Sandschicht bedeckten. Ich nannte es dog shit, nachdem ich einmal reingetreten war, denn man sah diese Tretminen unter dem Sand ja nicht.

Die Amerikaner mit den Hunden flogen bald nach Hause und unsere Kanadier auch.

Wir hatten gesehen, dass es ganz in der Nähe eine Schmetterlingsfarm gab und besuchten diese. Dort verbrachten wir wohl einige Stunden in einem großen zeltartigen Gebilde. Ein Engländer führte uns durch die Anlage und er war dabei sehr humorvoll, wie man es von Engländern erwartet. Ich versuchte so gut wie möglich für meine Frau zu übersetzen. Als wir alles gesehen hatten, trafen wir am Ausgang eine Kollegin des Engländers, die Belgierin war und deutsch sprach. Sie bot uns eine Führung auf Deutsch an und so machten wir eine zweite Runde durch die Schmetterlingsfarm, in der auch ich noch Neues erfuhr. Wir hatten ja Zeit und die Haut konnte sich ruhig mal von der Sonne erholen.

Als wir den etwa zehnminütigen Weg zurück zum Resort gingen, hielten mehrere Autos neben uns an und die Insassen fragten uns: „Can we give you a lift?" Wir lehnten ab und ich antwortete: „No, thank you, we want to walk." Kopfschüttelnd fuhren sie dann weiter und ich ahnte, dass sie sagten: „Crazy Germans!" Ich hatte dazugelernt, dass auf Englisch ein Lift auch waagerecht unterwegs sein kann.

So vergingen unsere zwei Wochen auf Saint Martin wie im Fluge. Ich ging jeden Morgen das obligatorische Baguette aus Baie Orientale holen und verliebte mich immer mehr in diese kleine Stadt.

Wir nahmen noch an einer zweiten Käse- und Wein-Party teil, bei der wir einen Franzosen kennenlernten, der vor Jahren in Berlin stationiert war und deshalb ein wenig deutsch sprach. Was er sagte, gefiel uns allerdings gar nicht, denn er schimpfte die ganze Zeit über zu viele Einwanderer in Frankreich und Deutschland. Wir vergeudeten nicht viel Zeit mit ihm, sondern aßen und tranken lieber mehr als bei der ersten Party.

Am nächsten Morgen hatte ich einen Kater, denn ich hatte wohl zu oft „Du vin rouge" gesagt.

Die weiteren Ausflüge führten uns zu vielen Sehenswürdigkeiten der Insel. So besuchten wir auch einmal den Maho Beach, dessen Besonderheit ist, dass er sich direkt in der Einflugschneise des Flughafens befindet. Die Flugzeuge fliegen hier in etwa 20 bis 30 Meter Höhe über den Strand, um gleich danach auf der Landebahn aufzusetzen. Es gab einen Flugplan auf einem Schild, damit man wusste wann Flugzeuge kamen, aber die richtigen Freaks hatten einen Empfänger mit dem sie den Funkverkehr zwischen Flugzeug und Tower abhören konnten und so noch besser informiert waren.

Wohl jeder machte Fotos, die den Eindruck erwecken sollten, man hätte das landende Flugzeug mit der Hand berührt.

Fast noch spektakulärer war es aber, wenn die Flugzeuge starteten. Dann klammerten sich ganz Wagemutige an den Zaun des Flughafens und wenn die Maschinen vollen Schub gaben, flatterten die Verrückten wie Wäsche im Wind und wer sich nicht richtig festhielt, wurde fortgeweht wie trockenes Laub im Herbstwind. Es soll bei diesem Übermut auch schon Todesfälle gegeben haben.

Ein anderer Ausflug führte uns zur Lotterie Farm. Dort gibt es außer einem Restaurant auch den Beginn eines Wanderweges, der durch ein privates Naturschutzgebiet führt. Wir wollten auf diesem Weg den Pic Paradis erklimmen. Es handelt sich dabei um den höchsten Berg der Insel.

Um die 424 Meter bis zum Gipfel zu bewältigen bedurfte es einiger Anstrengungen. Der Weg war teilweise steil und steinig und die hohe Temperatur förderte das Schwitzen noch mehr. Oben angekommen, wurden wir jedoch durch den atemberaubenden Ausblick über die gesamte Insel belohnt.

Als wir gerade wieder im Auto saßen, ging plötzlich ein ausgesprochener Tropenregen nieder und wir waren froh, nicht mehr unterwegs zu sein. Die Wanderwege dürften sehr rutschig geworden sein.

An einem anderen Tag besuchten wir Grand Case. Dies ist nicht nur eine Stadt mit vielen sehr guten französischen Restaurants, sondern sie besitzt auch einen weiteren Flughafen. Dieser ist wesentlich kleiner als der, auf dem wir angekommen waren und auf ihm starten und landen nur Regional- und Postflugzeuge.

Apropos Post, damals schrieben wir ja noch Ansichtskarten an die lieben Daheimgebliebenen. Ich hatte in Grand Case für sündhaft viel Geld eine drei Tage alte Süddeutsche Zeitung gekauft, um überhaupt mal wieder etwas von der Welt außerhalb von Saint Martin zu erfahren. Bei der

Gelegenheit kauften wir gleich ein paar Ansichtskarten bei dem Zeitungshändler. Briefmarken hatte er leider nicht und deshalb fragte ich ihn: „Il y a un poste à Grand Case?"

Er bejahte dies und erklärte mir den Weg zum Postamt. Ich verstand nicht mal die Hälfte, aber mir war nur wichtig zu wissen, dass es hier überhaupt eine Post gab. Die würden wir in diesem kleinen Ort schon finden.

Wir fuhren eine Weile in der Stadt herum bis ich plötzlich auf die Bremse trat, denn ich hatte etwas von Poste gelesen. Wir stiegen aus und betraten das Gebäude. Innen saßen mehrere Männer und Frauen in Uniformen an Schaltern. Ich dachte: „Aha, so sehen die Postbeamten in Saint Martin also aus." Zu einer der Damen sagte ich: „Bonjour Madame, trois timbres pour l'Allemagne s'il vous plaît."

Während ich sprach, sah ich plötzlich, dass die vermeintliche Postmitarbeiterin eine Pistole am Gürtel trug. Meine aufkommenden Zweifel wurden dadurch verstärkt, dass die Beamtin mich böse ansah und energisch sagte: „Désolé, vous n'êtes pas au bureau de poste mais au poste de police!"

Kleinlaut entschuldigte ich mich und wir verließen das Büro, über dessen Eingangstür tatsächlich „Poste de Police" stand. Meine Frau kicherte, denn sie hatte gleich richtig gelesen, mich aber nicht bremsen können. So ließ sie mich einfach auflaufen und wir hatten etwas zum Lachen.

Die Post haben wir dann nicht mehr gefunden. In der Ferienanlage konnten wir aber Briefmarken kaufen und die Karten in den dortigen Briefkasten werfen.

Wir waren übrigens vor ihnen in Berlin.

Wenn man den Boulevard de Grand Case entlangfuhr, konnte man nicht glauben, dort gute Restaurants finden zu können, doch der äußere Anschein trog, denn wir wussten aus dem Reiseführer, dass es in dieser Stadt nur so von sehr guten französischen Restaurants wimmelte und suchten uns das am besten aussehende Haus am Platze aus, wären aber in

Deutschland wahrscheinlich niemals in so einen heruntergekommenen Bau hineingegangen.

Innen sah es jedoch sehr ordentlich und sauber aus. Das Haus lag direkt am Strand, sodass wir einen schönen Blick auf die See hatten. Von einem befrackten Kellner wurden wir wirklich sehr niveauvoll bedient und speisten ganz vorzüglich. Während wir auf das Essen warteten, freute meine kindliche Seele sich darüber, dass ich die auf dem Flughafen von Grand Case landenden Flugzeuge beobachten konnte. Die Chance, mit dem Ober französisch zu sprechen, hatte ich vermasselt, als ich für Schweinefleisch das Wort „pork" und nicht das französische Wort „porc" benutzte.

Eine ganze Weile waren wir die einzigen Gäste, dann kamen einige Amerikaner vom Strand in den Gastraum. Sie trugen Badekleidung und setzten sich mit ihren nassen Hosen auf die Polsterstühle. Der Kellner bediente sie trotzdem sehr würdevoll. Wahrscheinlich kamen sie öfter und ließen viel Geld im Restaurant.

Bei weiteren Ausflügen über die Insel stellten wir erfreut fest, dass die Fauna auf der Insel recht vielfältig war. Wir sahen Flamingos und Pelikane sowie Kolibris und die schon bekannten Zuckervögel. Außerdem gab es Leguane, die aber nicht so nah an unser Haus kamen wie die auf Bonaire.

Leider ging auch dieser Urlaub einmal zu Ende. Genau 14 Tage nachdem wir angekommen waren, packten wir unsere Koffer und fuhren zum Flughafen.

Da wir nach dem Verlassen der Ferienanlage viel Zeit hatten und unbedingt noch etwas essen wollten, gingen wir zu Pizza Hut. Wir bestellten zwei Pizzen vom Format „Small" und die Kellnerin warnte uns, dass das sehr viel sei. Wir antworteten ihr, dass wir auch sehr hungrig seien und so erfüllte sie uns unseren Wunsch.

Nach einer Weile kam sie mit zwei riesigen Pizzen an unseren Tisch, von denen eine für uns beide gereicht hätte. Wir aßen so viel wir schafften und den Rest ließen wir uns einpacken. Hinterher sahen wir, dass die richtige Größe für uns die „Personal Pizza" gewesen wäre.

So fuhren wir also mehr als gesättigt zum Flughafen.

Bei der Abgabe des Mietwagens gab es eine ziemliche Enttäuschung, denn zu dem vereinbarten Preis kam noch eine ordentliche Steuer hinzu. So lagen wir dann umgerechnet bei 1000 DM für das Auto. Ich nannte es Lehrgeld. Beim nächsten Mal würde ich auf jeden Fall vorab im Internet buchen.

Die Ausreisegebühr von 10 Dollar pro Person konnten wir diesmal problemlos bezahlen. Wir checkten ein und gingen sofort in den Abflugbereich, wo wir warteten. Unser Flugzeug sollte in etwa zwei Stunden abfliegen.

Nach zwei Stunden ließ Air France mitteilen, dass wegen eines Fluglotsenstreiks in Frankreich mit einer Verspätung von voraussichtlich fünf Stunden zu rechnen sei. Da hatten wir nun viel Zeit den anderen abfliegenden Maschinen zuzusehen und unsere inzwischen kalte Pizza aufzuessen. Eine Versorgung mit Getränken oder Essen durch Air France gab es nicht.

Während wir warteten landeten und starteten viele Flugzeuge. Wenn ein Jumbo startete, dann dröhnte es laut und das ganze Flughafengebäude vibrierte. Die Flugzeuge mussten sofort nach dem Start eine Rechtskurve fliegen, damit sie nicht gegen den Pic Paradis prallten.

Dieser Flughafen ist wirklich speziell.

Nach etwas mehr als fünf Stunden kam endlich unser Flugzeug und bald darauf durften wir einsteigen. Leider ging es nicht auf dem kürzesten Weg nach Paris, sondern wir flogen erst nach Caracas, um aufzutanken. Mit vollem Tank konnten die großen Flugzeuge nämlich auf dem Flughafen von Sint Maarten nicht starten und mit halbvollem Tank kämen sie nicht über den Atlantik.

So zog sich der Heimflug sehr in die Länge. Als wir endlich Paris erreicht hatten, fühlten wir uns schon ziemlich kaputt, waren aber immer noch nicht zu Hause. Irgendwann landeten wir jedoch wieder in Berlin-Tegel und nahmen uns ein Taxi bis nach Hause.

Daheim resümierten wir, dass dieser Urlaub toll gewesen war und unsere Lust auf Karibik noch mehr vergrößert hatte. Besonders interessant war die Vermischung der englischen und französischen Sprache mit starkem kreolischen und niederländischem Einfluss.

In Baie Orientale hatte ich beim allmorgendlichen Baguetteholen eine Werbung für die Vermietung von Wohnungen gesehen. Sie ging mir lange nicht aus dem Sinn. Am liebsten wäre ich dorthin umgezogen. Es gab allerdings geringfügige Bedenken gegen diesen Ortswechsel. Zum Einen werden diese Inseln jedes Jahr ab Sommer von Hurrikane heimgesucht. Außerdem wusste ich nicht, ob es in dieser Gegend Arbeit für mich geben würde.

Ausschlaggebend für den Verbleib in der Heimat aber war vor allem, dass es auf dieser Insel meiner Träume weder S- noch U-Bahnen gab. Das hätte ich auf die Dauer nicht ertragen.

El Portus (Spanien)

Im April des Jahres 2000 zog es uns erneut nach Südspanien. Unser direktes Ziel war El Portus, ein FKK-Campingplatz am Mittelmeer. Dieser war nicht ganz so weit entfernt wie Costa Natura, es sollte dort im Frühjahr aber auch schon angenehm warm sein.

Wir fuhren wieder mit unserem roten Mitsubishi Carisma. Seine Klimaanlage würden wir im heißen Spanien sehr gut gebrauchen können - dachten wir jedenfalls.

Da uns der Weg erneut durch Südfrankreich führte, wollten wir noch einmal in unserem Traumhotel übernachten, was aber leider immer noch geschlossen war.

Inzwischen hatten wir gelernt, nicht erst bei Einbruch der Dunkelheit nach einer Bleibe für die Nacht zu suchen, denn dann waren die Hotels plötzlich alle unsichtbar – trotz Leuchtreklame.

So fanden wir ein anderes Hotel in der Nähe von Avignon. Es gab ein freies Zimmer und ich fragte nach dem Preis. Ich verstand 105 Franc, was sehr günstig war. Deshalb nahmen wir das Zimmer und trugen unseren kleinen schwarzen Koffer in das Zimmer. Wir hatten gute Erfahrungen damit gemacht, für unterwegs ein Extraköfferchen zu packen, das alle für die Unterwegsübernachtungen notwendigen Utensilien enthielt. So musste ich bei den Zwischenaufenthalten nicht immer das gesamte Gepäck aus dem Auto ins Hotel tragen und am nächsten Morgen wieder zurückschleppen.

Nachdem wir uns ein wenig frisch gemacht hatten, gingen wir in das Hotelrestaurant zum Abendessen.

Eigentlich dachte ich, dass ich durch unsere mehrmaligen Aufenthalte in Frankreich mit den Gepflogenheiten im Hotel und Restaurant vertraut war, aber es gab immer wieder Überraschungen.

Nachdem wir die Speisekarte gründlich studiert und uns etwas zum Essen ausgesucht hatten, kam die Kellnerin an unseren Tisch und fragte etwas, das so klang wie „Wuschwasie?"

Ich starrte sie verständnislos an, worauf sie die internationalen Gesten für Essen machte. Ich war so eingeschüchtert, dass ich nicht wagte zu sprechen, sondern nur die von uns gewählten Gerichte in der Speisekarte zeigte. Nachdem sie das notiert hatte, fragte sie in Zeichensprache nach Getränken und ich zeigte auf einen Wein, der nicht so teuer war.

Während ich mich noch ärgerte, dass ich wieder mal nichts verstanden hatte, sagte die Kellnerin am Nebentisch ebenfalls dieses ominöse „Wuschwasie?"

Gespannt schaute und lauschte ich auf die Reaktion der angesprochenen Gäste. Diese antworteten auf diese seltsame Frage einfach mit „oui" und gaben ihre Bestellung auf.

Ich verstand zwar die Frage immer noch nicht, wusste nun aber wenigstens, wie man darauf reagiert.

Das Essen war gut und der Wein auch. Als ich jedoch das letzte Glas eingoss, sah ich etwas Kristallines am Boden. Ich hob das Glas hoch, um gegen das Licht zu sehen und zu erkennen, was das war.

Ehe ich mich versah, stand die Kellnerin neben mir und gab eine wortreiche Erklärung zu dem Bodenbelag ab. Ich verstand nur „calcaire" und ahnte, dass sie mir sagen wollte, dass es sich um Weinstein handelte und dass es ganz normal sei, dass er auf dem Glasboden lag. Auch verstand ich, dass er nicht gefährlich sei. Das Ganze erinnerte mich an die Reiskörner im Weizenbier damals in Bayern.

Es war zu dieser Zeit schon heiß in Südfrankreich und so schliefen wir bei offenem Fenster. Leider hatten wir nicht beachtet, dass das Hotel an einer vielbefahrenen Straßenkreuzung lag. Der Krach war schrecklich. Nicht nur die abbremsenden und wieder beschleunigenden Autos raubten uns den Schlaf, sondern auch die vielen Mofas, die die ganze Nacht hindurch vor unserem Fenster hin und her knatterten.

Nicht gut ausgeschlafen saßen wir am nächsten Morgen am Frühstückstisch. Das Frühstück wurde von derselben Kellnerin an den Tisch gebracht, die uns auch am Vorabend bedient hatte. Es war ein typisch französisches petit déjeuner. Aber was sollte es? Das geflügelte Wort

„When in Rome, do as the Romans do" galt eben überall auf der Welt und sollte in unserem Fall heißen: „Wenn in Frankreich, tu wie die Franzosen tun".

So aßen wir denn unsere kleine Mahlzeit und gingen danach auf unser Zimmer. Schnell hatten wir unser Köfferchen gepackt und wollten auschecken. Wie nicht anders zu erwarten, erschien auch an der Rezeption wieder die junge Dame, die uns schon mehrfach bedient hatte. Ich legte die abgezählten 105 Franc auf den Tisch, aber sie sah mich fragend an. Als auch ich sie ebenfalls fragend ansah, wiederholte sie den Preis und ich verstand erneut 105 Franc. Da sie merkte, dass wir auf diese Art nicht weiterkamen, schrieb sie mir den Preis auf einen Zettel. Zu meinem Erstaunen stand da aber nun 500 und nicht 105. Ich war ziemlich sauer und das sah man mir wahrscheinlich auch an. Während ich ihr meine Kreditkarte reichte, überlegte ich, was da schiefgelaufen war. Hatte sie nicht laut und deutlich „cent-cinq" gesagt? Warum wollte sie jetzt plötzlich 500 Franc von mir? Ich überlegte, was 500 eigentlich auf Französisch heißt und das war cinq-cents. Da es für mich genauso klang wie cent-cinq, hatte ich 105 verstanden. Ich wiederholte beide Zahlen laut auf Französisch und da begriff sie, wie das Problem entstanden war. So lachten wir beide und verabschiedeten uns freundlich voneinander. Draußen beichtete ich meiner Frau meinen Fehler, dann setzten wir uns ins Auto und fuhren weg.

Da wir vielleicht nie mehr nach Avignon kommen würden, nahmen wir die Gelegenheit wahr, die berühmte Brücke zu besichtigen. Wir hatten schon als Kinder das Lied „Sur le pont d'Avignon" gehört, aber nie gewusst, worum es dabei eigentlich geht. Jetzt standen wir auf dieser halben Brücke, tanzten zwar nicht, aber waren ausgesprochen glücklich, hier sein zu können.

Ganz nebenbei lernten wir, dass Avignon auch eine Zeit lang Papstsitz war, was nicht einmal meine früher katholische Frau wusste.

Nachdem wir uns von der historischen Brücke und dem Papstpalast getrennt hatten, ging es immer am Mittelmeer entlang in Richtung Spanien. Diese Autobahn kannten wir inzwischen sehr gut. Mit unseren Kreditkarten konnten wir an jeder Mautstelle bargeldlos bezahlen.

An der Grenze nach Spanien gab es keine Kontrolle und weil wir kein Geld umtauschen mussten, da noch ein Rest vom letzten Spanienurlaub übrig war, wurden wir durch nichts aufgehalten. Wahrscheinlich hätten wir es sogar noch an diesem Tag bis El Portus geschafft, aber da wir nicht vorher gebucht hatten, wollten wir lieber möglichst früh dort eintreffen. Dann hätten wir eine Chance gehabt in Richtung Costa Natura weiterzufahren, falls El Portus ausgebucht sein sollte.

An der spanischen Autobahn gab es Rasthöfe, die auch Übernachtungsmöglichkeiten anboten. Einen solchen steuerten wir am frühen Abend an.

Auf dem Parkplatz sahen wir viele Lastwagen und ahnten, dass die Fahrer wohl ebenfalls hier übernachten wollten.

Als wir in den Rasthof eintraten, schlug uns großer Lärm entgegen, der daher rührte, dass viele Trucker versuchten, sich gegenseitig zu übertönen. Der große Raum, in dem wir uns befanden, machte einen sehr unordentlichen Eindruck. Der Fußboden war über und über mit Papierfetzen bedeckt. Nach einer kurzen Orientierungsphase erblickte ich eine Durchreiche, aus der eine Frau heraussah, die für das leibliche Wohl der Gäste zuständig schien.

Wir schrien „Buenos Dias" in die Luke und sie grüßte zurück. Viel mehr gab unser spanischer Wortschatz nicht her. Sie blickte uns fragend an und ich versuchte ihr auf Deutsch, Englisch und Französisch klarzumachen, dass wir eine Unterkunft für die Nacht brauchten. Nicht nur wegen des hohen Geräuschpegels verstand sie nicht, was ich sagte, ahnte aber, was wir wollten und zeigte einen Zimmerschlüssel. Erfreut nickten wir. Sie nannte einen Preis, jedenfalls kam das Wort „Pesetas" darin vor und ich reichte ihr meine Kreditkarte, aber sie winkte ab. Also kramte ich unsere Pesetas hervor und bezahlte. Der Preis war sehr niedrig und darum befürchteten wir das Schlimmste, als wir das Zimmer im ersten Stock aufschlossen.

Was uns da jedoch erwartete, übertraf unsere kühnsten Träume. Es handelte sich um einen sehr zweckmäßig eingerichteten Raum, der sogar WC und Dusche besaß. Alles sah sehr ordentlich und sauber aus.

Wir stellten unser schwarzes Köfferchen ab und gingen, getrieben von unserem Hungergefühl, auf Nahrungssuche. Dass wir in der schmutzigen und verqualmten Gaststube nichts essen wollten, war klar, aber als wir das Haus verließen, musterten wir enttäuscht die Umgebung des Rasthofs. Auf der Parkplatzseite gab es nichts als Autos. Da war es sinnlos nach einem Lebensmittelladen zu suchen. Also umrundeten wir das Gebäude in der Hoffnung, auf der anderen Seite fündig zu werden.

An der Rückseite der Raststätte gab es sogar einige Häuser, aber alles war sehr dunkel. Um in die Stadt hineinzukommen, mussten wir erst an einer Gruppe Jugendlicher vorbei, die keinen sehr vertrauenerweckenden Eindruck machten. Als wir sie unbeschadet passiert hatten, war noch ein Bahnübergang zu überqueren, dann sahen wir Lichter, die von Läden herrührten. Das erste Geschäft war eine Bäckerei und wir wunderten uns, dass sie so spät noch geöffnet hatte. Leider war das Angebot sehr überschaubar, sodass uns nichts übrigblieb als zwei Stückchen Kuchen zu kaufen. Das war besser als gar kein Abendessen.

Mit unserer Kuchentüte schlichen wir uns wieder an den Jugendlichen vorbei. In der Gaststube gab es einen Getränkeautomaten, aus dem ich zwei Flaschen Bier holte, denn etwas anderes gab es nicht. Dann gingen wir in unser Zimmer und verzehrten Zuckerkuchen und Bier.

Am nächsten Morgen wurden wir früh wach. Wir duschten und gingen in die Gaststube, um zu frühstücken. Wie erstaunt waren wir, als wir alles in sauberem und ordentlichem Zustand vorfanden. Wir tranken Kaffee und aßen wieder Kuchen. Es handelte sich um eine Art Zuckerschnecken, zu denen man Messer und Gabel bekam. So vornehm hatten wir Kuchen noch nie gegessen.

Während wir aßen, füllte sich der Raum. Die Kraftfahrer tranken Kaffee und zu unserer Verwunderung warfen sie die leeren Zuckertüten und anderes Papier auf die Erde. Kein Wunder, dass es dann abends so schlimm aussah. Wir führten dieses Verhalten auf die schlechte Erziehung der Trucker zurück und verließen alsbald das Rasthaus, um die letzte Etappe unserer Reise anzutreten.

Bei der Fahrt durch Städte und Dörfer sahen wir zu unserer Verwunderung, dass die meisten Einheimischen ziemlich dick angezogen waren. Es war zwar nicht unerträglich heiß, aber wir genossen es doch, dass wir kurzärmlig herumlaufen konnten, ohne zu frieren. Den Spaniern schien es jedoch zu kalt zu sein Anfang April 2000.

Fast hatten wir unser Ziel erreicht, da gab es noch ein unerwartetes Problem. Wie wir unserer Autokarte entnahmen, gab es nur eine Zufahrtsstraße zum Camping Naturista El Portus. Diese war jedoch für den Durchgangsverkehr gesperrt. Ich stoppte das Auto und wir waren einigermaßen ratlos. Endlich sahen wir einen Einheimischen und ich bot meine gesamten Spanischkenntnisse auf, um ihn zu begrüßen und dann nach El Portus zu fragen. Er antwortete wortreich und ich verstand aufgrund seiner Gestik, dass wir diese gesperrte Straße nehmen sollten. Nach einem „Muchas gracias" meinerseits setzten wir unsere Fahrt auf der gesperrten Straße fort. Wir rechneten zwar jederzeit damit, dass uns ein Polizist oder wütende Anrainer anhalten würden, aber nichts dergleichen geschah.

Plötzlich standen wir vor dem Tor der Ferienanlage und begriffen nun endlich, dass das Durchfahrtsverbot genau nicht für deren Gäste galt. Vielmehr wollte man Fremde fernhalten.

Zu Fuß betraten wir den Campingplatz und steuerten die Rezeption an. Erwartungsgemäß sprach die Dame englisch und ich fragte nach einem Häuschen für drei Wochen und sie schaute in ihren Computer. Dann nickte sie, sagte aber, dass wir nach 12 Tagen umziehen müssten, da der Bungalow anderweitig gebraucht werden würde. Ich fragte, ob wir in einen gleichwertigen Bungalow umziehen würden, was sie bejahte. Wir stimmten zu, obwohl wir nicht ganz verstanden, warum nicht die neuen Gäste in den anderen Bungalow ziehen könnten.

Eine Bedienstete namens Maria brachte uns zu unserem Haus. Unterwegs fragte ich sie auf Englisch und dann auf Französisch, wo denn das Meer sei, aber sie sprach offensichtlich nur spanisch, weshalb sie mich nicht verstand.

Wir waren zufrieden mit diesem Feriendomizil und so bezahlte ich mit Kreditkarte und wir erledigten die weiteren Formalitäten, um dann mit dem Auto bis vor das Haus zu fahren, wo wir das Gepäck entluden.

Als wir zur Ruhe gekommen waren, sah ich mir die Rechnung, die wir an der Rezeption bekommen hatten, genauer an und stellte fest, dass der auf der Preisliste angegebene Rabatt nicht berechnet war. Sowohl in Frankreich als auch in Costa Natura hatte immer gegolten „21 Tage bleiben - 14 Tage zahlen", wenn man wie wir außerhalb der Saison reiste.

Wir nahmen uns vor, deshalb später noch einmal zur Rezeption zu gehen, um den Irrtum aufzuklären. Zuerst zog es uns jedoch zum Strand.

Wir zogen uns aus, nahmen unsere Strandtücher über den Arm und suchten das Meer, das wir auch innerhalb kürzester Zeit fanden. Der Strand war nicht so feinsandig, wie wir es erwartet hatten, sondern eher grobkörnig mit Steinen durchsetzt. Außerdem war er nicht sehr lang, denn an drei Seiten wurde die Anlage von hohen Bergen begrenzt.

Das Wasser hatte die Temperatur der Ostsee während eines normalen deutschen Sommers, war also erfrischend, um es positiv auszudrücken. Wirklich positiv war aber, dass es viel sauberer als bei Costa Natura war.

Wir badeten eine Weile, dann gingen wir zu unserem Haus zurück. Wir bemerkten, dass unser Bungalow der letzte in einer Reihe bereits fertiger Bungalows war. Die übrigen waren noch im Bau, sahen aber aus, als wenn sie fast komplett waren.

Wie immer am ersten Tag versuchten wir uns zu orientieren. Wir mussten vor allem herausfinden, ob es einen Supermarkt auf dem Gelände gab, bei dem wir morgens unsere Brötchen kaufen konnten. Schnell fanden wir ihn und verschafften uns einen Überblick über das Angebot. Zum Frühstück sollte es reichen, aber für den weiteren Bedarf schien er uns nicht geeignet zu sein.

Deshalb stiegen wir in unser Auto und fuhren die Privatstraße zurück, die wir gekommen waren. Wir mussten allerdings 12 km bis nach Cartagena, der nächsten großen Stadt fahren, um einen Supermarkt zu finden.

Neben der Einkaufsmöglichkeit fanden wir auch einen Geldautomaten und ein Restaurant. So konnten wir gleich mehrere Dinge am selben Ort erledigen. Wir begannen mit dem Geldabheben, dann besuchten wir ein Restaurant, in dem es auch wieder schlimm aussah, da alle möglichen Tischabfälle auf dem Fußboden lagen. Es hatte demnach nicht an den schlecht erzogenen Truckern im Rasthaus gelegen, sondern es schien ein allgemein anerkanntes Verhalten in Spanien zu sein. Na ja, andere Länder, andere Sitten. Trotzdem machten wir dabei nicht mit, denn das Herumwerfen von Papierschnipseln ging uns doch zu sehr gegen den Strich.

Nach dem Essen gingen wir in den Supermarkt. Als wir zwischen den Regalen herumliefen, hatten wir plötzlich das Gefühl, dass es nach Zigarettenrauch roch. Sollte etwa jemand im Supermarkt rauchen? Kurz darauf bestätigte sich unser Verdacht. Ein alter würdevoller Spanier, den ich insgeheim einen Grande nannte, folgte seiner Frau, die den Einkauf erledigte und paffte dabei ungeniert eine Zigarette. Als wir ihn kritisch musterten, schaute er uns angriffslustig an. Da wir weder über das nötige spanische Vokabular verfügten, noch einen Streit anzetteln wollten, gingen wir wortlos weiter in die nächste Reihe.

Als wir wieder zum Auto kamen, freuten wir uns, dass es sich nicht aufgeheizt hatte, denn es stand unter einem großen Dach, das die direkte Sonneneinstrahlung verhinderte. Das hätten wir in Frankreich auch gebrauchen können.

Dass Cartagena auch interessante Sehenswürdigkeiten hat, wussten wir aus dem Ratgeber vom Autoverein. Die würden wir uns später ansehen, denn erst einmal wollten wir zurück, um Kaffee zu trinken und wieder zu baden.

Eigentlich war nach unserer Rückkehr Kaffeezeit und wir wollten uns auch schnell einen Kaffee kochen, fanden aber keine Kaffeemaschine. Deshalb tranken wir löslichen Kaffee, nahmen uns aber vor, später an der Rezeption nach einer Kaffeemaschine zu fragen.

In Frankreich hatten wir zum Kaffee oft Madeleines gegessen; die hießen in Spanien Magdalenas, schmeckten aber genau so.

Während wir auf der Veranda saßen, nutzten wir die Gelegenheit, um uns ein wenig umzusehen. Es gab sehr viele deutsche Wohnwagen und Wohnmobile. Da vor jedem Haus ein Auto stand, konnte man in vielen Fällen die Nationalität der Gäste erkennen. Lediglich bei einigen war es nicht so einfach möglich, denn sie hatten einen Ford K mit einem gelben Nummernschild. Wie wir später feststellten, waren es durchweg Niederländer, die mit diesen Kleinwagen ankamen.

Meine Frau fand es bewundernswert, dass die Holländer so einen weiten Weg mit diesen kleinen Autos zurückgelegt hatten. Ich zeigte ihr, dass all diese Autos in Spanien zugelassen waren. Deshalb äußerte ich meine nicht ganz unbegründete Vermutung, dass diesen Urlaubern der Weg mit dem Auto zu weit gewesen war und sie deshalb bis zum nächstgelegenen Flughafen geflogen waren, wo sie sich ein Auto ausgeliehen hatten.

Ein Stück weiter war eine ausgesprochen britische Kolonie. Vor einem Haus stand ein großer Geländewagen mir Rechtslenkung. Dessen Besitzer schien sehr dynamisch zu sein, denn er ging ständig an unserem Haus vorbei. Dabei grüßte er jedes Mal freundlich mit „Hello!".

Als wir unsere Kaffeepause beendet hatten, gingen wir wieder zum Strand, wo unsere britischen Nachbarn auch schon waren. Nachdem wir uns zum wiederholten Male an diesem Tag begrüßt hatten, stellten sie sich vor. Sein Name war George und seine Frau hieß Patricia, genannt Pat. Als ich meinen Namen nannte, war er ganz erstaunt, dass ich als Deutscher einen englischen Namen trug. Ich erwiderte, dass mein Name typisch deutsch sei, aber er beharrte darauf, dass der Name englischen Ursprungs sei, denn er hätte einen Onkel namens Wilfried und der sei durch und durch Engländer.

Ich gab lachend nach und er erzählte uns wortreich, dass er und seine Frau von der Insel Jersey seien und jedes Jahr von Oktober bis April in El Portus überwinterten. Dazu hatten sie sich einen Bungalow in dieser Anlage gekauft. Mir machte das Zuhören viel Spaß, denn er erzählte alles mit diesem wunderbaren britischen Humor und außerdem in feinstem Englisch, so wie ich es von der BBC kannte.

Es gab für das Mittelmeer recht hohe Wellen, sodass ich große Lust zum Schwimmen hatte. Ihm ging es genauso und darum stürzten wir uns gemeinsam in die Fluten. Meine Frau und Pat blieben lieber am Strand.

Während wir nach Überwindung der Brandung ein Stück auf das Mittelmeer hinausschwammen, plauderte er die ganze Zeit weiter. Er erzählte mir, dass er vor einem Jahr mit seinem Faltboot bei hohen Wellen ins Wasser gegangen sei. In einem Wellental hätte das Boot sich mit der Spitze in den Grund gebohrt und senkrecht gestanden. Deshalb sei er herausgefallen und hätte sich beide Arme gebrochen. Bevor er von der Ambulanz abgeholt worden sei, hätte seine Frau schon das Faltboot verkauft.

Als wir wieder am Ufer waren, wiederholte er die Geschichten für meine Frau, die aber gar nichts verstand, sodass ich übersetzen musste.

Bald verließen wir den Strand, denn es wurde unangenehm kalt. Da außer auf der Seeseite ringsherum hohe Berge waren, verschwand die Sonne sehr früh und es wurde auch schon ein bisschen dunkel.

Das war eine gute Gelegenheit für uns, noch einmal die Rezeption aufzusuchen und nach dem Rabatt und einer Kaffeemaschine zu fragen. So betraten wir die Anmeldung mit den freundlichsten Gesichtern der Welt und baten um die Überprüfung unserer Rechnung unter Hinweis auf die offizielle Preisliste. Die Miene der Angestellten verfinsterte sich schlagartig und sie lehnte eine Änderung des Rechnungsbetrages rundweg ab. Ihre Begründung trieb mir die Zornesröte ins Gesicht, denn sie argumentierte, dass wir ja nicht drei Wochen in einem Haus bleiben, sondern zwischendurch umziehen würden. Unser Hinweis, dass wir gar nicht umziehen wollten, brachte keine Änderung ihrer Meinung. Ich wollte daraufhin ihren Chef sprechen, was aber angeblich momentan nicht möglich war, da er sich im Ausland aufhielte. Unsere Bitte nach einer Kaffeemaschine wurde erwartungsgemäß ebenfalls abgelehnt.

Frustriert verließen wir die Rezeption. Wir hatten nicht den Eindruck, fair behandelt worden zu sein.

Im Bungalow zogen wir uns nach dem Duschen erst mal warm an, damit wir das Abendbrot auf der Terrasse einnehmen konnten.

Nach dem Essen verzogen wir uns ins Haus und spielten Tabu, das wir von Zuhause mitgebracht hatten. Dabei ging es in erster Linie gar nicht darum, die Begriffe zu raten, sondern es gab uns eine Grundlage zu einer Unterhaltung, da fast jedes gesuchte Wort bei uns Assoziationen auslöste. So hatten wir einen vergnüglichen Abend und schwelgten in Nostalgie.

Am nächsten Morgen ging ich zu dem kleinen Supermercado und kaufte ein Brot, das einem Baguette ähnlich sah. Dazu musste ich ein Stück den Berg hochgehen, denn der Laden lag etwas erhöht. Nebenan waren feste Häuser und ich konnte mir gut vorstellen, dass der Besitzer der Anlage in einem von ihnen wohnte.

Als ich mit meinem Brot vom Berg zurückkehrte, kam ich bei jungen Leuten vorbei, die vor einem Zelt saßen und miteinander französisch sprachen. Sie wollten wissen, wo ich das Baguette gekauft hatte. Mir fiel nichts Besseres ein, als zu sagen: „Les Baguettes sont sur la montagne." Sie schauten mich zweifelnd an und wohl nur dadurch, dass ich auf den Laden auf dem Berg zeigte, verstanden sie, was ich meinte.

Gut gelaunt erschien ich zum Frühstück. In Ermangelung einer Kaffeemaschine gab es wieder nur löslichen Kaffee. Obwohl es noch ziemlich kalt war, wollten wir unbedingt auf der Terrasse frühstücken. Dazu mussten wir uns ziemlich warm anziehen, denn die Sonne versteckte sich noch hinter den Bergen.

Eigentlich befanden wir uns hier an der Costa Cálida, was heiße Küste bedeutete, aber davon merkten wir nicht viel.

Irgendwann lugte die Sonne dann aber doch über die Gipfel und wir gingen wieder an den Strand. Die Wellen waren kleiner als am Tag zuvor, sodass sich auch meine Frau ins Wasser traute. Allerdings brauchte sie eine Ewigkeit, bis sie richtig eintauchte, da ihr das Wasser zu kalt war.

In diesem Urlaub wichen wir sogar ab von unserer Regel, über Mittag ins Haus zu gehen, denn zu dieser Zeit war es am schönsten am Strand. Vor einem Sonnenbrand mussten wir uns trotzdem in Acht nehmen, weil die Sonne schon recht intensiv strahlte, aber der kühle Wind eine niedrige Temperatur vorgaukelte .

Nicht wegen der Sonne, wohl aber wegen unseres Hungers verschwanden wir dann doch vom Strand und gingen zum Haus, um etwas zu essen. Wir hatten uns einige Konserven aus dem Supermarkt mitgebracht und eine davon machten wir uns warm.

Um nicht gleich wieder baden zu gehen, wollten wir die Umgebung erkunden. Wir bemerkten jetzt erst, dass die Reihe der Casitas, von denen wir eines bewohnten, direkt an einem ausgetrockneten Fluss lagen. Getrennt waren sie davon nur durch eine Schutzmauer.

Der Fluss hieß Rambla del Portus und war als solcher kaum wahrnehmbar. Es gab keinen Tropfen Wasser darin, aber es war eine recht üppige Vegetation zu erkennen, im Gegensatz zur Umgebung. Was uns sehr abschreckte, war die Tatsache, dass die Leute diesen Barranco als Müllhalde nutzten. Dabei beschränkten sie sich nicht auf die üblichen Haushaltsabfälle, sondern schreckten auch vor der Entsorgung von Kühlschränken und dergleichen nicht zurück. Der Gipfel der Umweltverschmutzung war ein altes Auto, das inmitten des grünen Bewuchses vor sich hin rostete. Es war schade, denn dieses Flussbett hätte eigentlich ein malerischer Wanderweg sein können.

Als wir wieder zum Haus zurückkamen, tranken wir Kaffee auf unserer Terrasse und während wir da saßen, gingen George und seine Frau zum Tennisplatz. Er trug lediglich die Tennisschläger und ein paar Bälle, während sie nichts weiter als einen BH anhatte. Unwillkürlich mussten wir schmunzeln, obwohl wir erfahrene FKK-Anhänger waren. Wir hatten schon oft Menschen gesehen, die mit nichts anderem als einem T-Shirt bekleidet waren. Das hatten wir zuerst auch komisch gefunden, merkten aber bald, dass diese Art von Bedeckung sehr zweckmäßig war, wenn die Schultern oder der Rücken schon etwas zu viel Sonne abbekommen hatten. Wir kamen zu dem Schluss, dass in diesem Fall zwei gewichtige Gründe für diese spezielle Bekleidung vorlagen, denn auf diese Weise wollte Pat wohl ihre Brüste vor unkontrollierten Bewegungen beim Tennis bewahren. Als wir später am Tennisplatz vorbeikamen, sahen wir, dass alle Frauen dort so gekleidet waren, was unsere Vermutung bestätigte.

Am frühen Abend suchten wir erneut die Rezeption auf, um nach dem Boss zu fragen. Wir wurden wiederum unfreundlich vertröstet.

In der Nähe der Rezeption gab es ein öffentliches Telefon, in das man Geld hineinstecken musste, wenn man telefonieren wollte. Von dort riefen wir unseren ältesten Sohn an, um zu erzählen, wie es uns geht und zu fragen, ob bei ihnen auch alles in Ordnung sei. Es bestätigte, dass es ihnen gut gehe, aber als wir noch ein wenig erzählen wollten, war das Geld schon alle und die Verbindung unterbrochen.

Als wir zu unserer Casita zurückkehrten, war das Paar aus den Niederlanden in unserem Nachbarhaus gerade dabei, sich Georges Geschichte vom Faltboot anzuhören. Leider sprachen sie kein Englisch, sondern nur Deutsch als Fremdsprache und so musste ich die Story erneut übersetzen. Anschließend kam George zu uns, um uns noch andere Geschichten aus seinem Leben zu erzählen. Ich war jedoch mehr an Jersey interessiert. Ich wollte wissen, wie es sich dort lebe und ob dort Nacktbaden erlaubt sei. Er antwortete, dass man sehr gut aber auch sehr teuer auf Jersey lebe, aber Nacktbaden offiziell verboten sei. Trotzdem praktiziere er es an einem einsamen Strand. Er schrieb mir seine Adresse auf einen Zettel und lud uns ein, ihn im Sommer einmal zu besuchen. Dann würde er uns die Insel zeigen.

Einmal kam ein älteres deutsches Paar aus einem der Wohnmobile zu uns und der Mann fragte, ob sie mal in unser Haus blicken dürften. Wir baten sie herein. Sie sahen sich gründlich um und waren begeistert. Die Frau sagte abschließend: „Wenn es damals schon diese Häuser gegeben hätte, hätten wir uns niemals so ein Wohnmobil gekauft." Ich pflichtete ihnen bei, denn mir taten die Fahrer dieser Ungetüme immer leid. Wenn ich nur daran dachte, wie oft wir uns bei unseren Reisen schon verfahren hatten und irgendwo wenden mussten, war ich heilfroh nur einen PKW zu fahren.

Die Zeit verging und wir hatten nicht die Möglichkeit, den Chef der Anlage zu sprechen, um den Umzug abzuwenden. Die übrigen Häuschen waren inzwischen fertiggestellt worden und wir mussten in eines der neuen einziehen. Obwohl wir uns mit Maria nicht unterhalten konnten, da wir nicht spanisch sprachen, war sie sehr fürsorglich und half uns beim Umzug.

Hinterher konnten wir wenigstens „muchas gracias" sagen und ihr einen Schein in die Hand drücken.

George staunte, dass wir plötzlich in einem andern Bungalow wohnten. Als wir ihm den Grund unseres Umzuges mitteilten, hatte er nur den Kommentar „Crazy". Dass das verrückt sei, dachten wir auch, konnten aber nichts dagegen tun.

Nachdem wir umgezogen waren, blieb unsere alte Casita noch ein paar Tage leer, dann zogen andere Urlauber ein. Wir hatten die Vermutung, dass sie vielleicht die Besitzer dieses Bungalows seien und deshalb in ihm wohnen wollten oder Stammgäste waren, die immer in diesem Häuschen wohnten. Als wir sie aber fragten, antworteten sie, dass es ihnen egal gewesen wäre in welchem Haus sie wohnen würden. Sie hätten sich sogar gefreut, wenn sie eines der neuen bekommen hätten. Sie waren zum ersten Mal in El Portus und besaßen keine Casita.

Der Verdacht erhärtete sich, dass es reine Schikane der Rezeption war, dass wir mitten im Urlaub umziehen mussten. Immerhin sparten sie Geld mit diesem Trick.

Als uns George und Pat einmal beim Telefonieren sahen, fragten sie hinterher: „Are you too rich?" Wir verneinten, denn zu reich waren wir wirklich nicht, wollten aber wissen, warum sie das fragten. Sie klärten uns nun darüber auf, dass die Telefonate auf dem Gelände alle extrem teuer wären. Deshalb würden sie ihre Telefongespräche immer bei Fahrten in die umliegenden Städte erledigen.

Das passte in unser Bild von dieser Ferienanlage und wir nahmen uns vor, von dort aus auch nicht mehr zu telefonieren.

Trotz unseres Ärgers über das Management ließen wir uns die Laune nicht verderben und machten das Beste aus unserem Urlaub. Wir besuchten Cartagena und besichtigten die ummauerte Altstadt sowie den Hafen. Da Cartagena nicht weit entfernt war und uns gut gefiel, fuhren wir öfter dorthin. Wir nutzten diese Ausflüge jedes Mal zum Einkaufen und auch zum Telefonieren. Dort konnten wir tatsächlich viel länger für das gleiche Geld telefonieren.

Kurz vor dem Urlaubsende wollten wir unbedingt noch Murcia sehen und so fuhren wir dorthin.

Murcia ist die Hauptstadt der autonomen Region Murcia. Deshalb ging es dort auch viel hektischer zu als in Cartagena. Außerdem war es sehr heiß. Wir schlichen ein wenig durch die Stadt, waren aber nicht sehr begeistert von dem, was wir sahen. Wenigstens nutzen wir einen der vielen großen Supermärkte, um Lebensmittel zu kaufen.

Am Abreisetag verabschiedeten wir uns von George und seiner Frau mit der festen Zusicherung, sie einmal auf Jersey zu besuchen.

Am nächsten Morgen fuhren wir los und im Gegensatz zu unserer sonstigen Art, machten wir unterwegs keine Abstecher oder Besichtigungen, sondern fuhren so schnell wie möglich in Richtung Heimat.

Erstaunt bemerkten wir, dass es immer wärmer wurde, je näher wir Berlin kamen. In Spanien wäre die Klimaanlage unseres Autos entbehrlich gewesen, in Frankreich war sie nützlich und Deutschland schaffte sie es kaum, die Temperatur im Autoinneren erträglich zu machen.

Zu Ostern des Jahres 2000 waren wir wieder zu Hause. Es war das heißeste Ostern, das wir je erlebt hatten.

P.S. Einige Jahre später las ich, dass bei einem Unwetter die Rambla del Portus so viel Wasser geführt hatte, dass sie die Schutzmauer zum Campingplatz niedergerissen und viele der Casitas beschädigt sowie einen Campingwagen samt Bewohnern ins Mittelmeer befördert hatte.

Wir ahnten, was mit dem ganzen Müll im Barranco passiert war. Er konnte eigentlich nur im Mittelmeer gelandet sein.

Ein Grund mehr für uns, dort nie wieder hinzufahren.

Le Porge (Frankreich)

Nach der Enttäuschung mit El Portus wollten wir im Jahr 2000 noch einen genussvollen Urlaub haben und wählten als Ziel unserer nächsten Reise unser Lieblingsurlaubsland Frankreich aus. Über unser FKK-Reisebüro buchten wir deshalb einen dreiwöchigen Aufenthalt in La Jenny bei Le Porge an der französischen Atlantikküste.

Am 2. September starteten wir in Richtung französische Atlantikküste. Unser erstes Etappenziel war diesmal Stuttgart. Dort besuchten wir Verwandte, von denen wir sehr gut und reichlich beköstigt wurden. Während wir aßen, erzählten unsere Gastgeber, dass sie kürzlich direkt vor ihrer

Garage von einem solchen Hagelschauer überrascht worden seien, dass sie nur noch im Auto sitzen bleiben und die Arme schützend vor das Gesicht halten konnten, während ihnen die Splitter der Frontscheibe um die Ohren geflogen seien. Ich hoffte, dass uns so etwas niemals passieren würde.

Die Nacht verbrachten wir in einem nahe gelegenen Hotel und setzten unsere Reise am nächsten Morgen ausgeruht fort.

Trotz mehrfacher Erfolglosigkeit bei früheren Reisen steuerten wir am späten Nachmittag wieder das Traumhotel in der Nähe von Uzès an und hatten wider Erwarten diesmal Glück. Es war offen und wir bekamen ein Zimmer. Als wir fragten, warum es denn so lange geschlossen gewesen wäre, erzählte uns die Besitzerin, dass sie und ihr Mann das Hotel erst kürzlich gekauft hätten und demzufolge die neuen Betreiber seien.

Zu unserer Schande mussten wir uns insgeheim gestehen, gar nicht gemerkt zu haben, dass wir mit einer neuen Besitzerin sprachen. Es waren eben sieben Jahre seitdem vergangen und sie sahen sich wahrscheinlich ähnlich.

Wir fühlten uns erneut sehr wohl in dieser auberge und freuten uns, dass sie wieder in Betrieb war. Es weckte noch einmal in uns das Gefühl unserer ersten Frankreichreise und aktivierte alle damit verbundenen schönen Erinnerungen.

Das Abendessen war wieder ein Genuss und die freundliche Besitzerin, die abends als Kellnerin fungierte, frage uns, nachdem wir die Speisekarte studiert hatten: „Avez-vous choisi?" Jetzt verstand ich endlich, was dieses „Wuschwasie", das ich nicht deuten konnte, heißen sollte. Es war verkürzt die Frage „Haben Sie gewählt?".

So sehr es uns auch gefiel, blieben wir nur eine Nacht und hielten uns am nächsten Morgen nicht lange auf, sondern starteten früh in Richtung Périgord-Dordogne, denn meine Frau wusste, dass es dort viele prähistorische Sehenswürdigkeit gibt. Während der Fahrt bemerkten wir, dass es schlechtes Wetter geben würde, denn der Himmel verdunkelte sich zusehends. Am Nachmittag trafen wir in Les Eyzies-de-Tayac ein, das als sehr guter Ausgangspunkt für Exkursionen gilt.

Auf dem Parkplatz vor einem Hotel stellte ich das Auto ab und meine Frau blieb im Wagen, während ich fragen ging, ob noch ein Zimmer frei wäre.

An der Rezeption musste ich eine Weile warten, weil andere Gäste vor mir waren. Als ich endlich an der Reihe war und meine Frage nach einem freien Zimmer stellte, schaute der Hotelangestellte an mir vorbei zum Fenster und sagte: „Oh, là, là!" Verwundert drehte ich mich um und sah große Hagelkörner vom Himmel prasseln, sodass man kein Auto auf dem Parkplatz mehr sehen konnte. Ich dachte an meine Frau, die irgendwo in diesem Chaos im Auto saß und an die Geschichte, die wir bei unseren Verwandten gehört hatten. Ich konnte nur hoffen, dass auch sie sich erinnerte und ihre Augen schützte.

Da ich nichts weiter tun konnte, buchte ich das Zimmer und wartete dann im Hotel, bis der schlimmste Hagel vorüber war.

Nach wenigen Minuten war der Spuk vorbei und der Parkplatz war überschwemmt vom geschmolzenen Hagel. Ich watete zu unserem Auto und sah schon von Weitem, dass die Scheiben alle unbeschädigt waren. Auch das Blech hatte keine Beulen, wie ich aus der Nähe zu meiner Erleichterung feststellte. Als ich die Autotür öffnete bemerkte ich, dass meine Frau ihren Sitz ganz weit nach hinten geschoben hatte. Sie berichtete mir, dass sie keine Angst gehabt habe. Sie habe ihr Gesicht mit den Armen geschützt und abgewartet, bis das Inferno vorüber war. Das Schlimmste sei der Krach der Hagelkörner auf dem Autodach gewesen.

Glücklich, dass nichts passiert war, gingen wir nun gemeinsam in das Hotel. Wir brachten unser schwarzes Köfferchen nach oben und stürmten wieder los, denn es gab viel zu sehen in dieser Gegend.

Zuerst besichtigten wir einige der Abris in Eyzies de Tayac. Dies sind jene Felsvorsprünge, die von den Cro-Magnon Menschen vor 12000 bis 40000 Jahren als Schutz vor Kälte und Feinden genutzt worden waren. Von dort oben schauten wir aus luftiger Höhe hinab auf das Vallée de la Vézère, das Tal der Vézère, auch genannt das Tal der Prähistorie.

Nach diesem Ausflug in die frühe Geschichte der Menschheit kehrten wir zum Hotel zurück. Inzwischen war es Zeit für das Abendessen und da diese Region Frankreichs berühmt für die Gänsestopfleber ist, bestellten wir zwei Portionen foie gras, wohl wissend, dass die Gänse sich nicht freiwillig eine solche fette Leber anfressen, sondern unter Einsatz von Gewalt gemästet werden.

Als wir dann aßen, hatte ich keinen rechten Genuss, denn zu dem schlechten Gewissen kam auch noch ein Ekel vor dem Fett. Ich sah dies als Strafe für meine Ignoranz und nahm mir vor, nie wieder Gänsestopfleber zu essen. Meine Frau hingegen genoss das Mahl, aber sie kann ja auch ohne Probleme Butter mit dem Löffel essen, ohne dass ihr schlecht wird. Die armen Tiere taten ihr allerdings ebenfalls leid.

Am nächsten Tag besichtigten wir die Grotte von Lascaux. Eigentlich besichtigten wir eine genaue Nachbildung dieser Grotte. Nachdem die Originalgrotte sehr unter den vielen Besuchern gelitten hatte, wurde ein genaues Abbild geschaffen, in das man das Publikum hereinließ.

Nach einem interessanten Aufenthalt in der Grotte sahen wir uns weitere Highlights der Gegend an, bevor wir unsere Reise fortsetzten. Auch diesmal waren wir sicher, nicht alles gesehen zu haben, aber dazu müsste man einen längeren Urlaub dort machen und dazu hatte ich keine Lust.

Als wir ein Stück gefahren waren, und im Autoradio Nachrichten hörten, vernahm ich, dass irgendjemand streikte. Da ich nicht richtig hingehört hatte, wusste ich keine Einzelheiten. Stutzig wurde ich allerdings, als auch nach den Nachrichten immer wieder das Wort grève genannt wurde. Da wurde ich doch hellhörig und versuchte so viel wie möglich zu verstehen. Es schien um Treibstoff zu gehen und es sollte zu Engpässen an den Tankstellen kommen. Obwohl unser Tank noch halb voll war, steuerte ich die nächste Tankstelle an, um vorsichtshalber zu tanken. Dass ich nicht alles falsch verstanden hatte, zeigte mir schon die Schlange der Autos vor den Zapfsäulen.

Nach dem Tanken fuhren wir weiter in Richtung Bordeaux. Auch dieses Mal gelang es uns, die richtige Stelle zu finden, an der wir den Autobahnring um Bordeaux verlassen mussten.

Was ich unterwegs im Radio hörte, war nicht dazu angetan, meine Stimmung aufzuhellen. So viel ich verstand, kämpften die LKW-Fahrer Frankreichs gegen eine Erhöhung der Steuern auf Kraftstoffe, indem sie die Raffinerien mit ihren Fahrzeugen blockierten, weshalb kein Tankwagen mehr durchkam. Die Regierung wollte jedoch Härte zeigen und nicht nachgeben, sodass sich dieser Konflikt lange hinziehen konnte. Das waren ja tolle Nachrichten! Wir konnten nur hoffen, dass eine der beiden Seiten innerhalb der nächsten drei Wochen nachgab, damit wir für die Rückfahrt wieder Benzin im Tank haben würden.

Als wir in La Jenny ankamen, war die Anmeldung total überfüllt, denn anscheinend wollten alle Urlauber wissen, woher sie Benzin bekämen und wann der Streik zu Ende sein würde. Beides konnten ihnen die genervten aber dennoch freundlichen Damen der Ferienanlage nicht sagen, sodass die Belagerung der Rezeption nicht aufhörte. Wir Neuankömmlinge hatten keine Chance uns anzumelden, so umlagert war die Rezeption.

Die meisten Urlauber stellten ihre Fragen in Englisch, Deutsch oder Niederländisch und bekamen sie auch in diesen Sprachen beantwortet. Wohl zur Unterstützung kam schließlich eine offenbar nicht so sprachbegabte Angestellte aus einem Hinterzimmer und fragte uns auf Französisch, ob sie helfen könne. Nun war meine Chance gekommen, denn ich traute mir zu, uns auf Französisch anzumelden und alle Formalitäten zu erledigen. Das klappte auch hervorragend und wir erhielten den Schlüssel zu einem schönen Haus im Pinienwald, das uns auf Anhieb gefiel.

Nachdem wir uns eingerichtet hatten, war der Gang zum Strand unsere erste Aktivität. Hinweisschilder zeigten uns den Weg. Wir liefen ein kurzes Stück durch den Pinienwald, dann mussten wir die Anlage durch eine Tür verlassen. Eigentlich hätten wir uns an der Stelle etwas anziehen müssen, da wir öffentliches Straßenland betraten, aber erstens hatten wir nichts zum Anziehen bei uns und zweitens war weit und breit kein Mensch zu sehen, sodass wir es wagten die Strecke bis zum Strand nackt zu überwinden.

Ohne Probleme erreichten wir den Strand und freuten uns, über die nicht zu großen Wellen. Da wagte es auch meine Frau im Meer zu baden. Die Wellenhöhe lag zwischen der von Euronat und der von Arnaoutchot.

Wir genossen diesen Nachmittag und ich vergaß für eine Weile meine Sorgen wegen des Streiks.

Als wir den Strand verließen und wieder die Straße überquerten, trafen wir tatsächlich ein paar bekleidete Wanderer, die aber keine Notiz von unserer Nacktheit nahmen. Wahrscheinlich gingen sie öfter hier entlang und kannten das schon.

Nach dem Duschen besuchten wir das schöne Restaurant am Swimmingpool. Es war ein warmer Abend, wir waren gut gelaunt und das Essen schmeckte hervorragend. Alles hätte so schön sein können, wenn da nicht das Damoklesschwert des Streiks über uns geschwebt hätte. Meine Frau versuchte mich zu beruhigen und wies auf die Länge unseres Urlaubs hin. Sie meinte, dass innerhalb von drei Wochen ganz bestimmt ein Kompromiss gefunden werde, aber ich war skeptisch. Alles, was ich gehört hatte, klang so verhärtet, dass ich mir gar keine Lösung vorstellen konnte.

Die Flasche Wein, die wir zum Abendbrot genossen hatten, entfaltete ihre Wirkung und so schlief ich trotz meiner Sorgen schnell ein.

Am nächsten Morgen ging ich zu dem kleinen Supermarkt, um Baguette und einige weitere Zutaten für unser Frühstück zu besorgen. Wie schon in anderen südlichen Regionen erlebt, standen wir Urlauber zur Öffnungszeit vor dem noch verschlossenen Laden und warteten, aber diesmal befürchtete ich, dass das schon die ersten Anzeichen des Streiks sein könnten. Wenn es kein Benzin mehr gab, würden auch die Lieferfahrzeuge nicht mehr fahren können und wir würden nicht mehr versorgt werden.

Zum Glück wurde ich durch den eintreffenden Bäckerwagen aus meiner trüben Stimmung gerissen. Das leckere Backwerk wurde zügig entladen und in den Supermarché gebracht und kurz darauf durften wir Kunden den Laden betreten.

Mein erster Griff ging zu den Baguettes, dann packte ich noch Butter, Marmelade und Milch in meinen Einkaufskorb.

Als der Lebensmitteleinkauf beendet war, kaufte ich ganz gegen meine sonstige Gewohnheit eine französische Tageszeitung, die aufgrund der geografischen Lage Sud Ouest hieß. Von der Süddeutschen Zeitung, die ich sonst immer kaufte, versprach ich mir nicht viel Erhellendes, da sie immer erst einen Tag später in Südfrankreich eintraf und außerdem solch eine Lappalie, wie den Streik in Frankreich, höchstwahrscheinlich nur kurz erwähnte.

Nach dem Frühstück versuchte ich mich in das mir noch fremde Zeitungsfranzösisch einzulesen und erfuhr, dass wir tatsächlich Grund zur Sorge haben müssten. Die Regierung wollte hart bleiben und die Fuhrunternehmer ebenso.

Diese Situation war uns unheimlich, denn wir wussten nicht, wie wir nach Hause kommen sollten. Ich nahm eine Landkarte und ein Lineal und maß die Entfernungen zu den nächsten Grenzen aus. Bis Genf waren es etwa 750 Kilometer. Das hätten wir zwar mit einer Tankfüllung geschafft, aber wir waren ja seit dem letzten Tanken auch schon circa 200 Kilometer gefahren. Das würde knapp werden!

Traurig war auch, dass wir nun auf die geplanten Ausflüge verzichten mussten, um kein Benzin zu verschwenden. Da allerdings das Baden für uns an erster Stelle stand, mussten wir nicht auf alle Urlaubsfreuden verzichten, aber ganz glücklich waren wir nicht. Dass die Rückfahrt riskant werden würde, war für mich schwer zu ertragen. Meine Frau hingegen sah keine größeren Probleme auf uns zukommen. Sie meinte, dass man uns ganz sicher helfen würde, wenn wir irgendwo wegen unseres leeren Tanks liegenbleiben würden. Außerdem glaubte sie nicht daran, dass der Streik sich bis zum Ende unseres Urlaubs hinziehen würde. Damit konnte sie zwar meine Befürchtungen nicht zerstreuen, aber wenigsten regte sie sich nicht auf, was ja auch schon gut war.

So verbrachten wir eben viel Zeit am Strand und gingen über Mittag in unser Chalet oder in das Restaurant zum Mittagessen. Ich kaufte täglich eine französische Zeitung und informierte mich über den Streik und die weiteren Aussichten. Dabei musste ich feststellen, dass meine Sorgen berechtigt waren, denn der Treibstoff wurde nun überall knapp, sodass sogar Feuerwehr, Polizei und Rettungsdienste Alarm schlugen. Trotzdem gab keine Seite nach.

Eines Tages las ich, dass nun sogar die Grenzübergänge nach Spanien blockiert wurden, womit auch diese Möglichkeit zum Tanken verbaut war. Es war zum Heulen, denn der ganze Urlaub drohte ein Reinfall zu werden. Jeden Morgen befürchtete ich, dass keine Belieferung mit Brot mehr erfolgen könnte. Unser tägliches Baguette war das Einzige, das wir im Supermarkt der Anlage kauften. Käse und andere Speisen und Getränke hatten wir uns in einem Intermarché in Le Porge gekauft. Der war nur 15 Kilometer entfernt, was ja den Kohl auch nicht fett machte. Den Rückweg durch Frankreich würden wir so oder so nicht mit dem vorhandenen Benzin schaffen.

Die Lage spitzte sich immer mehr zu, sodass schließlich Angestellte von La Jenny mit dem Dienstwagen der Anlage zur Boulangerie fahren mussten, um uns täglich mit Baguettes zu versorgen. Zeitungen gab es auch keine mehr, weshalb wir Urlauber gänzlich uninformiert blieben.

Eines Morgens musste ich zu meinem Schreck sehen, dass das Auto, mit dem gewöhnlich Brot geholt wurde, vor der Rezeption stand. Das konnte nur heißen, dass auch bei diesem das Benzin alle geworden war und wir jetzt auf uns selbst gestellt sein würden.

Ich war noch tief in meine negativen Gedanken versunken, da erschien eine nette junge Dame an der Tür der Rezeption und verkündete der wartenden Menge, dass der Streik beendet sei und dass der Bäckerwagen in wenigen Minuten eintreffen würde. Diese Mitteilung wurde von allen, die sie verstanden hatten mit Jubel begrüßt. Für die anderen wurde die frohe Botschaft in Deutsch, Englisch und Niederländisch übersetzt, damit alle Urlauber Grund zur Freude hatten.

Für uns kam diese erfreuliche Entwicklung gerade rechtzeitig, denn wir hatten noch Zeit alle geplanten Ausflüge durchzuführen. Meine Frau freute sich, dass sie richtig gelegen hatte mit ihrer Vermutung, dass so ein Streik nicht lange dauern könne.

Oberste Priorität hatte für uns die Düne von Pilat. Nach allem, was wir wussten, war sie das französische Pendant zu der Düne im polnischen Łeba, die wir Jahre zuvor besichtigen wollten, es aber nicht geschafft hatten. Bevor wieder etwas dazwischen kommen konnte, setzten wir uns in

Bewegung und statteten der Dune du Pilat einen Besuch ab. Dazu mussten wir nur das Bassin d'Arcachon umrunden, also etwa 70 Kilometer fahren, dann waren wir am Ziel.

Die Düne war wirklich spektakulär für uns. Man hatte, wenn man oben angekommen war, tatsächlich das Gefühl, in der Wüste zu sein. Abgesehen von den übrigen Besuchern dieser Attraktion war über weite Strecken nichts weiter zu sehen als Sand. Hätte die Sonne nicht so unbarmherzig geschienen, wären wir sicher noch viel länger dort oben geblieben, aber so riet uns die Vernunft, wieder den Schatten aufzusuchen.

Für die Rückfahrt wählten wir nicht den kürzesten Weg, sondern besuchten einige Städte, die am Becken von Arcachon lagen. In Arcachon selbst aßen wir Mittag, mieden aber die Austern, obwohl sie hier wahrscheinlich am frischsten waren. Was das Essen betrifft waren wir keine typischen Frankreichurlauber geworden, wenn man von Baguette, Fromage und Ratatouille absah.

Im E.Leclerc in Arcachon kauften wir anschließend nach Herzenslust ein und sahen nebenbei, dass auch die umliegenden Tankstellen wieder Normalbetrieb hatten.

Zurück im Chalet, konstatierten wir, dass der Urlaub von nun an wesentlich unbeschwerter verlaufen würde. Ich war glücklich, dass meine Befürchtungen sich in Luft aufgelöst hatten, denn wir wollten ja unsere Reise genießen.

So verfielen wir für den Rest des Urlaubs wieder in unsere übliche Routine, die darin bestand, einen Tag am Strand zu verbringen und am anderen Tag einen Ausflug zu machen.

Bordeaux statteten wir einen erneuten Besuch ab und fanden sogar die Stelle wieder, an der wir das Auto kostenlos und trotzdem legal abstellen konnten. Als wir dann durch die Fußgängerzone bummelten, begegneten wir jungen Leuten, die uns Bonbons verkaufen wollten. Ein Bonbon sollte einen Franc kosten. Als ich fragte, warum sie dies täten, erklärten sie, dass sie eine Fête machen wollten, wofür sie Geld brauchten. Zu unserer Verwunderung sprachen einige sogar deutsch. Wir ließen uns natürlich nicht lumpen und kauften ihnen etliche Bonbons ab.

Auf dem weiteren Weg durch Bordeaux überquerten wir die Garonne auf der Pond de Pierre und machten uns klar, dass die Gironde erst da begann, wo Garonne und Dordogne zusammenflossen – also nördlich von Bordeaux.

Ein anderes Mal zog es uns sogar noch hinauf bis nach Soulac-sur-Mer. Als wir aber gerade Euronat passiert hatten, wurden wir von Schildern mit der Aufschrift „Route Barrée" mit dem Zusatz „Sable" gestoppt. Wie wir sahen, war die Straße total unter weißem Sand begraben und somit nicht mehr befahrbar. Auf diese Weise konnten wir gut nachvollziehen, wie es der Kirche Notre-Dame-de-la-Fin-des-Terres in Soulac-sur-Mer ergangen war, als sie aufgegeben werden musste, da sie vom Sand verschüttet worden war.

Also kehrten wir um und genossen den Tag in Lacanau, wovon unser jüngster Sohn uns immer viel vorschwärmte, seitdem er dort schon einmal mit seiner Freundin im Urlaub gewesen war. Die Stadt liegt am Étang de Lacanau, einem der größten Binnenseen Frankreichs. Auf seine Umrundung zu Fuß verzichteten wir lieber und benutzten stattdessen das Auto.

Direkt am Meer liegt Lacanau Océan, wohin wir auch fuhren, um uns den Strand von Lacanau anzusehen. Wir waren erstaunt, wie hoch die Düne am Atlantik war. Sie wirkte wie die kleine Ausgabe der Düne von Pilat. In der Stadt herrschte die übliche Betriebsamkeit von Badeorten. Als wir über die Düne schauten, sahen wir, dass der Strand sehr schön, aber auch sehr voll war. Da alle Badegäste bekleidet waren, verzichteten wir auf ein Bad an dieser Stelle und fuhren nach La Jenny zurück.

Wir verbrachten noch weitere schöne Tage in dieser sehr angenehmen Umgebung der Ferienanlage. Lediglich ein Mensch schien uns nicht zu mögen. Er war ein Nachbar, der auf unsere freundlichen Grüße nie antwortete und immer mit mürrischem Gesicht herumlief. Vielleicht hatte er Probleme oder mochte uns einfach nicht. Wir wollten und konnten es nicht ergründen und trotz allem grüßten wir ihn weiterhin jedes Mal freundlich, wenn wir ihn sahen.

Wenn man vom ersten Schreck wegen des Streiks absieht, war dies wieder ein Urlaub nach unserem Geschmack, sodass wir nur ungern Abschied von La Jenny nahmen und den Heimweg antraten. Der einzige Trost war, dass wir nicht auf dem kürzesten Weg nach Hause fahren wollten, sondern noch ein besonderes Highlight in Aussicht hatten.

Unser Ziel war wieder Saint-Malo in der Bretagne, weil uns diese Stadt bei unserem ersten Besuch so gut gefallen hatte und weil wir diesmal versuchen wollten, mit einer Fähre zu der Insel Jersey zu gelangen. Das hatte ich eigentlich schon lange vor, aber jetzt gab es einen Grund, hatten wir doch eine Einladung von George erhalten. Warum sollten wir die nicht annehmen? Es würde interessant werden, die Insel mit einem Einheimischen zu erkunden. Die ganz besondere Herausforderung für mich sollte sein, mit dem Auto auf der Insel zu fahren, denn dort herrschte der typisch britische Linksverkehr. Ich wollte einfach mal wissen, wie das ist, auf der für uns falschen Seite zu fahren. Dabei wusste ich nicht, ob es ein Vorteil war, mit dem eigenen Auto zu fahren, das ja das Lenkrad bekanntlich links hat.

Zuerst mieteten wir uns jedoch in Saint-Malo in einem Hotel ein. Diesmal buchten wir für zwei Nächte, denn wir wollten einen ganzen Tag auf Jersey verbringen.

Inzwischen war es Abend geworden und bevor wir uns nach einem guten Restaurant umsahen, gingen wir in den Hafen, da ich mich über die Modalitäten einer Überfahrt informieren wollte. Zum Glück sprach der Angestellte der Fährlinie hervorragend englisch, sodass ich alle meine Fragen stellen konnte und auch die Antworten verstand.

Nachdem ich erfahren hatte, wann die erste Fähre am nächsten Morgen ablegen würde, was ein Ticket kostete und dass ich dies erst unmittelbar vor der Abfahrt kaufen sollte, konnten wir beruhigt in die uns schon ein wenig vertraute Altstadt gehen und ein gemütliches Restaurant aussuchen.

Wir aßen wieder gut und reichlich, gingen dann aber nicht zu spät schlafen, da wir am nächsten Morgen früh aufstehen wollten, um nach Jersey überzusetzen.

So kam es denn, dass wir zu fast nachtschlafender Zeit im Hafen waren, ein Ticket für ein Auto und zwei Passagiere kauften und bald darauf auf die Fähre fahren konnten. Dort sicherte ich das Auto mittels Handbremse und eingelegtem Gang, dann verließen wir das Autodeck und schauten uns auf dem Schiff um. Es war nicht so groß wie die Schwedenfähre, aber interessant war es trotzdem. Der Atlantik schüttelte das Schiff mehr durch als wir es von der Ostseeüberquerung kannten, aber das machte uns nichts mehr aus. Trotzdem konnten wir mit Appetit das an der Bar gekaufte Brötchen essen und dazu Kaffee trinken.

Leider waren die besten Plätze ganz vorn schon besetzt. So konnten wir nicht in Fahrtrichtung herausschauen, sondern saßen an einem Seitenfenster. Das war jedoch nicht sehr schlimm, denn nach dem Essen standen wir sowieso wieder auf und liefen herum.

Insgesamt fuhren wir fast drei Stunden, dann legte die Fähre in Saint Helier auf Jersey an. Wir rollten von Bord und wurden von britischen Zollbeamten in Empfang genommen, die sich unsere Ausweise anschauten und sich so von unserer Harmlosigkeit überzeugten.

Zuerst fuhren wir nur auf Einbahnstraßen und merkten nichts vom Linksverkehr, aber das änderte sich, als wir den Hafen verließen. Ich musste mich sehr konzentrieren, um beim Linksabbiegen vom Hafengelände auf die Straße nicht auf die falsche Straßenseite zu kommen.

Nach einer Weile hatte ich mich daran gewöhnt, auf der linken Seite zu fahren. Der Stress hielt sich schon deshalb in Grenzen, da auf der Insel sehr wenig Straßenverkehr herrschte. Lediglich die Geschwindigkeitsschilder verunsicherten mich, denn alle lauteten auf miles per hour. Zuerst bemerkte ich den Unterschied nicht und fuhr 40 Kilometer pro Stunde anstatt 40 Meilen pro Stunde. Erst durch das Hupkonzert hinter mir, begriff ich, dass ich zu langsam war und versuchte im Kopf umzurechnen, wie viele Stundenkilometer das waren. Bis ich das geschafft hatte, gab es aber schon wieder ein neues Schild mit einer anderen Höchstgeschwindigkeit. Da nutze ich die nächste sich bietende Gelegenheit, fuhr links heran und wartete bis die anderen Fahrzeuge vorbei waren. Dann folgte ich ihnen und konnte nun an meinem Tacho ablesen, wie schnell sie fuhren. Allerdings war das viel schneller als ich es ausgerechnet hatte und ich ahnte, dass auch auf Jersey die erlaubte Geschwindigkeit gern und oft überschritten wird.

Es war noch recht früh am Morgen und wir wagten nicht, George und Pat schon aufzusuchen. Deshalb fuhren wir auf der Insel herum und besichtigten einige der vorhandenen Sehenswürdigkeiten.

In Bouley Bay aßen wir endlich mal wieder Fish and Chips, obwohl es wohl wegen der Nähe zu Frankreich auch sehr gute andere Speisen gab. Überhaupt merkten wir überall auf der Insel, dass sie näher an Frankreich als an Großbritannien liegt, denn fast alle Städte- und Straßennamen sahen sehr französisch aus und ich hätte gern gewusst, wie sie von den Einheimischen ausgesprochen werden.

Nach dem Mittag schien es uns angemessen zu sein, unserer Urlaubsbekanntschaft auf Jersey einen Besuch abzustatten. Auf dem Zettel, den George mir gegeben hatte, stand lediglich sein Name und die Stadt. Eine Straße und Hausnummer waren nicht angegeben. So fuhren wir einfach nach St. Mary mit der Absicht dort jemanden zu fragen. Wahrscheinlich kannte hier jeder jeden.

Es dauerte nicht lange und wir erreichten die gewünschte Stadt. Auch einen Einwohner, den ich fragen konnte, sah ich bald, stieg aus und fragte mit meiner von der BBC gelernten Standardformel: „Good afternoon Sir, excuse me asking you, can you tell me how to get to Mr. Miller's house?"

Er sah mich erstaunt an. Vielleicht war mein Englisch so schlecht oder er staunte über das exotische Auto. Möglicherweise dachte er auch kurz über den Datenschutz nach, gab mir dann aber bereitwillig Auskunft. Ich dankte ihm und wir setzten unsere Fahrt fort. Jetzt hatte ich einen Straßennamen und eine Richtung.

War mir das Linksfahren auf den großen Straßen schon einigermaßen vertraut geworden, so kam jetzt in der kleinen Stadt eine weitere Schwierigkeit hinzu, denn die engen Straßen waren begrenzt durch Mauern, die teilweise mit Efeu bewachsen waren. Solange man in der Mitte fahren konnte, war alles einfach, aber als mir der erste Kleintransporter entgegenkam, wurde es sehr eng. Ich fuhr so weit wie möglich links und war froh, dass ich auch links saß und den Abstand zwischen Auto und Wand genau sah, denn sonst hätte ich ganz bestimmt die Wand gestreift. Der Entgegenkommende nahm überhaupt keine Rücksicht, sondern behielt seine ziemlich hohe Geschwindigkeit bei, während er vorbeifuhr.

Nach mehreren dieser Begegnungen war ich froh, endlich an der Stelle angekommen zu sein, wo unsere Freunde wohnen sollten. Ich hielt auf einem großen freien Platz und wir schauten uns die Briefkästen an, um einen Namen lesen zu können. Als wir schon fast aufgeben wollten, sahen wir plötzlich Pat in einem der Vorgärten. Wir winkten erfreut und sie kam erstaunt zur Gartentür. Wir grüßten freundlich, aber ich merkte, dass sie uns gar nicht erkannte. Also erklärte ich, woher wir uns kannten und entschuldigte mich für diesen spontanen Besuch.

Zu unserer Enttäuschung mussten wir erfahren, dass George krank war und mit Fieber im Bett lag, weshalb uns Pat auch gar nicht ins Haus bat. Sie wirkte recht unglücklich und sagte, dass sie auch noch gar nicht wisse, ob und wenn ja, wann sie in diesem Jahr nach El Portus aufbrechen würden. Deshalb bat ich noch einmal um Verzeihung für unseren Überfall und wünschte gute Besserung. Dann fuhren wir davon und hatten ein schlechtes Gewissen wegen unseres unangemeldeten Besuchs.

Bis zur Abfahrt der Fähre vertrieben wir uns noch die Zeit, indem wir nach Saint Helier fuhren, das Auto abstellten und durch die Stadt bummelten. Man sah deutlich, dass dort alles auf Tagesbesucher aus Frankreich eingestellt war. Es gab in der Nähe des Hafens viele Pubs und Andenkenläden. In einem Buchladen suchte ich nach neuen Büchern von John Grisham und Peter Mayle, fand aber nichts. Die Buchhändlerin bot an, das Gewünschte zu bestellen, aber das war in unserem Fall natürlich sinnlos, da wir am Abend schon wieder in Frankreich sein würden. Spaß machte das Stöbern im Bookshop trotzdem, und die Zeit verging schneller bis zur Rückfahrt nach Saint-Malo.

Während der Überfahrt wurde es schon dunkel und wir saßen so, dass ich dem Steuermann bei der Arbeit zusehen konnte. Bei der Hinfahrt hatte ich bemerkt, dass viele Felsen aus dem Wasser ragten und ich sah nun, dass es auf der Kommandobrücke ein Radargerät gab, auf dem – so hoffte ich jedenfalls - alle diese Felsen angezeigt wurden, damit sie umschifft werden konnten.

Wir kamen unbeschadet in Saint-Malo an, fuhren von Bord und erreichten bald darauf unser Hotel. Das Fahren auf der rechten Seite machte mir keine Schwierigkeiten. So sehr hatte ich mich doch noch nicht an das Gegenteil gewöhnt.

Am nächsten Morgen packten wir unsere Sachen und verließen unsere Lieblingsstadt an der Cote d'Émeraude – der Bernsteinküste. Wir fuhren an der Küste in östliche Richtung und nach etwa einer Stunde sahen wir einen Hinweis auf Mont Saint-Michel, dem wir folgten, denn dieses Mal wollten wir nicht achtlos an dem Besuchermagnet vorbeifahren.

Um auf die Insel zu gelangen, musste man über einen etwa einen Kilometer langen künstlich aufgeschütteten Damm fahren. Am Ende gab es einen großen Parkplatz, auf dem die Autos abgestellt werden konnten. Einige äußere Parkreihen waren so angelegt, dass sie bei Flut unter Wasser gerieten. Es war also ratsam, sich genau über die Gezeiten zu informieren, um sein Auto rechtzeitig aus dem Gefahrenbereich zu nehmen. Nachdem wir unser noch vorhandenes französisches Bargeld gezählt hatten, schauten wir wie hoch die Parkgebühr war und stellten fest, dass unser Geld gerade noch so ausreichte. Wir bekamen einen Parkplatz im Überflutungsbereich und wurden vorsorglich von dem Parkplatzwächter auf die Zeit der Flut hingewiesen. Demnach hatten wir fast zwei Stunden Zeit, die Felseninsel zu besichtigen. Daher strebten wir schnell dem eigentlichen Ziel unseres Abstechers entgegen, nämlich dem Kloster, das in luftiger Höhe auf dem Felsen thronte. Als wir die historische Stadt erreicht hatten, liefen wir die enge Straße namens Grande Rue entlang, an deren Seiten viele kleine und alte Häuser standen, die Restaurants und Geschäfte beherbergten. Es wurden vor allem im Kloster hergestellte Souvenirs und Devotionalien angeboten. Da wir nichts davon kaufen wollten, drängelten wir uns durch die Menschenmassen weiter aufwärts und es schien, als ginge man auf einer Aufwärtsspirale durch die Stadt. Als wir endlich am Ende der Straße und damit am Klostertor angekommen waren, war dieses verschlossen und so konnten wir nur einen Blick auf den Hof werfen. Zwar hätten wir eine Führung durch das Kloster machen können, aber erstens hatten wir dafür kein französisches Geld mehr und zweitens wollten wir auf keinen Fall zu spät zum Auto zurückkommen.

Also drängelten wir uns wieder den Berg herunter, gingen zum Parkplatz und bezahlten die Parkgebühr mit unseren letzten Francs. Während wir auf dem Damm auf das Festland zurückfuhren, stellten wir übereinstimmend fest, dass uns dieser Besuchermagnet sehr enttäuscht hatte. Es handelte sich unserer Meinung nach um reinen Kommerz, wie man ihn in wohl allen Urlaubsgebieten der Welt findet. Zum Glück hatten wir beide auch dieses Mal kein Bedürfnis verspürt, dort etwas zu kaufen. Hätten wir von all unseren Reisen Souvenirs mitgebracht, dann sähe es bei uns zu Hause wahrscheinlich schon wie in einem Trödlerladen aus.

Von nun an fuhren wir schnurstracks nach Hause; vorbei an den Städten Caen und Rouen, um dann südlich von Brüssel Belgien zu durchqueren. Bei Aachen übernachteten wir noch einmal, um am nächsten Morgen ausgeruht nach Berlin weiterzufahren.

Nachdem wir am Sonntagabend nach langem Suchen endlich einen Parkplatz in unserem Kiez im Prenzlauer Berg gefunden hatten, war auch diese schöne weite Autoreise glücklich zu Ende gegangen.

Guadeloupe (Kleine Antillen)

Im Jahr 2001 zog es uns wieder einmal in die weite Welt hinaus. Wir wollten den Sommer für uns verlängern und deshalb sollte es im Frühjahr in die Karibik gehen. Unser Reiseziel musste einen FKK-Strand haben und zu Frankreich gehören, das waren die Bedingungen, die von dem französischen Überseedepartement Guadeloupe offenbar voll und ganz erfüllt wurden. Im Gegensatz zu unserer sonstigen Gewohnheit buchten wir bei einem Reisebüro eine Pauschalreise, die Flug, Hotel und Mietwagen umfasste.

Aus unerfindlichen Gründen begannen unsere Flugreisen immer gleich am frühen Morgen – so auch die nach Guadeloupe über Paris. Darum standen wir am 13. März um zwei Uhr nachts auf, machten uns fertig zur großen Reise, stiegen in das bestellte Taxi und fuhren zum Flughafen Berlin-Tegel. Wieder ließ meine Frau ganz nebenbei, aber laut und vernehmlich die Bemerkung fallen, unser Sohn könne während unserer Abwesenheit öfter verschlafen. Schon vor 4:30 Uhr waren wir am Flughafen und stellten uns als erste bei Air France an den Check-in, der noch gar nicht besetzt war. Wir mussten lange warten, bis das Personal erschien, um die Schalter zu öffnen. Während wir mit einem freundlichen „Bonjour" begrüßt wurden, wuchtete ich unsere Koffer auf das Band. Da wir beide Teilflüge mit Air France absolvierten, wurden wir und unser Gepäck durchgecheckt, sodass wir auch schon die Bordkarten für den Interkontinentalflug bekamen. Zum Glück hatte ich eine Verbindung gefunden, bei der wir in Paris vom selben Flughafen weiterflogen und nicht quer durch die Stadt zum Aéroport Orly fahren mussten.

Der kurze Flug nach Paris verlief ohne Besonderheiten und so erreichten wir den Flughafen Charles de Gaulle in weniger als zwei Stunden. Dort suchten wir nach dem Gate für den Weiterflug, das wir auch schnell fanden.

Nach zweieinhalb Stunden begann das Embarquement, wie das Boarding auf Französisch heißt. Wir flogen erneut mit einer Boeing 747 und hatten wieder Plätze am Fenster und in der Mitte. Der Platz am Gang blieb noch lange frei und wir hofften schon, dass er es bleiben würde, dann kam jedoch noch ein Mann, der uns auf Französisch begrüßte und dann Platz nahm.

Unterwegs hatten wir kaum Kontakt mit dem Herrn, denn er schlief fast die ganze Zeit und wir mussten ihn jedes Mal wecken, wenn wir aufstehen wollten. Wahrscheinlich staunte er über unser geringes Durchhaltevermögen, denn er ging während des neunstündigen Fluges nicht ein einziges Mal zur Toilette. Wir bereuten schon, Fenster- und Mittelplatz gewählt zu haben, denn dadurch standen wir nicht so oft auf, wie es für unsere Beine und Wirbelsäulen gut gewesen wäre.

Der Flug verlief zunächst so, wie wir es gewohnt waren. Es gab Mittagessen mit einer kleinen Flasche Bordeaux, die wir wieder ungeöffnet einsteckten und planmäßig begannen kurz nach der Mahlzeit die Turbulenzen. Das Flugzeug wurde stark durchgeschüttelt und da ich keine Angst verspürte, fragte ich mich selbstkritisch, ob das bei mir eigentlich Mut oder Dummheit war. Vor allem war es wohl Müdigkeit, denn wir waren schließlich mitten in der Nacht aufgestanden und bereits über 15 Stunden unterwegs.

Schon bei meinem ersten Flug hatte ich mir neugierig die berühmte Brechtüte angesehen und gehofft, dass ich sie niemals brauchen würde. Ich hatte mich gefragt, ob so ein Sicsac denn überhaupt groß genug sei, um den Mageninhalt eines Erwachsenen aufzunehmen. Nachdem ich merkte, dass mir auch beim größten Schaukeln nicht schlecht wurde, hatte ich diesem Behältnis keine weitere Bedeutung mehr zugemessen.

Als Folge der Turbulenzen direkt nach dem Mittagessen hatte ich jedoch bei diesem Flug das zweifelhafte Vergnügen einem Praxistest beizuwohnen, als sich ein Herr in der Reihe vor uns in diese dafür vorgesehene Tüte hinein übergab. Er machte das so geschickt, dass nichts daneben ging und war hinterher sichtbar erleichtert. Allerdings saß er nun da mit dem vollen Sicsac in der erhobenen Hand, den er gern loswerden wollte. Er drückte auf den Rufknopf und eine Stewardess versuchte, sich zu ihm vorzukämpfen, um ihn von seiner Last zu befreien, was angesichts der Bewegung des Flugzeuges leichter gedacht als getan war. Immer wieder musste sie stehenbleiben, um sich festzuhalten und ich fürchtete schon, dass der Unglücksrabe seine Tüte bis Guadeloupe halten müsste oder schlimmer, dass sie ihm aus der Hand fallen könnte und im worst case in unsere Richtung fliegen könnte. Schließlich schaffte es die Flugbegleiterin doch noch, und nahm ihm das gute Stück aus der Hand. Ich blickte ihr noch mitleidig nach, denn jetzt hatte sie nur noch eine Hand frei zum Festhalten und ich fürchtete, die seltsame Fracht könne ihr aus der Hand fallen und irgendeinen anderen Passagier treffen, was aber glücklicherweise nicht geschah.

Da ich nicht schlafen konnte, versuchte ich während des Fluges mein Französisch zu verbessern, wozu ich meinen mitgenommen Sprachführer sowie mein Wörterbuch benutzte. Aus der Erfahrung mit Polen wusste ich, dass es nichts schaden kann, einige Standardsätze auswendig zu lernen. Diese kann man dann an die jeweilige Situation anpassen und benutzen. Den Sprachführer und das Französisch-Wörterbuch steckte ich in die Tasche am Sitz vor mir, als es kurz vor der Landung noch etwas zu essen gab.

Da Guadeloupe ein Überseedepartement Frankreichs ist und damit fester Bestandteil der Europäischen Union, brauchten wir als EU-Bürger keine Einreiseformulare auszufüllen.

Als wir in Pointe-à-Pitre, dem Flughafen von Guadeloupe landeten, wurde es gerade dunkel. Nachdem ich unsere Koffer vom Band gehievt hatte, gingen wir zur Autovermietung. Leider war unser Gepäck mal wieder das letzte gewesen und als wir zum Schalter der Mietwagenfirma kamen, standen dort schon Himmel und Menschen. Zu meinem größten Ärger war nur der Schalter der Firma Europcar, bei der wir gebucht hatten voll; nirgends sonst stand ein Kunde. Wahrscheinlich wollten die Franzosen ihr Auto nur bei einer französischen Firma buchen und dies war wohl die einzige. So dauerte es mindestens eine Stunde bis wir endlich an der Reihe waren. Die beiden diensthabenden jungen Damen unterschieden sich äußerlich ganz extrem in Haut- und Haarfarbe. Die eine war weiß und hatte glatte blonde Haare, die andere war schwarz und ihre Haare waren schwarz und lockig. Darüber hinaus waren sie sich allerdings sehr ähnlich, denn sie schienen beide gut drauf zu sein und scherzten mit allen Kunden. Leider verstand ich die Witze nicht und so blieb es mir verborgen, was da so lustig war. Ich litt aber umso mehr unter der dadurch noch längeren Warterei.

Endlich war ich an der Reihe und zitierte den vorbereiteten Satz „Bonsoir mesdames, j'ai réservé une voiture", worauf sie zu meiner Verwunderung in schallendes Gelächter ausbrachen. Verunsichert zeigte ich meinen Voucher und sie brauchten sehr viel Zeit, bis sie meine Reservierung fanden, obwohl die Auswahl ja nicht mehr sehr groß sein konnte, nachdem ich doch wahrscheinlich der letzte Kunde für diesen Abend war. Über meinen Namen amüsierten sie sich ebenfalls köstlich. Als sie meine Buchung endlich gefunden hatten, musste ich viele Unterschriften leisten und da ich nicht auf Anhieb wusste wo, lachten sie sich noch einmal scheckig.

Ich war froh, als ich die Papiere für das Auto endlich in der Hand hielt und wir die beiden ebenso hübschen wie albernen Mädels verlassen konnten. Auf dem Parkplatz vor der Tür standen noch mehrere Kunden, denen nach und nach von zwei jungen Beschäftigten ihre Autos übergeben wurden. Als wir an der Reihe waren, führte uns einer der Angestellten zu einem großen Auto aus französischer Produktion. Ich hatte jedoch nur „VW Polo oder Vergleichbare" geordert und sagte deshalb: „Ce n'est pas notre voiture!" „Si c'est pour vous!", war die Antwort. Der Junge Mann war anscheinend ganz sicher, dass es sich um das Auto für uns handelte und so nahmen wir es in Besitz. Offenbar war unser gewünschter Fahrzeugtyp nicht verfügbar, sodass sie uns ein größeres Auto gaben.

Noch freuten wir uns.

Wir verstauten unsere Koffer, stiegen ein und fuhren los. Inzwischen war es nach meiner Uhr, die noch deutsche Zeit anzeigte, schon nach zwei Uhr morgens und wir waren hundemüde. Schließlich waren wir jetzt 24 Stunden wach. Wir freuten uns nur noch auf unsere Hotelbetten, ohne zu ahnen, dass der schwerste Teil der Reise noch vor uns lag.

Selbstverständlich hatte ich mir zu Hause schon die Route vom Flughafen nach Sainte-Anne, wo sich das Hotel befinden sollte, angesehen. Die Strecke war gut ausgeschildert, sodass wir den Weg auch problemlos fanden. Allerdings nervte mich das Auto, denn es schien sehr untermotorisiert zu sein. An den kleinsten Steigungen musste ich herunterschalten, damit der Motor nicht ausging, was mich an unseren Trabant mit voller Zuladung erinnerte. Ich hatte den Verdacht, dass die Klimaanlage die halbe Motorleistung für sich beanspruchte.

Am Ortsschild von Sainte-Anne prangten viele Hotelwerbetafeln; unter anderem fanden wir auch den Hinweis auf das gesuchte Hotel „Pierre et Vacances". Aufmerksam fuhren wir die Hauptstraße entlang und musterten jedes Gebäude – das gesuchte Hotel war nicht dabei. Als wir den Stadtrand erreicht hatten, wendete ich und wir befuhren die Hauptstraße in entgegengesetzter Richtung. Diesmal schauten wir nicht nur auf die Gebäude, sondern hielten auch Ausschau nach Hinweistafeln von Hotels, die vielleicht in der zweiten Reihe standen. Wir fanden nichts. Daraufhin fuhren wir kreuz und quer durch die Stadt, ohne eine Spur vom gesuchten Hotel zu finden. Auch die wenigen Passanten, die wir trafen und fragten, hatten keine Ahnung, wo sich dieses ominöse Hotel befand.

Erneut fuhren wir von einem Ende von Sainte-Anne zum anderen - wieder ohne Erfolg. Langsam wurden wir nervös und gereizt. Es konnte doch nicht sein, dass wir dieses verdammte Hotel nicht fanden! Während wir auf einem Parkplatz standen und berieten, was zu tun sei, näherte sich eine dunkle Gestalt, die an die Scheibe klopfte. Es handelte sich um einen Bettler, der Geld von uns wollte. Meine Ausrede, dass ich noch nicht umgetauscht hätte und somit nicht im Besitz von französischen Franc sei, half nichts, denn er fragte nunmehr sehr energisch auf Englisch nach ein paar Dollar. Ich empfand die Situation als bedrohlich und so ließ ich ihn stehen und fuhr los.

Während unseres kurzen Aufenthalts hatten wir beschlossen, die Stadt zu verlassen und irgendwo auf einen Parkplatz zu fahren, um dort im Auto zu übernachten. Auf der Straße zwischen Flughafen und Saint-Anne war uns kein Parkplatz aufgefallen, weshalb wir die Stadt in entgegengesetzter Richtung verließen. Zu unserer Enttäuschung gab es aber auch dort während der nächsten zehn Kilometer keinen Parkplatz und so suchten wir nach einem Seitenweg, auf dem man das Auto abstellen konnte. Endlich fanden wir auch einen, und ich bog in ihn ein. Um nicht direkt neben der Straße zu stehen, folgte ich dem Weg, der immer enger wurde und schließlich auch noch steil anstieg. Schnell kam unser Auto an seine Grenze und nicht einmal das Herunterschalten in den ersten Gang verhinderte, dass der Motor stehenblieb. So schräg konnten wir unmöglich stehenbleiben, weshalb ich den Motor erneut startete und versuchte, trotz Dunkelheit und Müdigkeit rückwärts wieder aus der Sackgasse herauszukommen. Das gelang mir zum Glück auch ohne Schaden anzurichten, aber nun hatten wir immer noch keinen Schlafplatz gefunden und so fuhren wir weiter weg von Saint-Anne. Nach wenigen hundert Metern dachte ich, ich hätte eine Halluzination, denn vor uns tauchte ein großes Schild auf, das uns darauf hinwies, dass wir in Kürze „Pierre et Vacances" erreichen würden. Wir trauten unseren Augen nicht und erst als wir vor dem Tor der Anlage standen, war uns bewusst, dass wir es doch noch geschafft hatten.

Es gab einen Wachschutz, der uns passieren ließ und zur Rezeption schickte. Dort konnten wir uns anmelden, bekamen den Schlüssel für das Hotelzimmer und eine Chipkarte zum Einschalten des Stromes.

Ein Wachmann ging vor uns her und zeigte uns den Weg zum Gebäude, in dem sich unser Zimmer befand. Während wir unterwegs waren, erlosch plötzlich die Außenbeleuchtung der Anlage. Zum Glück hatte der Wachmann eine Taschenlampe, mit deren Hilfe wir unser Zimmer fanden und aufschließen konnten.

Neben der Eingangstür befand sich der Sicherungskasten, der oben einen Schlitz hatte, wie ich im Schein des Mondlichts feststellen konnte. In diesen Schlitz musste die Karte eingeführt werden – aber wie? Da die Karte quadratisch war, gab es acht Möglichkeiten, sie in den Schlitz zu stecken. Ich versuchte sie alle nacheinander auszuprobieren, während meine Frau immer wieder einen Lichtschalter betätigte, aber die Lampe blieb dunkel. Ich konnte mir nur vorstellen, dass ich genau die eine, richtige Möglichkeit ausgelassen hatte, war aber zu erschöpft, um es noch einmal zu versuchen.

Während meine Frau die Tür offenhielt, holte ich unsere Koffer aus dem Auto. Dann zogen wir uns aus, legten uns auf das große Doppelbett, tranken unsere kleinen Fläschchen Bordeaux, die wir im Flugzeug bekommen hatten und waren im Nu eingeschlafen.

Mir kam es vor, als hätte ich erst ein paar Minuten geschlafen, da weckte mich ein unangenehmes Geräusch, das sich als Telefonklingel entpuppte. Erstaunt hob ich den Hörer ab, da ich nicht wusste, wer uns denn dort anrufen sollte.

Am Telefon war eine Mitarbeiterin der Autovermietung, die mir sagte, dass ich das falsche Auto hätte. Ich sollte es umgehend zurück nach Pointe-à-Pitre bringen oder für jeden Tag einen Zuschlag zahlen. Ich versuchte, in schlechtem Französisch zu erwidern, dass ja wohl sie den Fehler gemacht hätten und ich das Auto nicht zurückbringen wolle. Vielmehr sollte sie jemanden mit dem richtigen Auto zu uns schicken, der den Austausch bei uns durchführt. Sie willigte ein und wir einigten uns auf „vers dix heures à la réception". Ich wollte also mit dem Auto gegen zehn Uhr an der Rezeption warten.

Es war kurz nach sieben Uhr morgens Ortszeit und demzufolge strahlte schon die Sonne am Himmel. Jetzt wollte ich aber endlich den Strom einschalten, denn das Badezimmer hatte kein Fenster und so tappten wir darin völlig im Dunklen. Wenn ich aber gedacht hätte, dass ich halbwegs ausgeschlafen und bei Tageslicht mehr Erfolg dabei haben würde, so hatte ich mich geirrt. Die Lampen blieben dunkel.

Nach dem Duschen bei offener Badezimmertür zogen wir uns karibisch leichte Kleidung an und gingen zur Rezeption. Dort wollte ich mich beschweren, dass wir keinen Strom hatten, aber der Mann an der Rezeption wusste es schon und sagte mir, dass seit gestern Abend auf der gesamten Insel der Strom ausgefallen sei. Er wies auf einen Gaskocher, auf dem ein großer Topf mit Kaffee stand und bot uns an, ein Kännchen davon zum Frühstück mitzunehmen.

Wir nahmen das Angebot dankend an und während meine Frau mit dem Kaffee zurück zum Zimmer ging, suchte ich anhand des Lageplans der Anlage den Supermarkt. Nachdem ich ihn gefunden hatte, stellte ich mich in die Schlange der Wartenden, um ein Baguette und weitere Frühstücksutensilien zu kaufen. Die Warterei verlief für mich sehr angenehm, denn ich konnte die ganze Zeit die wunderschöne dunkelhäutige Verkäuferin beobachten und war richtig traurig, als ich an der Reihe war. Ich bestellte, was ich brauchte, denn Selbstbedienung gab es keine und sie lachte mich nicht aus wegen meines schlechten Französisch, sondern lächelte mich ganz reizend an. Als ich wegging, freute ich mich schon auf den Einkauf am nächsten Morgen. In der DDR hatten wir sehr abgeschirmt von ausländischen Einflüssen gelebt und so war bei mir ein sehr großer Nachholbedarf an Begegnungen mit Menschen aus anderen Ländern und Kulturen entstanden. Deshalb genoss ich den Umgang mit authentischen Inselbewohnern sehr, insbesondere wenn sie weiblich und so hübsch waren.

Während des Frühstücks resümierten wir nunmehr erheitert, wie die gestrige Anreise verlaufen war. Vor allem lachten wir darüber, dass wir kurz vor dem Hotel im Auto übernachten wollten. Auch die Geschichte mit den vergeblichen Versuchen, die Karte für den Strom richtig herum einzuführen, war sehr komisch. Wer hatte auch ahnen können, dass die Elektrizitätsversorgung auf der ganzen Insel zusammengebrochen war? Da hatten wir doch nur an uns selbst zweifeln können.

Kurz vor zehn fuhr ich mit dem Auto auf den Parkplatz vor der Rezeption und wartete auf den Ersatzwagen, den die Leihwagenfirma bringen wollte. Nachdem ich eine Stunde vergeblich gewartet hatte, ging ich zur Rezeption und bat die junge Dame hinter dem Tresen, für mich bei dem Autoverleiher anzurufen und zu fragen, ob noch jemand käme. Das tat sie und teilte mir danach mit, dass ich doch zum Flughafen zu kommen hätte, um das Auto zu tauschen.

Was also blieb mir anderes übrig, als noch einmal den Weg zum Flughafen zurückzufahren, wenn wir nicht am Ende des Urlaubs für ein schlechtes großes Auto zuzahlen wollten? Also machten wir uns auf den Weg und brachten es hinter uns.

Es waren knapp 30 km bis zur Autovermietung. Als wir ankamen, bemängelte der Angestellte, dass der Tank nicht voll sei. Ich erklärte mit allen mir zur Verfügung stehenden Mitteln, dass wir bisher lediglich zum Hotel gefahren seien und nur deswegen erneut zum Flughafen zurückgekehrt wären, weil er oder seine Kollegen einen Fehler gemacht hätten. Jedoch er tat als verstünde er mich nicht und bestand darauf, dass wir volltankten, sonst hätte er uns den Tank gefüllt und eine Servicegebühr dafür erhoben.

Ich war ziemlich sauer und hätte in meiner Rage kurz vor der Tankstelle einen Unfall verursacht, wenn nicht andere Autofahrer aufgepasst hätten.

Nachdem wir das Auto zum Glück unversehrt und vollgetankt getauscht hatten, durften wir mit einem VW Polo, wie ursprünglich gewünscht, zurück zum Hotel fahren. Der fuhr viel besser und war genau das, was ich wollte. Während der Rückfahrt nahmen wir uns vor, nicht mehr an den ärgerlichen Vorfall zu denken und uns von jetzt an nur noch zu erholen. Diesmal fanden wir die Ferienanlage ohne Probleme und lachten erneut über unsere Hilflosigkeit in der vorigen Nacht.

Im Appartement stellten wir fest, dass es inzwischen Strom gab und es völlig egal war, wie herum man die kleine Karte in den Schlitz steckte. Wir amüsierten uns noch einmal herzlich über uns. Der Room Service war inzwischen da gewesen und hatte die Bettdecken, auf denen wir gelegen hatten, gerade gerückt, die Handtücher gewechselt, alles gereinigt und auch unsere kleinen leeren Weinflaschen mitgenommen, die wir in die Küche gestellt hatten.

Nun stillten wir endlich das dringende Bedürfnis, uns in unserer unmittelbaren Umgebung ausgiebig umzusehen. Wir freuten uns über die vielen exotischen Pflanzen und darüber, dass bei allen ein Schild war, das uns ihre Namen verriet. Überhaupt war die gesamte Anlage sehr gepflegt. Auch der zum Hotel gehörende Strand wäre ideal für uns gewesen, wenn er einen FKK-Abschnitt gehabt hätte. Hatte er aber leider nicht!

Da ich es nicht aushielt am Meer zu sein, ohne zu baden, gingen wir in unser Zimmer und zogen uns unsere vorsorglich mitgebrachte Badekleidung an. Auf dem Weg zum Strand trafen uns strafende Blicke der Entgegenkommenden. Wir waren unsicher und dachten, dass wir nicht alles korrekt verpackt hätten, aber das war es nicht. Vielmehr war offenbar die Ursache der kritischen Blicke, dass wir überhaupt Badekleidung trugen. Wie wir bemerkten, hatten sich die Urlauber, die zum Strand gingen und von ihm kamen, in Schale geworfen, wie wir es höchstens als Gäste beim Sommerfest des Bundespräsidenten getan hätten. Obwohl der Strand nur ein paar Schritte von unserem Zimmer entfernt lag, schien es doch eine Art ungeschriebenes Gesetz zu geben, dass man im Hotelbereich keine Badebekleidung tragen durfte.

Noch böser schauten die Frauen am Strand, als meine Frau ihr Bikinioberteil auszog. Das schien ein unerhörter Tabubruch zu sein und ich glaube nicht, dass da Neid auf die schöne Oberweite meiner Frau im Spiel war. Nein, das machte man dort einfach nicht! Das war schade, denn wir waren so sehr an das unbeschwerte „Baden ohne" gewöhnt, dass wir uns an diesem Strand nicht wohlfühlten. Wir würden uns wohl eine andere Badestelle suchen müssen. Vorsorglich hatte ich ein Buch mitgenommen, das FKK-Strände auf der ganzen Welt auflistete und demzufolge auch einige für Guadeloupe nannte.

Nach diesem ersten Bad im karibischen Meer gingen wir zu unserem Zimmer zurück und ernteten noch mehr böse Blicke, sicherlich weil wir nunmehr nasse Badekleidung trugen.

Nachdem wir uns trockene Sachen angezogen hatten, setzten wir uns auf unsere Terrasse und tranken Kaffee. Dabei machten wir Pläne für den nächsten Tag. Wir mussten einkaufen, denn wir hatten nur die Unterkunft ohne Verpflegung gebucht. Das Appartement besaß aber eine Kitchenette, die mit allem Notwendigen zum Bereiten von Speisen und Getränken ausgerüstet war. Wir hatten zwar nicht vor, mittags im Zimmer zu essen, aber morgens und abends schon.

Obwohl ich keine Lust hatte, schon wieder Auto zu fahren, ließ ich mich doch dazu verleiten, nach einem guten Restaurant und anschließend nach einem Lebensmittelladen zu suchen.

Ich erinnerte mich, unterwegs einen Supermarkt namens Leader Price gesehen zu haben und so fuhren wir wieder in Richtung Flughafen. Dort wollte ich auch gleich überprüfen, ob es den in meinem FKK-Führer genannten Strand bei Saint-Anne wirklich gab.

Der FKK-Strand sollte sich laut Buch direkt beim Club Med befinden. Aber statt nackter Badegäste gab es da nur ein großes Schild, das darauf hinwies, dass Nacktbaden an diesem Strand streng verboten sei. Diese Stelle konnten wir also vergessen.

Wir nutzten unseren Aufenthalt in Saint-Anne wenigstens zum Mittagessen, das wir mit Kreditkarte bezahlten, dann suchten wir einen Geldautomaten, indem wir mit dem Auto langsam die Straßen entlangfuhren und die Augen offenhielten.

Als wir endlich einen gefunden hatten, hielt ich an und wollte gerade aussteigen, da sah ich eine finstere Gestalt auf uns zukommen. Sein Gesicht war dominiert von einem wilden schwarzen Bart, die Haare waren lang und ungepflegt und seine Kleidung war total zerlumpt. Das hätte gut der Typ der letzten Nacht sein können, der uns so eindringlich angebettelt hatte, allerdings war dieser heute mit einem Buschmesser bewaffnet, mit dem er wohl seiner Bitte um Geld einigen Nachdruck verleihen wollte. Ich ließ den Motor wieder an und wollte gerade einen Alarmstart vollführen, da bog der wilde Kerl ab und steuerte direkt auf den Geldautomaten zu. Jetzt wollten wir aber sehen, was er da trieb und ich fuhr noch nicht los. Vielleicht wollte er den Geldautomaten mit seiner Machete knacken und das Geld rauben.

Erstaunt sahen wir, wie sich der vermeintliche Räuber an der Tastatur zu schaffen machte, wobei ihn sein Buschmesser arg behinderte. Dann zog er plötzlich Geld aus dem Automaten, zählte nach, steckte es in die Hosentasche und verschwand.

Wir schauten uns verblüfft an. Wer hätte gedacht, dass dieser Furcht einflößende Geselle ein Girokonto hatte und Geld am Automaten abhob? Wieder einmal zeigte es sich, dass man Menschen nicht nach ihrem Äußeren beurteilen sollte.

Auf Guadeloupe sahen wir während unseres Urlaubs dann mehrere ähnliche Männer, die ebenfalls eine Machete bei sich hatten. Wir begriffen bald, dass es sich um Landarbeiter handelte, die mit ihren Buschmessern das überall auf der Insel wachsende Zuckerrohr ernteten. Sicherlich waren es raue Kerle, aber gemeingefährliche Räuber waren sie wohl nicht, obwohl ich ihnen ungern im Dunkeln begegnet wäre.

Nach dem Geldabheben fuhren wir zum Supermarkt, kauften ein und kehrten zu unserem Hotelzimmer zurück. Dort setzten wir uns auf unsere Terrasse und genossen den Nachmittag mit einer Tasse Kaffee, einigen

Madeleines und einem Buch. Während ich jedoch im Koffer nach Lesestoff gesucht hatte, hatte ich zu meinem Schrecken bemerkt, dass ich mein Französisch-Wörterbuch und den Sprachführer im Flugzeug vergessen hatte. Wenn ich allerdings überlegte, wie oft ich diese Bücher während der letzten Frankreichurlaube benutzt hatte, schien mir der Verlust verkraftbar zu sein.

Nach dem Kaffee spazierten wir erneut durch das Resort und erfreuten uns an den exotischen Pflanzen. Meine Frau schrieb sich die lateinischen Bezeichnungen von den kleinen Holztafeln ab, um später zu Hause nachzuschlagen, und so mehr über diese Gewächse zu erfahren, während ich versuchte, mir die französischen Namen zu merken.

Dann aßen wir Abendbrot und genossen die hereinbrechende Nacht auf unserer Terrasse. Danach setzten wir uns vor den Fernseher im Zimmer und schauten „Wer wird Millionär?" auf Französisch. Da hieß die Sendung „Qui veut gagner des millions". Dabei freute ich mich, dass ich die schweren Fragen meist verstand und einige auch beantworten konnte – allerdings auf Deutsch. Die einfachen Fragen beantwortete der Kandidat meist bevor ich die Frage und die vier möglichen Antworten übersetzt hatte. Da ich die Fragen, die ich verstand, meiner Frau übersetzte, hatten wir beide etwas von der Sendung.

Nach dem obligatorischen Baguette zum Frühstück machten wir uns am nächsten Vormittag erneut auf die Suche nach einem Strand, an dem wir hüllenlos baden konnten. Dazu wechselten wir gewissermaßen auf den anderen Flügel der Schmetterlingsinsel, wie Guadeloupe auch genannt wird. Waren wir bisher nur auf Grande-Terre gewesen, so fuhren wir jetzt nach Basse-Terre. Dazu mussten wir mittels einer Brücke den Rivière Salée überqueren, der die beiden Inselhälften voneinander trennt.

Auf Basse-Terre fuhren wir so, dass wir das Wasser rechts von uns hatten und irgendwann führte die Straße sehr dicht an das Meer heran und wir hofften, eine Stelle gefunden zu haben, an der wir wie gewünscht baden gehen konnten. In der Tat gelangten wir an einen wunderschönen einsamen Strand mit herrlich weißem Sand, der geradezu zum Baden einlud. Wir zögerten nicht, sondern zogen uns sofort unter den am Rand des Strandes stehenden Palmen aus und stürmten ins Wasser. Es war so herrlich, sich in dem warmen etwas bewegten Wasser zu tummeln, dass wir gar nicht genug davon bekommen konnten. So bemerkten wir nicht, dass nach und nach andere Badegäste eintrafen und sich direkt am Strand niederließen. Erst als junge Einheimische lautstark und bekleidet ins Wasser stürmten, realisierten wir, dass wir nicht mehr allein waren und dass wir keine Ahnung hatten, wie tolerant die Jugendlichen auf Guadeloupe waren. Wir wurden an unser Erlebnis in Bayern erinnert, mit dem Unterschied, dass in der Karibik das Wasser angenehm warm war und uns nicht zum sofortigen Verlassen zwang. Trotzdem konnten wir nicht ewig baden und die jungen Leute machten nicht den Eindruck, dass sie bald verschwinden wollten. Was blieb uns anderes übrig, als den geordneten Rückzug anzutreten? Deshalb schwammen wir so dicht wie möglich an den Strand, um dann so schnell wie möglich aus dem Wasser aufzutauchen und zu unserer Decke zu rennen. Während wir das taten, tollten die jungen Leute weiter herum und wir hatten den Eindruck, dass sie uns gar nicht beachtet hatten. Vielleicht waren sie auch nur diskret oder schüchtern. Wir waren jedenfalls froh, dass wir keinen Ärger bekommen hatten und verließen den Strand schleunigst.

Nachdem wir nun schon einmal auf der anderen Inselhälfte waren, suchten wir eine der Hauptattraktionen von Guadeloupe auf. Dazu befuhren wir die D23, die auch la route de la Traversée genannt wird, da sie direkt durch den Nationalpark führt.

Am Maison de la Forêt – eine Art Besucherzentrum - parkten wir unser Auto und gingen in dieses Waldhaus hinein, um uns zu informieren. Das Haus bot Interessantes und Wissenswertes über den uns umgebenden Nationalpark und den Vulkan Soufrière, der die höchste Erhebung der kleinen Antillen darstellt. Es gab auch viele Vorschläge für Wanderrouten, von denen wir eine der kürzesten gleich antraten. Sie begann direkt am Maison und führte uns auf einem Rundweg direkt durch den Regenwald, wie wir ihn uns immer vorgestellt hatten. Wir mussten uns zwar nicht mit der Machete den Weg durch Lianen freikämpfen und außer Mücken, Zikaden und zahlreichen Vögeln gab es auch keine wilden Tiere, aber trotzdem war die Bewältigung der Strecke eine gewisse Herausforderung, denn es herrschte sehr feucht-warmes Klima. Da der Boden rutschig war, gelang es mir, mich kurz vor dem Ende auf den Hosenboden zu setzen. Das tat zwar nicht sehr weh, aber die helle Hose, die ich trug, war schmutzig.

Wir stellten nachträglich fest, dass wir für eine solche Wanderung falsch gekleidet waren und nahmen uns vor, bei den nächsten Touren unsere Jeans und die eigens dafür mitgebrachten Bergstiefel anzuziehen.

Nachdem meine Hose einigermaßen getrocknet war, fuhren wir mit unserem Polo zurück zum Hotel. Dort verbrachten wir den Nachmittag und den Abend lesend auf unserer Terrasse.

Am Tag darauf wollten wir nun aber endlich einen richtigen FKK-Strand auf Guadeloupe finden, denn bei aller Naturschönheit sollte das Baden doch nicht zu kurz kommen. Deshalb steuerten wir den nächsten in meinem Buch genannten Strand an. Es war die Anse Tarare, die sich bei Saint-François befinden sollte. Nach unseren Erfahrungen mit dem Hotel und Sainte-Anne machten wir uns keine Gedanken, als wir die kleine Bucht nicht direkt in Saint-François fanden. Es war sowieso recht unwahrscheinlich, dass ein FKK-Strand direkt in einem Ort lag. Also fuhren wir weiter und wurden belohnt, denn bald fanden wir einen Hinweis auf die Anse Tarare. Wir bogen von der Hauptstraße ab und parkten vor einem Restaurant. Dort stiegen wir aus, um den Strand aufzuspüren.

Lange mussten wir nicht suchen, sondern fanden ihn sehr schnell, da man ihn eigentlich gar nicht verfehlen konnte. Wir schauten uns um, sahen uns den Strand, das Wasser sowie die übrigen Badegäste an und waren sehr erfreut über das, was wir feststellten. Es waren dort viele weiße Pärchen sowie einige einzelne schwarze Männer.

Schnell holten wir unsere Decke und Handtücher aus dem Auto, dann machten wir es uns unter einer Palme bequem. Ich testete sofort das Wasser und fand, dass es hervorragend zum Schwimmen geeignet war, wenn es auch keine allzu hohen Wellen gab.

Nach einer Weile kehrte ich zu meiner Frau zurück, die nicht besonders glücklich aussah. Der Grund war, dass sich mehrere der schwarzen Männer um sie herum versammelt und teilweise eindeutige Gesten gemacht hatten. Wenn wir dachten, sie würden verschwinden, wenn ich wieder da war, hatten wir uns getäuscht. Als meine Frau dann baden ging, sahen sie in mir ihr nächstes Opfer. Ich wusste gar nicht, wohin ich schauen sollte, denn überall standen diese schwarzen Hünen herum und brachten ihre gewaltigen primären Geschlechtsmerkmale in Stellung. Sie schienen also nicht nur für die Frauen bereit zu sein, sondern waren anscheinend nach allen Seiten offen.

Als meine Frau zurück war, versuchten wir die unangenehmen Eindrücke zu ignorieren, was uns aber nicht vollständig gelang. Wir stellten uns schlafend, aber immer wenn ich die Augen auch nur einen Spalt weit öffnete, schaute ich wieder auf einen riesigen erigierten schwarzen Penis.

So hatten wir uns FKK nicht vorgestellt und da es sowieso gerade Mittag war, verließen wir den Strand und gingen zum Auto zurück. Bevor wir einstiegen, überlegten wir uns jedoch, dass wir eigentlich auch hier essen gehen könnten und so betraten wir das Restaurant. Wir waren mal wieder die ersten Gäste und bekamen eine Speisekarte, die nur ganz wenige Gerichte aufführte. Nach einiger Überlegung entschieden wir uns für ein Hühnchen-Gericht, zu dem es als Beilage Kochbananen gab. Das klang interessant und erfüllte unseren Wunsch nach exotischen Speisen.

Nachdem wir gegessen und bezahlt hatten, wollten wir noch nicht gleich zum Hotel zurückkehren, sondern fuhren weiter in Richtung Pointe des Châteaux. Das ist der östlichste Punkt von Guadeloupe und dort treffen Atlantischer Ozean und Karibisches Meer zusammen.

An der Spitze der Landzunge waren wir beeindruckt von der ungeheuren Kraft des Wassers, das sich hier austobt. Die Wellen beider Meere überlagern sich so, dass teilweise extrem hohe Brecher entstehen, die auf die Felsen krachen. An dieser Stelle hatte nicht einmal ich Lust, mich in die Fluten zu stürzen.

Das Gipfelkreuz auf der Pointe des Châteaux trotzte anscheinend unbeeindruckt Wind und Salzwasser, das dort verstäubt wird.

Als wir genug gesehen hatten, machten wir uns auf den Heimweg. Unterwegs versorgten wir uns mit Lebensmitteln, denn in Saint-François gab es einen Leader Price Supermarkt und wir staunten erneut, dass es in Frankreich erlaubt war, einem Laden einen englischen Namen zu geben.

Den Nachmittag und Abend verbrachten wir wieder auf unserer Terrasse. Auf dem Tisch stand ein Kerzenständer mit einer Kerze, die nach Kokos roch und als sie brannte, verbreitete sie einen angenehmen Geruch, der auf mich außerordentlich appetitanregend wirkte, was in meinem Fall völlig unnötig war, denn ich bin nie appetitlos.

Am nächsten Tag fuhren wir wieder nach Basse-Terre hinüber, denn dort waren einfach die größeren Attraktionen. Diesmal hatten wir feste Schuhe und Jeans an, sodass einer längeren Wanderung im Regenwald nichts im Wege stand.

Zuerst gingen wir zu der Cascade aux Écrevisses, die fast direkt an der Straße lag. Der Weg zu diesem Flusskrebs-Wasserfall war leicht, sodass er sogar für Behinderte geeignet war. Der Anblick war jedoch toll und wir verweilten einige Zeit dort. Trotz der zahlreichen Verbote badeten viele Besucher in dem offensichtlich kalten Wasser. Wir wagten es nur auf den glitschigen Felsen zu stehen und uns dort gegenseitig zu fotografieren.

Da wir nach diesem kleinen Abstecher noch lange nicht müde waren, machten wir uns auf zu einer weiteren Wanderung durch den Regenwald zur zweiten Stufe des Carbet-Wasserfalls und danach stiegen wir gleich noch zur ersten Stufe hinab. Der Weg führte uns vorbei an Palmen und Mammutbäumen sowie Lianen. Wir mussten eine Hängebrücke und viele Stufen passieren, die für andere Wanderer, die wohl nicht ganz schwindelfrei waren, unüberwindbare Hindernisse darstellten. Wir absolvierten den Parcours ohne Probleme und waren hinterher stolz auf unsere Leistung und glücklich über das Gesehene.

Der folgende Tag stand ganz im Zeichen des Erholens von der anstrengenden Wanderung und wir fuhren erneut zum FKK-Strand der Anse Tarare. Die Hoffnung, dass wir diesmal ausschließlich unter Gleichgesinnten sein würden, war vergebens, denn wir wurden wieder von den Einheimischen umlagert. Als wir gebadet hatten und schon wieder gehen wollten, kam plötzlich ein Mann mit einem Einkaufsbeutel an den Strand. Während er seinen Rundgang machte, hob er herumliegenden Schmutz auf und als er in unserer Nähe war, sprach er uns an. Er erzählte uns, dass er nach seiner Pensionierung aus Paris auf die Insel gezogen sei und diesen Strand gegründet habe, weshalb er jetzt für Ordnung sorge. Er fragte uns, woher wir kämen und ob wir zu Hause auch FKK praktizieren, dann bot er uns Ansichtskarten des Strandes zum Verkauf an und warb für eine Ferienwohnung auf seinem Grundstück. Da das ganze Gespräch auf Französisch ablief, wagte ich nicht zu fragen, was es mit den anhänglichen schwarzen Männern auf sich hatte. Ich fürchtete, sie könnten es verstehen und sich uns gegenüber feindselig verhalten.

Für den Rest unseres Urlaubs hielten wir es so, dass wir vormittags zur Anse Tarare fuhren, dort ausgiebig badeten, uns dann aber zurückzogen, wenn die bewussten Männer sich wieder zu uns gesellten. Wir gingen dann in dem exotischen Restaurant essen. Dort gab es so interessante Gerichte wie Boudin de poisson, Acras de morue, Miroire de crudités de variées und Gratin de banane jaune, was so viel wie Fischwurst, frittierte Stockfischbällchen im Frack, Spiegel aus einer Rohkostvariation und Gratin aus gelber Banane bedeutet. An dieser Stelle hätte mir mein Wörterbuch vielleicht doch geholfen, aber so waren wir jedes Mal gespannt, was wir bekommen würden und nicht ein einziges Mal enttäuscht über das Ergebnis unserer Bestellung.

Da die Parkmöglichkeit vor dem Restaurant sehr beengt war, fuhr ich immer sehr dicht an das den Weg begrenzende Gebüsch heran. Als ich einmal zu nah herankam, vernahm ich ein hässliches Kratzen, das daher rührte, dass die Dornen des Gebüschs über den Autolack schrammten. Wie ich später feststellen musste, war dadurch ein Kratzer auf der rechten Tür entstanden. Das war natürlich unangenehm, denn wir wollten das Auto ja in einwandfreiem Zustand wieder am Flughafen abgeben und befürchteten, den Schaden bezahlen zu müssen. Dass mit den Mitarbeitern von Europcar nicht zu reden war, hatte ich ja schon feststellen müssen. Ich konnte nur hoffen, dass während unseres restlichen Urlaubs eine Staubschicht das Malheur verdecken würde. Staub gab es nämlich genug und das Auto war nicht mehr schwarz, sondern grau.

Die meisten Nachmittage verbrachten wir auf Basse-Terre und versuchten so viel wie möglich zu entdecken. Es war eine für uns sehr exotische Welt, in die wir dort eintauchten. So besuchten wir unter anderem noch die dritte Stufe des Carbet-Wasserfalls und umrundeten den Grand Étang. Auf allen Wegen waren wir umgeben von Regenwald mit Riesenbambus, Mammutbäumen und allem, was das mitteleuropäische Herz begehrt. Als besonderen Höhepunkt empfanden wir immer die Fahrt durch L'Allée Dumanoir, eine Allee, an deren Rändern 430 Königspalmen standen. Mit Erstaunen sahen wir auch einen Hindu Tempel, der uns darauf aufmerksam machte, dass auf Guadeloupe zahlreiche Inder leben.

Abschied von Guadeloupe nahmen wir am letzten Abend in der Bar des Hotels. Wir bestellten uns eine Flasche Wein und genossen den Abend. Die Bar war gut gefüllt und es gab ein musikalisches Quiz, bei dem immer ein Lied angespielt wurde und wer wusste, wie es heißt, sollte es laut rufen. Bei richtiger Lösung gab es einen Drink. Wir hörten zu, kannten zunächst aber keines der Lieder. Sie waren wohl alle nur in Frankreich bekannt. Beim letzten Song jedoch hatten wir sofort die Lösung, denn es handelte sich um „99 Luftballons" von Nena. Erstaunlicherweise rief diesmal niemand den Titel und den Interpreten, sodass ich es wagte. Die Musik wurde ausgeblendet und alle schauten auf mich. Der Discjockey fragte noch einmal nach dem Titel und der Interpretin, was ich natürlich in akzentfreiem Deutsch beantworten konnte. Er fragte erstaunt: „Venez-vos d'Allemagne?" Ich bejahte das und bekam als Preis ein Bier.

Während wir schliefen, gab es anscheinend einen richtigen tropischen Regen und als wir unser Gepäck zum Auto brachten, sah ich zu meinem Schrecken, dass sämtlicher Staub abgewaschen war und das Auto wie neu glänzte. Die Schramme, die der Schmutz vorher verdeckt hatte, war wieder sehr gut zu sehen. Ich überlegte, wie ich das Auto ohne Probleme zurückgeben könnte und kam zu dem Schluss, erst kurz vor Sonnenuntergang bei der Autovermietung zu sein und so zu parken, dass die untergehende Sonne genau auf die linke Autoseite fallen würde, während die rechte Seite im Schatten lag. Das sollte sich doch bewerkstelligen lassen!

Unser Rückflug war erst für den späten Abend geplant und so hatten wir nach dem Verlassen des Hotels noch viel Zeit. Da es sehr warm war, wollten wir noch nicht unsere Kleidung für Berlin anziehen, denn die wäre wahrscheinlich nach fünf Minuten durchgeschwitzt gewesen. In T-Shirts und kurzen Hosen fuhren wir zum Flughafen. Allerdings gingen wir noch nicht ins Gebäude, sondern parkten am Ende der Landebahn, sodass wir mehrere Flugzeuge landen sehen konnten. Der Anblick war zwar bei

Weitem nicht so spektakulär, wie auf Saint Martin, denn die Flugzeuge waren an dieser Stelle noch höher. Dennoch hatten sich etliche Schaulustige eingefunden, die mit uns am Zaun standen.

Als wir uns zwischen zwei Landungen ein wenig umschauten, waren wir sehr erstaunt, dass direkt in der Einflugschneise Kühe weideten. Sie schienen sich ebenso an den Lärm gewöhnt zu haben, wie die um sie herumstolzierenden Ibisse.

Als es uns zu heiß wurde, stiegen wir in unser Auto und fuhren zu einem großen Einkaufszentrum in Pointe-à-Pitre in dem wir uns ein wenig abkühlen konnten. So saßen wir dort herum und beobachteten das Treiben. Diese Mall wurde offensichtlich nur von Einheimischen genutzt und immer wieder trafen uns Blicke des Erstaunens. Erst nach einer ganzen Weile begriffen wir, dass wir hier die Exoten waren, denn wir waren die einzigen Weißen weit und breit. Wir konnten gut nachvollziehen, wie es Menschen mit dunkler Hautfarbe bei uns geht, wenn sie ständig angestarrt werden, waren aber froh darüber, dass wir nicht angepöbelt oder beleidigt wurden, wie es Menschen mit anderer Hautfarbe bei uns leider oft erleiden müssen.

Als wir uns in dem klimatisierten Zentrum genug abgekühlt hatten, verschwanden wir nacheinander auf der Toilette und zogen uns unsere Kleidung für den Flug an. Die Anoraks für das zu erwartende Winterwetter in Deutschland ließen wir einstweilen noch weg. Inzwischen war es auch kurz vor 18 Uhr geworden und wir fuhren die wenigen Kilometer zum Flughafen, um das Auto abzugeben. Ich machte noch den Umweg über eine Tankstelle, denn ich musste das Auto mit vollem Tank zurückgeben.

Als wir kurz nach 18 Uhr bei Europcar ankamen, folgte ich genau meinem Plan und stellte das Auto so ab, dass die gerade untergehende Sonne auf die linke Seite des Autos schien. Ein Angestellter kam aus seinem Häuschen, um die Rückgabe zu bearbeiten und zu meinem Schrecken schaltete er zuallererst riesige Flutlichtlampen ein, die ganz besonders die rechte Seite des Autos beleuchteten. Wären wir einige Minuten früher gekommen, hätte das Tageslicht vielleicht noch ausgereicht und mein Plan wäre aufgegangen, aber nun war buchstäblich alles zu spät. Er warf einen kurzen Blick auf den Wagen, dann kontrollierte er, ob der Tank voll war und schrieb den Kilometerstand auf. Nachdem dies geschehen war, reichte er mir das unterschriebene Übergabeprotokoll und verabschiedete uns mit einem freundlichen „Au revoir!" Wir nahmen unsere Koffer und gingen so schnell wie möglich in das Flughafengebäude. Eigentlich hatten wir bis zum Einchecken noch viel Zeit, aber wir wollten weit weg sein, wenn ihm die Schramme doch noch auffallen sollte.

Wir starteten pünktlich, aber uns wurde mitgeteilt, dass wir einen Umweg über Santo Domingo machen müssten, da dort einige Urlauber festsaßen, weil ihr Flugzeug ausgefallen sei. Wir hatten uns schon gefreut, dass der dritte Sitz unserer Reihe frei geblieben war, jedoch sollte dieser Zustand nicht lange anhalten, denn als wir in Santo Domingo landeten, durften wir nicht aussteigen, aber es stiegen zahlreiche Passagiere zu. Die Vermutung, dass es sich um Franzosen handele, war falsch, denn herein stürmte eine Meute deutscher Fluggäste, die die freien Plätze besetzten. Neben mich setzte sich ein Mann und auf den vorher freien Sitz eine Reihe dahinter seine Frau. Sie schimpften um die Wette auf Deutsch über das Personal von Air France, das nicht einmal deutsch sprach. Deshalb waren sie sich einig: „Air France ist das Allerletzte!"

Ich ärgerte mich sehr darüber, denn schließlich hatte Air France extra einen Umweg gemacht, um diese Herrschaften abzuholen und alle anderen Passagiere würden deswegen verspätet in Paris ankommen. Wären die Zugestiegenen etwas verständnisvoller gewesen, hätte ich ihnen gern geholfen, sich zu verständigen, aber so tat ich es nicht. Da ich sowieso jede Möglichkeit nutze, um andere Sprachen zu üben, sprach ich mit den Stewardessen nur französisch, sodass der Herr neben mir wohl annahm, dass ich Franzose sei. Er verkehrte deshalb nur in Zeichensprache mit mir.

So flogen wir durch die Nacht und ich hatte meine Ruhe. Als wir jedoch kurz vor Paris waren, teilte eine Stewardess Einreiseformulare für Nicht-EU-Bürger aus. Sie erklärte dies geduldig in Englisch und Französisch, aber mein Nachbar und seine Frau verstanden nichts und schimpften erneut über Air France und die Franzosen ganz allgemein. Ich hielt es nun doch für angebracht, mich zu outen und sagte: „Sie müssen das nicht ausfüllen. Sie sind doch EU-Bürger." Er sah mich entgeistert an, bedankte sich und dann gab es kein Halten mehr. Während des gesamten Landeanflugs erzählte er mir haarklein die Geschichte ihres missglückten Rückfluges. Ich war wirklich froh, dass ich mich bis dahin nicht als Deutscher zu erkennen gegeben hatte, sonst wäre mir wohl eine Dauerberieselung während des gesamten Fluges nicht erspart geblieben. Erfolglos versuchte ich ihm zu erklären, dass es im internationalen Flugverkehr üblich ist, sich in Englisch zu verständigen, wenn man die Muttersprache des Personals nicht spricht.

In Paris hatten wir einen längeren Aufenthalt, den wir uns damit vertrieben, dass wir uns den riesigen Flughafen genauer ansahen. Wir bummelten durch die Duty Free Shops, in denen wir uns mit verschiedenen Parfüms besprühten, bis wir uns selbst nicht mehr riechen konnten.

Irgendwann war es dann soweit, dass wir uns zum Flugsteig begeben mussten. Das war ein längerer Weg als wir angenommen hatten und wir mussten noch eine Sicherheitskontrolle absolvieren. Während wir in der langen Schlange vor dem Metalldetektor standen, hörten wir plötzlich über Lautsprecher unsere Namen verbunden mit der Aufforderung in Französisch und Englisch, uns so schnell wie möglich am Flugsteig einzufinden.

Nachdem wir kontrolliert waren hasteten wir zum angegebenen Gate und waren die Letzten, die das startbereite Flugzeug betraten. Als wir den Gang entlang zu unseren Sitzplätzen gingen, applaudierten die übrigen Passagiere, was uns aber nicht motivierte, in Zukunft immer so zu verfahren, denn dazu war es zu peinlich.

Während des Fluges nach Berlin zogen wir eine Bilanz unserer Reise und waren übereinstimmend der Meinung, dass Guadeloupe tatsächlich eine Reise wert ist. Außer dem Problem mit der Autovermietung war eigentlich alles super gelaufen. Die Landschaft war einfach grandios und FKK-Baden war auch möglich, wenn auch mit Einschränkung.

Gdańsk (Polen)

Im Sommer 2002 hatten wir wieder einmal Sehnsucht nach Polen, denn erstens interessierte es uns, wie sich die uns bekannten Orte verändert hatten und zweitens hatte ich inzwischen erfahren, dass mein Großvater, den ich nie kennengelernt hatte, ein Kaschube war. Im Internet hatte ich mich darüber informiert, was es genau mit dieser Bevölkerungsgruppe auf sich hat. Als Quintessenz merkte ich mir, dass die Kaschuben genau dort beheimatet sind, wo wir das letzte Mal in Polen im Urlaub gewesen waren, nämlich in Danzig und nordwestlich davon, und dass sie den Polen zu deutsch waren und von den Deutschen als Polen angesehen wurden, was für diese Bevölkerungsgruppe große Nachteile hatte, denn sie saßen zwischen zwei Stühlen. Wenn ich daran dachte, wie schnell ich einigermaßen gut Polnisch gelernt und wie sehr ich mich in diesem Land wohlgefühlt hatte, war ich geneigt, an das Vorhandensein polnischen Blutes in meinen Adern zu glauben.

Im Jahr 2002 war Polen noch nicht sehr gut touristisch erschlossen, denn die Westdeutschen hatten traditionell andere Reiseziele und Ostler, wie wir, wollten erst einmal den Westen erkunden. Somit war es gar nicht so einfach, ein Quartier in Danzig zu finden, denn das Internet war dort auch noch nicht so etabliert wie bei uns. Wir fanden ein kleines Reisebüro, das sich auf Ostreisen spezialisiert hatte und buchten bei diesem einen einwöchigen Aufenthalt in einem Kloster, dem ein Hotel angeschlossen war. Es befand sich in Oliwa, einem Stadtteil von Gdańsk.

An einem schönen Julimorgen fuhren wir mit unserem inzwischen zweiten Mitsubishi Carisma los. Die Warnung der Freunde und Kollegen, dass unser Auto wahrscheinlich gestohlen werden würde, ignorierten wir. Die Autobahn in Richtung Stettin war in großen Teilen immer noch in einem erbärmlichen Zustand und an der Grenze brauchte man damals noch einen Pass, um nach Polen einzureisen. Wir erinnerten uns an unsere Fahrten mit dem Trabi. Damals waren wir zu viert, hatten Zeltausrüstung, Nahrungsmittel und Autoersatzteile bei uns. Nun reisten wir quasi unbeschwert, denn wir hatten ein tolles geräumiges Auto, waren zu zweit, hatten Geld und Kreditkarten und am Ziel erwartete uns eine feste Unterkunft.

Als wir an einem Restaurant anhielten, um Mittag zu essen, waren wir enttäuscht, dass es kein Bigos gab. Was wir bekamen war auch sehr gut, hätte allerdings auch in Berlin gekocht sein können.

In Gdańsk fanden wir mit einiger Mühe das Kloster-Hotel und als wir an die Rezeption kamen und klingelten, erschien tatsächlich eine Nonne, die uns sehr herzlich auf Polnisch begrüßte und uns unser Zimmer zeigte. Ich hatte mich sprachlich nicht vorbereitet, da ich der Meinung war, die polnische Sprache ausreichend zu beherrschen, wurde aber enttäuscht, denn es war schließlich mehr als 20 Jahre her, dass wir zum letzten Mal in Polen gewesen waren und das Vokabular, das man für einen Hotelaufenthalt benötigte unterschied sich ziemlich stark von dem, das ich beim Campingurlaub gelernt hatte. Aber die Nonne wäre eine schlechte Vertreterin ihrer Zunft gewesen, wenn sie nicht freundlich und geduldig mit mir gesprochen hätte und so glaubte ich am Ende doch ganz gut über die Abläufe in diesem besonderen Hotel informiert worden zu sein.

Wir packten unsere Koffer aus und ich testete zuerst den Fernseher, der zu meiner Freude auch deutsche Programme wiedergab, dann machten wir uns auf, um die nähere Umgebung des Klosters zu erkunden. Wichtig war uns vor allem, ob wir von dort mit öffentlichen Verkehrsmitteln ins Zentrum kommen würden und wo es ein Restaurant für unser Abendbrot gäbe. Da wir einen Stadtplan von Oliwa hatten, fanden wir uns zurecht und steuerten die nächst größere Straße an, auf der wir Straßenbahnschienen vorfanden und die Haltestellen waren auch nicht weit entfernt. Das beruhigte mich sehr, denn ich wollte erst einmal sehen, wie es um die Straßenverhältnisse und Parkmöglichkeiten in Danzig stand, bevor ich mit dem Auto in die City fuhr.

Das einzige Restaurant, das wir in der Nähe fanden, war ein mexikanisches. Mexikanisches Essen mochten wir, das aßen wir in Berlin auch gerne. Da es inzwischen Abend geworden war, traten wir ein, wurden von einem jungen Mann freundlich auf Polnisch begrüßt und bekamen die Speisekarte. Zu unserer Verwunderung wurden aber kaum mexikanische Gerichte angeboten, sondern mehr polnische. Trotzdem fanden wir etwas, das wir kannten und bestellten. Der Kellner schaute zwar ein bisschen erstaunt, als wir Burritos und Enchiladas bestellten, nickte dann aber und entfernte sich. Wie wir festgestellt hatten, sprach er weder spanisch noch englisch oder gar deutsch. Vor unserer Reise hatten wir schon gelesen, dass der Ausländeranteil in Polen praktisch gleich null war. So wurde also auch ein solches exotisches Restaurant von Polen betrieben.

Anstatt mexikanischer Klänge wurde ziemlich laut amerikanische Rockmusik gespielt. Wir ließen es uns dennoch gut schmecken und bemerkten keinen großen geschmacklichen Unterschied zu den uns vertrauten mexikanischen Gerichten. Auch das Bier war natürlich polnisch, schmeckte aber ebenfalls nicht schlecht.

Als wir anschließend nach kurzem Fußweg in unser Zimmer kamen, legten wir uns in die getrennt stehenden Betten und schauten noch ein bisschen fern, waren aber so müde, dass wir bald einschliefen.

Am nächsten Morgen wachten wir früh auf und machten uns sehr langsam fertig, um nicht zu früh zum Frühstück zu erscheinen, dann gingen wir in den Frühstücksraum. Leider hatten wir wohl eine schlechte Zeit erwischt, denn es war niemand da, der uns bewirtete. Nach uns kam eine Familie, die französisch miteinander sprach. Als sie ebenfalls eine Weile gewartet hatten, ging der Familienvater in die Küche, um nachzusehen, was da denn los sei. Er rief laut „Siostra!", erhielt aber keine Antwort. Er kam zurück und sagte zu seiner Familie: „Les nonnes sont à la messe quotidienne". Dann drehte er sich zu uns um und übersetzte für uns auf Polnisch: „Modlitwy poranne." Er wusste ja nicht, dass wir keine Polen waren und dass ich den französischen Satz schon verstanden hatte.

„Das hat mir ja gerade noch gefehlt, dass wir hier stundenlang warten müssen, bis die Damen ihre Morgenandacht verrichtet haben!", schimpfte ich leise. Ich war von Anfang an dagegen gewesen, in einem Kloster zu wohnen, denn ich hatte befürchtet, dass wir dort von morgens bis abends beten müssten und nur Oblaten zu essen bekämen. Das Kruzifix im Zimmer konnte ich gerade noch tolerieren, aber beim Frühstück hörte der Spaß auf.

Ich musste mich allerdings nicht lange gedulden, dann kam das ersehnte Frühstück. Wir bekamen Kaffee, Brot und Belag zugeteilt. Bei den Franzosen mit anscheinend polnischen Wurzeln am Nachbartisch wurde vorher gebetet, wir dagegen begannen sofort zu essen.

Nach dem Frühstück brachen wir auf zum Danziger Zentrum. Dazu begaben wir uns zu der am Vortag entdeckten Straßenbahnhaltestelle, an der die Bahnen in Richtung Gdańsk Główny, dem Hauptbahnhof fuhren. Die Bahn, die hielt, war recht voll. Trotzdem stiegen wir ein, denn das Drängeln in überfüllten Bussen und Bahnen waren wir aus Berlin gewöhnt. Als die Bahn fuhr und wir einigermaßen sicher standen, suchte ich nach einem Fahrkartenautomaten, fand aber keinen. Deshalb fragte ich die Umstehenden: „Gdzie można płacić?" Sofort wurden die Fahrgäste aktiv, indem sie mich fragten, wohin wir wollten und mir dann den Fahrpreis nannten. Unser Fahrgeld wurde durchgereicht bis zum Fahrer, der während der Fahrt das Geld vereinnahmte und die entsprechende Menge Fahrkarten abriss, um sie wieder aus seiner Kanzel herauszureichen. So bekamen wir jeder etwa einen halben Meter Fahrscheine, bedankten uns bei den hilfreichen Polen und registrierten erheitert, dass man auch ohne große Technik leben kann, wenn nur die Menschen einander helfen. Ich weiß nicht, ob das in Deutschland auch so gut geklappt hätte.

Am Danziger Hauptbahnhof stiegen wir aus und schrieben uns sicherheitshalber auf, mit welcher Linie wir gekommen waren, damit wir später wieder zurückfinden würden. Dann wanderten wir durch die Altstadt zum Brama Mariacka, dem Frauentor. Wir wussten, dass wir 1979 schon einmal dort gewesen waren, erkannten aber kaum noch etwas wieder. Viele der alten Lagerhäuser am Wasser waren rekonstruiert, andere standen noch eingehüllt von Bauplanen. Man sah, dass die Stadt bestrebt war, ein gutes Bild abzugeben und es war jetzt schon zu sehen, dass viele Menschen sich von der historischen Hafenanlage angezogen fühlten. Auch uns gefiel es erneut sehr gut und so mischten wir uns unter die Flanierenden und genossen das Ambiente bei schönem Wetter. Anders als 23 Jahre vorher und in meinem Buch „Reisehusten und andere Urlaubsabenteuer" beschrieben, trug ich diesmal keinen Rollkragenpullover.

Nach diesem erlebnisreichen Tag mit abschließendem guten Abendessen fuhren wir zur Abwechselung mit der S-Bahn nach Oliva zurück und gingen das letzte Stück zu Fuß bis wir in unser Kloster kamen. Dort wollten wir nur noch die Beine hochlegen und fernsehen. Leider verweigerte der Fernseher seinen Dienst und ich musste noch einmal aufstehen und zur Rezeption gehen. Die diensthabende Schwester verstand mich, als ich sagte: „Telewizor nie pracuje." Leider verstand ich ihre Gegenfragen aber nicht und als ich es auf Englisch versuchte, verstand sie nichts. Sie ließ mich einfach stehen und ich war schon ein bisschen sauer, dass sie sich verdrückte, da kam sie mit einer schwarzen Nonne zurück. Nachdem wir während unserer bisherigen Aufenthalte in Polen noch nie dunkelhäutige Menschen gesehen hatten, wunderte ich mich ein wenig. Die neu Hinzugekommene sprach mich auf Englisch an und ich verstand, dass sie deshalb geholt worden war. Sie folgte mir auf unser Zimmer und versuchte selbst, den Fernseher in Gang zu setzen. Als das nicht klappte, überprüfte sie alle Anschlüsse, was ich natürlich auch schon gemacht hatte, fand aber keinen Fehler, dann verschwand sie, nicht ohne mir vorher zu sagen, dass sie die Satellitenanlage überprüfen wolle. Ich war doppelt erfreut, denn erstens schien sie sehr kompetent zu sein und zweitens sprach sie gut englisch. Nach einigen Minuten fing der Fernseher plötzlich an seine Arbeit zu verrichten und kurz darauf erschien die nette Nonne, um sich zu überzeugen, dass alles funktionierte. Wir bedankten uns und ich konnte es mir nicht verkneifen zu fragen, woher sie käme. Sie antwortete freundlich, dass sie in Kenia geboren und aufgewachsen sei, was erklärte, warum sie so gut englisch sprach.

So hatten wir an diesem Abend also doch noch einen guten Fernsehempfang, schliefen jedoch schnell ein. Mitten in der Nacht wachte ich auf und schaltete das Gerät aus, dann schlief ich weiter.

Am nächsten Morgen trödelten wir noch ein bisschen mehr, um nicht wieder zur falschen Zeit zum Frühstück zu kommen. Als wir in den Speiseraum eintraten, war schon alles bereit und wir konnten sofort anfangen zu essen. Die polnischen Franzosen waren nicht mehr da und damit waren wir wohl die einzigen Gäste.

Nach dem Frühstück stiegen wir zur Abwechselung mal wieder in unser Auto und fuhren damit zur Halbinsel Hel. Wir waren sehr gespannt, wie es inzwischen dort aussah. Nach einer Fahrt von etwa einer Stunde, die uns zuerst durch Sopot und Gdynia und dann durch Reda, Puck und Władysławowo führte, erreichten wir schließlich Chałupy. Wir stellten das Auto auf einen Parkplatz und sahen uns in dem kleinen Ort um. Nichts war wiederzuerkennen – alles hatte sich zum Besseren verändert. Der primitive Biwakplatz war zu einem ganz ordentlichen Campingplatz geworden und wir erkannten die Stelle nur, da wir noch wussten, dass wir genau auf Höhe des Bahnhofs gezeltet hatten. Die Stadt war einfach schöner und attraktiver geworden. Es gab einen Golfklub und einige Hotels sowie viele Restaurants. Die Menschen auf den Straßen schienen aber immer noch dieselben zu sein wie 1979.

Auf der Suche nach dem Strand, an dem wir damals wegen Nacktbadens Ärger mit der Polizei bekommen hatten, fuhren wir weiter bis wir an einen Parkplatz außerhalb von Chałupy kamen. Er war ordentlich angelegt und nicht zu vergleichen mit dem Sandstreifen, auf dem wir unseren Trabi seinerzeit immer abgestellt hatten, aber es schien uns doch, als wenn sich genau hier dieser Strand befand. Wir mussten nur über den Dünendurchgang gehen, dann lag der Strand vor uns und er war wieder bevölkert von vielen Nackten. Diesmal war allerdings ein Schild vorhanden, das darauf hinwies, dass hier ein FKK-Strand war, was dem Ganzen einen offiziellen und vor allem legalen Charakter gab. Was also sollte uns hindern, bei diesem schönen Wetter ein Bad in der Ostsee zu nehmen?

Nachdem wir ausführlich gebadet hatten, stiegen wir wieder in unser Auto und fuhren weiter. War damals die Straße hinter Jastarnia für uns gesperrt gewesen, so konnten wir jetzt unbehelligt weiterfahren. Man sah zwar noch Militäranlagen, aber es gab lediglich einen Zaun mit Hinweisschildern, der Durchgangsverkehr litt nicht darunter. So gelangten wir bis in die Stadt Hel an der Spitze der Halbinsel Hel, wo wir das Auto abstellten und uns ausgiebig umschauten. Hel war ein typischer polnischer Badeort mit langen Reihen von Buden. Es wurden jede Menge Andenken angeboten, aber auch Imbisse sowie Eis und die uns schon bekannten Leckereien. Wir aßen Dorschfilet mit Pommes Frites, weil ich „Filet dorsza z frytkami" auf polnisch besonders gut bestellen konnte.

Als wir wieder zum Auto kamen, steckte hinter dem Scheibenwischer ein Zettel, der besagte, dass wir falsch geparkt hätten und dass wir noch am selben Tag die Strafe bei der örtlichen Polizeidienststelle zu entrichten hätten. Da die Adresse der Polizeistation angegeben war, fuhr ich sofort dahin, denn ich wollte keinen Ärger bekommen, indem ich die Sache einfach ignorierte. Leider war vor dem Polizeirevier und in dessen Umgebung ebenfalls Parkverbot, sodass ich meine Frau schickte, die Angelegenheit in Ordnung zu bringen, während ich im Auto blieb, um jederzeit weiterfahren zu können, falls ein Ordnungshüter auftauchen würde. Sie hatte zwar ein wenig Angst, vor allem, weil sie überhaupt nicht polnisch sprach, aber ich beruhigte sie damit, dass es vielleicht sogar ein Vorteil sein könnte, wenn eine hilflose, der Sprache nicht mächtige Frau auf dem Polizeirevier erscheint. Außerdem meinte ich, die polnischen Polizisten schon so gut zu kennen, dass ich sicher war, sie würden es bei einer Verwarnung belassen und auf die monetäre Bestrafung verzichten. Und genau so war es. Ich wartete eine gefühlte Ewigkeit, da kam meine Frau freudestrahlend aus dem Haus und bestellte mir einen schönen Gruß von einem mir unbekannten Polizisten, der uns zu allem Überfluss auch noch einen schönen Urlaub gewünscht hätte, nachdem er das Knöllchen in den Papierkorb geworfen habe.

Unbeschwert kehrten wir zu unserem Hotel zurück und hatten auch am Ende dieses Tages wieder das gute Gefühl, uns bei der Wahl unseres Urlaubslandes richtig entschieden zu haben.

An den folgenden Tagen durchforsteten wir die restliche Kaschubei in der Hoffnung, einen Hinweis auf meine Wurzeln zu finden – leider ohne Erfolg. Die Menschen waren sehr hilfsbereit, aber es war einfach schon zu lange her und es war inzwischen zu viel geschehen. Im Heimatdorf meines Großvaters wurden wir von einem netten Mädchen zum deutschen Friedhof geführt, aber dieser war total verwildert, sodass nichts mehr zu finden war. Für mich war das kein Problem, denn mir genügte es schon, auf diese Weise eine ganz neue Landschaft Polens und deren freundliche Bewohner kennengelernt zu haben.

Am vorletzten Tag besuchten wir das ethnografische Freilichtmuseum in Wdzydze Kiszewskie sowie das Kaschubische Museum in Kartuzy und schauten uns an, wie die Kaschuben früher gelebt hatten.

Nach einer Woche Urlaub in Polen fuhren wir nach Hause, wollten aber diesmal unbedingt die Wüste Łeba sehen, was uns auch gelang, da wir auf direktem Weg dorthin fuhren und abenteuerliche Abkürzungen wie 1979 vermieden.

Wir erreichten den Parkplatz in Rąbka und wanderten die 5,5 Kilometer bis zur Düne, auf der wir uns eine Weile aufhielten und sehr beeindruckt waren. Auf dem Rückweg waren wir doch ganz froh, dass wir damals so früh aufgegeben hatten, denn die 5,5 Kilometer zogen sich verdammt lange hin und ich hätte mindestens ein Kind zurück tragen müssen.

Wieder zu Hause zogen wir eine positive Bilanz unseres Urlaubes in Polen. Alles war zu unserer Zufriedenheit verlaufen und wir konnten sehen, wie positiv sich dieses Land entwickelte, ohne seinen früheren Charme zu verlieren. Wir waren sicher, dass dies nicht unser letzter Aufenthalt in Polen gewesen sein würde.

Fuerteventura (Kanarische Inseln)

Im November 2002 zog es uns wieder einmal ins Warme. Wir schauten in den Katalog unseres FKK-Reiseveranstalters und entschieden uns für ein Hotel auf Fuerteventura. Es sollte einen FKK-Swimmingpool haben und auch am Strand sollte FKK möglich sein. Neu war für uns, dass wir All Inclusive buchten, denn das gehörte zu der Pauschalreise, die Flug, Transfer und Hotelaufenthalt in einem Paket bot. Das war nicht billig, aber wir wollten schnell und unkompliziert verreisen und ich hatte nicht die Zeit, die einzelnen Reisebausteine getrennt zu buchen.

Wir flogen mit TUIfly direkt von Berlin-Tegel nach Puerto del Rosario auf Fuerteventura. Als wir in Tegel zur Startbahn rollten, wurde die Sicherheitsbelehrung durchgeführt, wobei der belehrende Steward sagte: „Im unwahrscheinlichen Fall eines plötzlichen Druckabfalls fallen automatisch Sauerstoffflaschen aus den Fächern über Ihren Sitzen." Ich war der einzige, der lachte.

Es war ein angenehmer Flug, bei dem die übliche Reihenfolge eingehalten wurde, indem erst das Mittagessen serviert wurde, dann Filme mit Mr. Bean liefen und es anschließend schaukelte.

Wohlbehalten landeten wir gegen Abend auf dem Flughafen von Fuerteventura und meldeten uns bei der Reiseleitung. Vom Reisebüro war eigentlich ein Taxi-Transfer zugesagt worden, aber wir wurden einem Bus zugewiesen, der uns zu unserem Hotel brachte. Da er vorher noch viele andere Hotels anfuhr, dauerte die Fahrt sehr lange.

Als wir endlich das Ziel unserer Reise erreicht hatten, meldeten wir uns im Hotel an, bekamen eine Schlüsselkarte sowie ein grünes Armband, das wir ständig tragen sollten. Dann suchten wir unser Zimmer auf. Da wir befürchteten, zu spät zum Abendessen zu kommen, eilten wir sofort in den Speisesaal, wo wir uns gehetzt umsahen, ob es noch etwas zu essen gäbe. Schnell erkannten wir, dass es trotz unseres späten Eintreffens noch keinen Mangel an Speisen gab. Warme und kalte Gerichte gab es in Büfettform im Überfluss und die meisten Getränke konnte man sich aus Kühlregalen nehmen. Für Wein existierte Selbstbedienung aus Zapfhähnen. Weil wir großen Hunger hatten und alles so appetitlich präsentiert wurde, aßen wir mehr als üblich. Auch dem Wein sprachen wir reichlich zu, da wir ihn uns selber holen konnten und niemanden fragen mussten. Unverzüglich wurden die leeren Teller und benutzten Bestecke abgeräumt, sodass wir hemmungslos wieder und wieder zum Büfett gingen, um uns erneut zu bedienen. Während wir sonst kaum einmal auf den Gedanken kommen, einen Nachtisch zu essen, schlugen wir dort mehrmals zu. Erst als wir gar nichts mehr essen konnten, verließen wir die gastliche Stätte, nicht ohne zu bedauern, dass wir nicht mehr geschafft hatten.

Auch im Zimmer herrschte keine Not, denn der Kühlschrank enthielt noch Bier und andere Getränke sowie Salzgebäck und Nüsse und so setzten wir uns mit zwei Flaschen Bier auf den Balkon und genossen das schöne Wetter. Wir hatten den Eindruck, im Schlaraffenland angekommen zu sein. Das einzige, das störte, war der laute Dunstabzug des Küchengebäudes gegenüber. Gegen 23 Uhr schien der letzte Gast aufgegessen zu haben und so wurde der Abzug ausgeschaltet, was eine ausgesprochene Wohltat für die Ohren war.

Am nächsten Morgen gingen wir pünktlich zum Frühstück und staunten erneut, welche Vielfalt an Speisen angeboten wurde. Die Briten kamen auf ihre Kosten, denn ham, eggs and baked beans waren ausreichend vorhanden, aber auch für uns war alles da, was das Herz begehrte. Eine solche Vielfalt hatten wir bisher nur im InterConti in London erlebt und so kam es, wie es kommen musste, wir aßen so viel wir konnten, um dann total übersättigt zum Zimmer zu gehen und uns auszuruhen.

Da wir eigentlich nicht wegen des Essens dorthin gereist waren, suchten wir das FKK-Schwimmbecken auf. Das gab es auch versteckt zwischen einem Hotelgebäude und dem Steilufer, aber leider waren die Liegen bereits alle belegt – teils mit Menschen, teils mit Handtüchern. Uns blieb also nichts anderes übrig, als uns ins Gras zu legen, wobei wir die vom Hotel gestellten Strandtücher als Unterlage benutzten.

Insgesamt gefiel uns aber die Situation am und im Pool gar nicht. Allein das Reservieren der Liegen mit einem Handtuch war unmöglich. Wir hatten so etwas schon von Mallorca gehört und nur den Kopf geschüttelt, nun erlebten wir es selbst. Bis zur Mittagszeit hielten wir durch, dann gingen wir in unser Zimmer und zogen uns ordentlich an, denn mittags und abends wurde um angemessene Kleidung im Speisesaal gebeten und so war zum Beispiel den Herren der Eintritt nur in langen Hosen erlaubt.

Standesgemäß gekleidet gingen wir zum Mittagessen und wurden wieder erschlagen von dem Angebot. Ich stürzte mich über die Pizza, bereute dies aber bald darauf, als ich sah, welche Köstlichkeiten meine Frau anschleppte. So wartete ich bis ein freundlicher Kellner das benutzte Geschirr weggeräumt hatte, dann ging ich noch einmal auf Nahrungssuche. Als wir den Speiseraum verlassen wollten, mussten wir unglücklicherweise an einer Eisbombe vorbei, was dazu führte, dass wir uns noch einmal hinsetzten und auch noch die süße, kalte Köstlichkeit genossen.

Satt wie nie kehrten wir in unser Zimmer zurück und mussten uns erst einmal vom Mittagessen erholen. Ein Blick in den Kühlschrank zeigte uns, dass alles wieder nachgefüllt worden war. Im Gegensatz zu anderen Hotels musste man auch keine Liste führen, in die man eintrug, was man verbraucht hatte. Ich testete, welche Programme der Fernseher wiedergab und war sehr zufrieden. Wir konnten alle Sender wie zu Hause sehen und noch etliche mehr, wenn wir gewollt hätten.

Nach der Mittagspause beschlossen wir, uns den Strand anzusehen, denn eigentlich badete ich sowieso viel lieber im Meer als im Swimmingpool. Wir verließen die Hotelanlage und gingen einen steilen Weg zum Strand hinunter. Leider sorgte der Strand aber für eine Enttäuschung, denn er war total mit großen Steinen besät. Zum Glück hatten wohl frühere Urlauber Wege freigeräumt und die dadurch gewonnenen Steine zum Bau von runden Burgen verwendet. Als wir eine solche Burg besetzen wollten, bemerkten wir zu unserem Ärger, dass auch hier die Methode der Reservierung mittels Handtuch zu gelten schien, denn alle diese Bauwerke waren schon mit Menschen oder Handtüchern belegt. Wir hatten deshalb keine andere Wahl, als uns mit unseren Handtüchern auf Steine zu setzen, wenn wir etwas länger am Strand bleiben wollten. Wie wir gesehen hatten, waren auch die Burgbewohner überwiegend nackt und so zögerten auch wir nicht, uns ebenfalls auszuziehen.

Ich nutzte einen der Wege zum Ufer, der sogar noch im Wasser weiterging. Zum Glück war das Meer dort so sauber, dass man überall bis auf den Grund sehen konnte. Endlich konnte ich schwimmen und es war herrlich. Das saubere, warme Wasser mit den nicht zu großen Wellen war ideal, um bei diesem steinigen Strand zu schwimmen, denn bei größeren Wellen hätte ich es möglicherweise nicht geschafft, wieder auf den steinfreien Weg zu gelangen, sondern hätte mich wahrscheinlich an den teilweise sehr spitzen Steinen verletzt.

Als ich zu meiner Frau zurückkam, berichtete ich über das angenehme Bad, aber sie war trotzdem nicht dazu zu bewegen es auch zu wagen. Gemeinsam ärgerten wir uns, dass die meisten der übrigen Strandbesucher in ihren Burgen auf den hoteleigenen Handtüchern lagen, obwohl es ausdrücklich verboten war, diese aus der Anlage zu entfernen. Wir hatten deshalb extra unsere von zu Hause mitgebrachten Strandtücher an den Strand mitgenommen.

Nach einer Weile wurde es uns zu heiß und wir konnten kaum glauben, dass es schon November war. Das Wetter war einfach super und es wehte lediglich ein laues Lüftchen, das kaum kühlte. Mit Bedauern verließen wir deshalb den Strand und gingen zum Hotel zurück. Bevor wir unser Gebäude erreichten, mussten wir an mehreren Hotdog- und Burger-Ständen vorbei, an denen sich vor allem junge Leute bedienten. Wir gingen tapfer weiter, denn wir wollten uns auf keinen Fall den Appetit auf das Abendessen verderben.

Frisch geduscht und ordentlich gekleidet trafen wir so ziemlich als Erste beim Speisesaal ein, der gerade aufgeschlossen wurde. Nach Inspektion der angebotenen Speisen stellten wir uns einen ersten Teller zusammen und ließen uns an einem der vielen noch freien Tische nieder. Bevor wir zu essen begannen, holte ich uns aus der Zapfanlage noch Wein, dann genossen wir wieder die ausgesuchten Köstlichkeiten. Da ich schneller esse als meine Frau, ging ich erneut zum Büfett, um noch etwas Anderes zu holen. Als ich zurückkehrte, war gerade ein Kellner dabei mein schmutziges Geschirr nebst Besteck abzuräumen. Ich wollte sparsam sein und bat ihn, das Besteck dazulassen, aber er zeigte zu einem Tisch, auf dem es jede Menge sauberes Besteck gab. Ich nickte und lächelte dabei entschuldigend und er lächelte freundlich zurück.

Da wir auch an diesem Abend lange und viel aßen, hatte unser neuer Kellner bei uns viel Arbeit, die er aber mit immer gleichem Lächeln erledigte. Meine Frau wollte seinen Namen ablesen, den er wie alle Mitarbeiter als Anstecker am Hemd trug, konnte ihn aber nicht richtig lesen. Sie fragte ihn deshalb danach und er antwortete, dass er Hassan heiße und aus Tunesien käme. Ich freute mich, jemanden zu treffen, der französisch sprach und begrüßte ihn deshalb freundlich mit „Bonsoir, Monsieur! Ça va?" Sein Gesicht wurde noch freundlicher, als er antwortete: „Ça va bien Monsieur, et vous?" Nachdem ich wahrheitsgemäß geantwortet hatte, dass es uns auch gut gehe, wollte ich wieder zum Weinhahn, um unsere Gläser noch einmal nachzufüllen, jedoch stoppte mich der tunesische Ober mit den Worten: „Attendez, j'ai quelque chose de mieux pour vous!" Aus einem Sideboard holte er eine Flasche Wein, die er an unserem Tisch entkorkte und in neue Gläser eingoss. Wir kosteten und versäumten es natürlich nicht, den Wein zu loben und uns bei ihm zu bedanken, obwohl uns der andere eigentlich auch nicht schlecht geschmeckt hatte, aber es war schon klar, dass wir jetzt einen Qualitätswein tranken, der objektiv viel besser war.

So blieben wir dann noch so lange im Speiseraum sitzen, bis die Flasche leer war, denn wir wollten natürlich keinen so guten Wein übrig lassen. Deshalb erlebten wir, wie wieder eine Busladung neuer Urlauber eintraf. Die Neuankömmlinge strömten in das Restaurant und sahen sich gehetzt um, ob denn auch noch genug zu essen für sie da sei. An unseren Nachbartisch setzte sich ein Paar mit seinen gefüllten Tellern und der Mann sagte: „Na, ich schätze mal 3 Kilo werden wir hier zunehmen, woll." Ich sah zu ihnen herüber, denn ich wollte wissen, wer diese optimistische Aussage getroffen hatte und erblickte einen Mann, dessen Äußeres mich stark an das Ekel Alfred Tetzlaff erinnerte.

Müde und satt bis oben hin gingen wir in unser Zimmer, legten uns ins Bett und wollten noch ein bisschen fernsehen, was uns aber nicht gelang, da wir sehr schnell einschliefen, obwohl der Abzug wieder lief und Krach machte.

Am nächsten Morgen hatten wir trotz allem schon wieder Appetit und frühstückten, als wenn es danach nichts mehr zu essen geben würde. Nach dem Frühstück machten wir uns wieder auf den Weg zum Strand, denn wir hofften, so früh eine freie Strandburg zu finden. Das gelang uns auch und wir machten es uns in einem Steinkreis gemütlich, von dem aus wir das Wasser gut erreichen konnten. Irgendwann kam ein anderes Paar auf uns zu, schaute in unsere Burg hinein, und beschuldigte uns lautstark, dass wir ihre Handtücher weggenommen hätten. Wir waren uns zwar keiner Schuld bewusst, mussten aber das Theater ertragen, das sich noch steigerte, als sie ihre Handtücher irgendwo am Strand fanden, wo wir sie jedenfalls nicht hingelegt hatten.

Zum Mittag waren wir wieder pünktlich beim Essen, obwohl wir noch satt waren, aber wir hatten schließlich viel Geld bezahlt und sahen es als Verpflichtung an, jede Mahlzeit wahrzunehmen. Für unser gutes Gewissen redeten wir uns ein, dass alles, das wir nicht aßen, weggeworfen würde. Allerdings stand dem entgegen, dass immer, wenn irgendetwas alle wurde, sofort ein Koch erschien und Nachschub brachte. Ein Aufessen war also überhaupt nicht möglich, aber wir versuchten es trotzdem immer wieder.

Um für den Abend wieder Appetit zu bekommen, wanderten wir nachmittags am Strand entlang und erreichten schließlich Morro Jable. Das war ein ziemlich langer und anstrengender Weg und wir waren stolz ihn geschafft zu haben. Morro Jable ist eine Stadt mit vielen Touristen. Was uns zuerst auffiel, war der scheinbar unendliche lange Sandstrand, an dem sich auch viele Nackte tummelten. In der Stadt gab es viele Geschäfte und Restaurants, wir kauften jedoch nur eine Postkarte mit zugehöriger Briefmarke, dann machten wir uns auf den langen Rückweg, wobei wir teilweise halsbrecherische Umwege nehmen mussten, da inzwischen Flut herrschte, die uns den direkten Weg am Strand versperrte. Trinkwasser hatten wir uns aus dem Hotel mitgenommen, obwohl es verboten war, aber das hatte auch nur für den Hinweg gereicht, weshalb wir sehr durstig zurückkamen. Zum Glück war unsere Minibar wieder aufgefüllt, sodass wir unseren Durst sofort löschen konnten.

Die Zeit bis zum Abendessen verbrachten wir mit Fernsehen und Duschen. Während wir zu Hause niemals auf die Idee gekommen wären um diese Zeit den Fernseher einzuschalten, taten wir es in diesem Urlaub und wurden überrascht von einer Sendung, in der es darum ging, dass

Menschen etwas vorsangen und Dieter Bohlen sie dafür in einer noch nie erlebten Weise demütigte und beleidigte. Wir waren erschüttert über diese Art, im Fernsehen Menschen fertigzumachen und ahnten nicht, dass wir Zeugen der Entstehung eines bis heute funktionierenden Unterhaltungskonzepts wurden.

Endlich öffnete der Speisesaal wieder seine Tore und wir strömten mit anderen Hungrigen hinein. Wir wurden wieder von dem freundlichen tunesischen Kellner bedient, tranken also auch wieder den guten Wein und aßen bis wir nicht mehr konnten. Es schmeckte einfach alles zu gut und wir hatten doch so viel Geld bezahlt. Vorher hatte ich mich oft gefragt, wie ein solches Geschäftsmodell eigentlich funktionieren kann, denn wenn jeder so viel essen durfte wie er wollte, musste das Hotel doch zwangsläufig pleite gehen. Wenn ich mich hier umsah, konnte ich feststellen, dass niemand so viel aß wie wir. Offensichtlich waren die anderen Urlauber disziplinierter oder sie litten unter Appetitlosigkeit.

Am Nachbartisch hatte zufällig das Tetzlaff-Double nebst Gattin Platz genommen und beide ließen es sich ebenfalls schmecken. Nach einer Weile begannen sie sich lautstark mit einem Paar an einem anderen Tisch zu unterhalten. Es war nicht zu überhören, dass es dabei um die hohen Steuern und das wenige Geld ging, das man zum Leben hatte. Sie waren sich darin einig, dass der Staat seinen Bürgern kaum Geld zum Leben ließe, weshalb innerhalb kürzester Zeit alle Deutschen unterhalb der Armutsgrenze dahinvegetieren würden. So laut, dass es auch an den umliegenden Tischen zu hören war, fragte ich deshalb meine Frau: „Sag mal, sind wir hier eigentlich im Speisesaal eines Vier-Sterne-Hotels oder in der Wärmestube der Caritas?" Erschrocken schauten alle Vier zu uns herüber, um sich danach schweigend ihrem Essen zu widmen.

Neugierig suchten wir nach dem Essen die Bar auf, um uns über das Getränkeangebot zu informieren, das es ebenfalls inklusive gab. Da war das Risiko nicht groß, sich ein Getränk zu bestellen und es bei Nichtgefallen einfach stehenzulassen und zu gehen oder sich etwas anderes zu bestellen. So hatten wir die Möglichkeit, alle Cocktails, von denen wir bisher nur gehört hatten, zu probieren. An diesem Abend begannen wir mit Mojito und waren nicht unglücklich über die Wahl. Es schmeckte ausgezeichnet. Als wir fast ausgetrunken hatten, kam der Kellner an unseren Tisch und fragte: „Hatten Sie sex on the beach?" Entrüstet schüttelten wir die Köpfe. Was dachte der denn von uns? So etwas würden wir nie tun. Der Ober ging weiter zu nächsten Tisch, wo er seine Getränke loswurde und als wir einen weiteren Blick auf die Getränkekarte warfen, um einen neuen Cocktail auszusuchen, bemerkten wir, dass es sich bei „Sex on the Beach" um ein Getränk handelte. Aus Prinzip bestellten wir jedoch etwas anderes – nämlich Caipirinha.

Im Nachbarzimmer wohnte ein junges Pärchen, das wir schon mehrmals auf dem Gang getroffen hatten. Normalerweise waren sie sehr ruhig, aber an diesem Abend ging es etwas lauter zu, denn der junge Mann schaute Fußball und sie schien geräuschvoll zu packen. Nach einiger Zeit schimpfte sie mit ihm, dass er fernsehe und sie alle Arbeit allein machen musste, woraufhin er den Fernsehton lauter aufdrehte. Ihre Hektik gipfelte schließlich in dem panischen Aufschrei, dass die Pässe verschwunden seien und dass er gefälligst mitsuchen solle. Dann überschlugen sich die Ereignisse. Zuerst verstummte der Fernseher, dann klatschte es und sie rief: „Spinnst du?". Danach wurde der Fernseher wieder eingeschaltet und bis auf den Fernsehton war nebenan alles ruhig.

Am nächsten Morgen gegen sechs Uhr hörten wir noch einmal etwas von ihnen, als sie ihre Koffer den Gang entlangrollten. Sie schien die Pässe wohl doch noch gefunden zu haben.

Den Vormittag verbrachten wir erneut am Strand, wo wir wieder eine der runden Steinburgen belegten.

Nach dem Mittagessen suchten wir den Autoverleiher auf, bei dem ein Leihwagen für einen Tag für uns reserviert war. Der Mann machte keinen sehr motivierten Eindruck und wir fragten uns, welche Laus ihm denn über die Leber gelaufen war. Er tat so, als ob er in der nächsten Woche gar kein freies Fahrzeug für uns mehr hätte. Wir bestanden aber auf der Erfüllung des Vertrages und so musste er doch noch ein Auto für uns organisieren. Als ich mein Portemonnaie öffnete, um meinen DDR-Führerschein ans Tageslicht zu befördern, verging ihm noch einmal sichtlich die Lust, uns ein Auto auszuhändigen. Als ich jedoch meine Platinum-Kreditkarte vorlegte, um die Kaution zu leisten, wurde er plötzlich wesentlich freundlicher. Er bat uns am Ende lediglich darum, das Auto nicht zu beschädigen, was wir sowieso vorhatten.

Am nächsten Morgen ging es früh los mit der Inselerkundung. Wir hatten unerlaubterweise ein paar gekochte Eier und eine Flasche Wasser aus dem Hotel geschmuggelt, um tagsüber weder hungern noch dursten zu müssen. Da unser Hotel im Süden von Fuerteventura lag, fuhren wir erst einmal nach Norden. Die Fahrt führte vorbei an Geröllbergen, wie wir sie auch vom Bus aus schon gesehen hatten. Wenn wir durch Ortschaften und vorbei an Hotelanlagen kamen, war alles schön grün, aber zwischen den Orten sah es recht trostlos aus. Als wir das nördliche Ende der Insel erreicht hatten, staunten wir, dass es auch dort so eine Wüste wie bei Łeba in Polen und Arcachon in Frankreich gab. Wir hielten uns so lange dort auf bis es uns zu heiß wurde, dann fuhren wir weiter. Wir sahen, dass es im Norden von Fuerteventura auch sehr schöne Badestrände gab und alles sehr touristisch war. Wir widerstanden der Versuchung, irgendwo essen zu gehen, vielmehr sättigten wir uns mit unseren gekochten Eiern und tranken unser Wasser dazu. Wir hatten nicht vor, hier Geld auszugeben für Dinge, die wir im Hotel umsonst haben könnten.

Nachmittags passierten wir auf dem Weg zur südlichsten Spitze der Insel unser Hotel. Bald darauf erreichten wir Morro Jable, das wir in westliche Richtung verließen. Danach ging es auf einer teilweise abenteuerlichen Schotterpiste in die Berge, wo auf der einen Seite die Felswand steil aufstieg, während auf der anderen Seite der Abgrund gähnte. Wenn Busse und LKW im Gegenverkehr kamen, war es Millimeterarbeit, aneinander vorbeizukommen. Hatten wir den Abgrund rechts, wurde meiner Frau schlecht und war rechts die Felswand, dann glaubte ich schon das Geräusch von am Stein entlangschrammendem Blech zu hören. Ich war mir sicher, dass kein Autovermieter erlauben würde, diese Piste zu befahren. Die im Reiseführer angekündigten Ausblicke blieben uns leider verwehrt, weil ich mich voll auf die Straße konzentrieren musste und meine Frau vor Angst die Augen geschlossen hielt.

Nach etwa einer Stunde erreichten wir aber trotzdem wohlbehalten den Faro Punta de Jandia am Süd-Westzipfel der Insel und mein spanischer Sprachschatz erweiterte sich um das Wort Faro für Leuchtturm. Der Ausblick, der sich von dort bot, war grandios und die hohen Wellen waren schön, aber schienen auch gefährlich zu sein, denn niemand badete dort. Der Leuchtturm war sehr klein, sollte aber noch funktionstüchtig sein.

Nach einem längeren Aufenthalt machten wir uns auf den Rückweg und da es keine alternative Route gab, blieb uns nichts anderes übrig, als die schreckliche Schotterpiste erneut zu benutzen. Hatten wir es auf dem Hinweg geschafft, an dicken LKW und Bussen vorbeizukommen, so gab es bei der Rückfahrt ein Malheur mit einem entgegenkommenden PKW. Während ich so weit an den Abgrund heranfuhr, dass meine Frau entsetzt aufschrie, blieb der Entgegenkommende recht weit von der Felswand auf seiner Seite entfernt und so gab es einen Knall, als unsere beiden linken Außenspiegel sich trafen. Ich hielt an und schimpfte erst einmal mit dem anderen Fahrer, der auch Deutscher war, der aber erwiderte, dass er schon so weit wie möglich rechts gefahren sei. Bei näherer Betrachtung war der Schaden gering. Mein Spiegel hatte einen Sprung, beim Unfallgegner fehlte das Spiegelglas vollständig und lag in Form von kleinen Scherben auf der Fahrbahn. Hinter uns hupte es, da wir die Fahrbahn blockierten, sodass wir schnell Namen und Autonummern austauschten und unsere Fahrt fortsetzten. Ich war gespannt, wie unser Autovermieter reagieren würde.

Da wir nun schon einmal unterwegs waren, bogen wir in Richtung Norden ab, um uns die sagenumwobene Villa Winter anzusehen. Was wir sahen, war wenig spektakulär, aber die Geschichten, die sich um das Anwesen ranken, sind schon interessant. Erwartungsgemäß konnten auch wir bei unserer Stippvisite nicht klären zu welchem Zweck die Villa erbaut worden war, aber auch wir hatten Zweifel daran, dass es sich tatsächlich um ein einfaches Wohnhaus handelte in dieser unwirtlichen Gegend.

Als wir abends das Auto auf dem Parkplatz vor dem Hotel abstellten, war der Schalter des Autovermieters schon geschlossen und so verschoben wir unsere Beichte auf den nächsten Tag. Erst einmal wollten wir wieder das Essen genießen und uns hinterher an der Bar verwöhnen lassen.

Der Autovermieter nahm unsere Mitteilung am nächsten Morgen gelassen zur Kenntnis und die Angelegenheit war damit erledigt.

Den restlichen Urlaub verbrachten wir überwiegend mit Essen und Baden, lediglich einmal machten wir noch einen Ausflug aus dem Hotel und erklommen einen der mittelgroßen Berge in unmittelbarer Nähe. Hoch ging alles noch ganz gut, obwohl wir völlig ungeeignetes Schuhwerk anhatten, aber beim Abstieg gab es dann halsbrecherische Momente, wenn das Geröll seinem Namen Ehre machte und rollte. Genervt wurde ich vor allem dadurch, dass fast alle Entgegenkommenden auf meine Römerlatschen zeigten und missbilligend die Köpfe schüttelten. Dass ich für eine Bergwanderung nicht korrekt gekleidet war, wusste ich allein, jetzt galt es nur, heil herunterzukommen, was mir am Ende auch gelang.

Als die letzten Tage anbrachen, mussten wir an den Abschied denken und uns vorbereiten. Dazu gehörte unter anderem, dass wir unseren Flug rückbestätigten. Das hatte in anderen Fällen immer die Hotelrezeption für uns erledigt, was allerdings in diesem Hotel nicht möglich sein sollte. Außerdem wollten wir wissen, ob und wann wir am Abreisetag zum Flughafen gebracht werden würden, aber auch da erklärte sich die Rezeption für nicht zuständig. Lediglich unsere Postkarte wurde uns großzügig abgenommen, um sie für uns zum Briefkasten zu bringen.

Am Abreisetag saßen wir unruhig in der Lobby, denn wir wussten nicht, wie wir zum Flughafen kommen würden und ob unser Flug für uns bestätigt war. Nachdem wir eine Weile so gesessen hatten, gesellte sich eine junge Frau zu uns, die sich als Repräsentantin des Hotels ausgab und unsere Meinung zum Aufenthalt wissen wollte. Sie sprach gut deutsch, obwohl sie von Fuerteventura stammte.

Wir lobten erst das Hotel, die Küche und die freundlichen Kellner, kritisierten dann aber, dass wir im Ungewissen gelassen wurden, was unsere Abreise betraf. Die Managerin ging daraufhin zur Rezeption und sprach wohl ein paar ernste Worte mit dem Personal, dann kam sie wieder und beruhigte uns, indem sie uns mitteilte, dass wir in Kürze abgeholt würden.

Bald kam tatsächlich unser Bus und brachte uns zum Flughafen, wo alles glatt ging, sodass wir spät in der Nacht wieder zu Hause waren.

Als Resümee der Reise stellten wir fest, dass All Inclusive für uns nicht mehr infrage kam. Wir konnten einfach nicht aufhören zu essen, wenn so viele schöne Sachen angeboten wurden.

Das Hotel, in dem wir gewohnt hatten, ging übrigens kurz danach in die Insolvenz und ich werde das Gefühl nicht los, dass wir daran schuld waren, weil wir zu viel gegessen hatten.

Die Postkarte kam übrigens niemals beim Empfänger an.

Tulum (Mexiko)

Im trüben November 2002 suchte ich ein neues interessantes Urlaubsziel für das nächste Jahr. Auf der Internationalen Tourismusbörse in Berlin hatten wir uns lange am Stand von Mexiko aufgehalten und einige Prospekte über die Riviera Maya mitgenommen. Davon inspiriert, suchte ich ein Angebot für eine Pauschalreise nach Mexiko auf den einschlägigen Reiseportalen im Internet. Dass ich schon ein bisschen spät dran war, merkte ich nach dem zwanzigsten Misserfolg. Entweder waren bei den Pauschalangeboten die Flüge schon weg oder die Hotels ausgebucht. „Wozu gibt es denn die Suchfunktion im Internet?", fragte ich mich und suchte nach "Mexico Riviera Maya February 2003" in Englisch, da ich mir so mehr Chancen ausrechnete. Und richtig, da kamen schon einige interessante Einträge. Besonders gefiel mir das Angebot eines kleinen All Natural Resorts unweit von Tulum. Ich rief die Seite auf und fand Bilder einer sehr schönen Anlage direkt am Meer. Das Betreiberehepaar sah vertrauenerweckend aus; er stammte aus Mexiko und sie war US-Amerikanerin. Gut, dann würde es wohl keine Verständigungsschwierigkeiten geben. Mein Englisch war durch unsere Reisen gut, ganz im Gegensatz zu meinem Spanisch. Das war praktisch bei Null.

Auf meine Anfrage per E-Mail kam die Antwort von Plato, wie sich der Betreiber der Anlage nannte, dass die Bob-Marley-Suite in der fraglichen Zeit verfügbar sei. Der Preis für zwei Wochen für uns beide betrug 2200 US-Dollar für Übernachtung und Frühstück. „Ganz schön!", dachte ich. „Aber warum nicht? Man lebt ja schließlich nur einmal."

Ich stimmte also zu und bekam kurz darauf eine E-Mail von einer Firma in den USA, an die ich meine Kreditkartennummer und andere wichtige Daten senden sollte. Ganz wohl war mir bei der Sache nicht, aber ich tat es trotzdem mit klopfendem Herzen.

Als nächstes buchte ich den Flug und weil wir Frequent Travelers bei Air France waren, suchte ich bei diesen und ihren Skyteam-Partnern. Leider flog keine der infrage kommenden Gesellschaften direkt nach Cancun, dem nächstgelegenen Flughafen. Also buchte ich Berlin - Miami via Paris mit Air France und dann mit American Airlines weiter nach Cancun. Es gab vier Stunden Aufenthalt in Miami, aber die würden wir schon irgendwie herumkriegen. Schließlich waren wir Mitglieder von Priority Pass und konnten uns überall auf der Welt kostenlos in den entsprechenden Flughafen-Launches aufhalten und erfrischen.

Als auch diese Buchungen getätigt waren und die Kreditkarte mit weiteren 1600 Euro belastet war, musste ich nun noch ein Auto mieten. Das beste Angebot fand ich bei Alamo. Ich buchte einen der angebotenen VW Beetle, konnte mir allerdings nicht vorstellen, dass sie dort in Mexiko noch welche hatten. In Deutschland waren die Käfer schon seit Jahrzehnten aus dem Verkehr verschwunden. Nur wenige Exemplare hatten bei Liebhabern überlebt. Also schien die Eintragung bei der Autovermietung wohl seit Jahrzehnten nicht mehr aktualisiert worden zu sein. Normalerweise bekam man immer recht neue Autos als Leihwagen und selten die, die man sich zu Hause ausgesucht hatte.

Ich schaute mir den Weg von Cancun zum Resort an. Es ging eigentlich immer geradeaus, nachdem man den Flughafen verlassen hatte. Außerdem sollten wir um 17 Uhr dort landen, sodass es noch hell sein würde, was gewöhnlich das Zurechtfinden erleichtert. Für das letzte Stück des Weges hatte Plato eine genaue Beschreibung gemailt, sodass es da tatsächlich kein Problem geben sollte.

Endlich war der Tag der Abreise gekommen! Aufgeregt warteten wir ab fünf Uhr morgens auf das Taxi, das uns zum Flughafen bringen sollte.

Der Taxifahrer war wohl zu schwach, um unser Gepäck in den Kofferraum seines Wagens zu wuchten, sodass ich diese Aufgabe übernahm. Dann stiegen wir ein und es ging los. Taxifahrer sind sehr verschiedene Typen und das gilt besonders morgens um Viertel nach fünf.

Als ich unseren Chauffeur fragte, ob dies seine erste Fahrt an diesem Morgen sei, antwortete er mir, dass er schon die ganze Nacht gefahren sei und dass wir seine letzte Fuhre wären. Ich befürchtete, dass das wörtlich gemeint war, denn er fuhr wie ein Irrer durch Berlin. Es hatte in der Nacht geschneit und wir rutschen und schleuderten, was das Zeug hielt. Wenn wir dabei einem anderen Fahrzeug gefährlich nahe kamen, schimpfte er wie ein Rohrspatz über die unfähigen Amateurfahrer, die ihre Führerscheine wohl im Lotto gewonnen hätten. Wieder einmal bewahrheitete sich der Spruch, dass das Gefährlichste am Fliegen die Taxifahrt zum Flughafen ist.

Wie immer, wenn wir mit dem Taxi zum Flughafen fahren, sagte meine Frau so laut, dass es der Fahrer hören musste: "Hoffentlich wird Markus wach". Ich weiß nicht, wie lange wir das noch durchziehen können, denn wenn man erst mal über 70 ist, wird die Geschichte von dem unselbständigen Sohn, der noch bei den Eltern lebt und auf die Wohnung aufpasst, langsam unglaubwürdig.

Froh, die riskanteste Etappe unserer Reise unbeschadet hinter uns gebracht zu haben, zahlte ich die 25 Euro. Ich wusste, dass das zu teuer war, aber ich sah den Preis als eine Art Lösegeld an und ohne Diskussion verschwanden wir schnellstmöglich mit unseren Koffern im Flughafengebäude.

Schon beim Check-in freute ich mich über das freundliche „Bonjour" und bereute nicht, mit Air France zu fliegen. Der Flug nach Paris verlief ohne Probleme und wir kamen wohlbehalten auf dem Flughafen Charles De Gaulle an. Dort suchten wir uns das richtige Terminal, von dem aus wir weiterfliegen würden. Wir hatten viel Zeit und waren nur mit Handgepäck belastet, sodass wir ziemlich weite und lange Spaziergänge unternahmen. Sitzen würden wir später noch genug.

Wieder war es ein Jumbojet, der uns über den Atlantik bringen sollte. Nach endloser Fahrt über die Rollbahnen des Pariser Flughafens, die untermalt wurde durch die obligatorischen Sicherheitsbelehrungen, gelangten wir endlich zur Startbahn. Der Pilot gab sofort Vollgas und der Jumbo schoss vorwärts.

Ich genieße diesen Moment des Startens immer, denn meine Frau klammert sich jedes Mal an meinen Arm und gibt mir das Gefühl ihr großer, starker Beschützer zu sein. Dabei wäre ich genauso hilflos wie sie, wenn das Flugzeug in diesem Moment auseinanderbrechen oder von der Startbahn abkommen und im Rasen steckenbleiben würde. Ich hoffe dann immer, dass nichts passiert, bleibe äußerlich cool und spanne meine Muskeln an.

Endlich hoben wir ab. Während sich das Flugzeug in die Höhe schraubte, wurden wir in die Sitze gepresst, hatten aber zeitweise einen sehr schönen Blick auf Paris. Dass es knarrte und einige Gepäckklappen aufgingen vermittelte einen etwas unsicheren Eindruck. Überhaupt schien das Flugzeug nicht das allerneueste zu sein, wie mir jetzt auffiel.

Nun meldete sich der Pilot zu Wort. Leider verstand ich ihn nicht, denn mein Französisch war nicht gut genug und sein Englisch war äußerst gewöhnungsbedürftig. Ich hoffte nur, dass er mit den wichtigsten Floskeln vertraut war, die Piloten mit den Fluglotsen austauschten. Ich hatte einmal von einem chinesischen Piloten gelesen, dessen letzte Worte laut Voice Recorder waren: „Was heißt 'pull up'?"

Aber derartige Gedanken sollte man während eines Fluges nicht haben, sonst macht die ganze Sache keinen Spaß.

Irgendwann hatten wir dann unsere Reiseflughöhe erreicht und die Zeichen für „Anschnallen" erloschen. Wir blieben erst einmal auf unseren Plätzen sitzen und während ich vor mich hin döste, schaute meine Frau, die am Fenster saß, angestrengt heraus, um etwas von der unter uns vorbeiziehenden Landschaft zu erhaschen.

Nach etwa einer Flugstunde gab es etwas zu essen. Wir hatten bei unseren bisherigen Flügen die Erfahrung gemacht, dass - unabhängig von unserer Sitzreihe – die Stewardessen immer zuletzt bei uns eintrafen. Da wir gewöhnlich großen Hunger haben, wenn wir seit Stunden im Flugzeug sitzen oder auf einem Flughafen warten, traf uns das immer sehr hart. Wir bemerkten aber auch, dass Passagiere mit Spezialessen stets bevorzugt bedient wurden. Was lag also näher, als vorher zu Hause im Internet durch die Liste der alternativen Speisen zu gehen und etwas auszusuchen, was wir auch essen würden. Da wir seit langem keine großen Fleischesser waren, hatten wir vegetarische Kost ausgewählt.

Die Rechnung ging auf und wir bekamen tatsächlich als Erste unser Essen und es schmeckte auch nicht schlechter, als die übliche Flugzeugnahrung.

Die Landung in Miami erfolgte pünktlich und nach dem Ausstieg und der Entgegennahme unseres Gepäcks liefen wir der Herde hinterher, um schließlich in einen großen Raum zu gelangen, der sich als Halle der Einwanderungsbehörde erwies. Obwohl viele Schalter geöffnet hatten, waren alle Warteschlangen sehr lang. Ich fragte einen Beamten, ob es denn sein müsse, dass wir uns hier anstellten, da wir doch direkt nach Cancun weiterfliegen wollten. Er nickte grinsend und wies uns zu der Schlange, die mir am längsten vorkam. Schon im Flugzeug hatten wir grüne Einreiseformulare ausgefüllt und da wir mit Air France gekommen waren, waren diese in Französisch verfasst. Ich hatte aber dennoch keine Schwierigkeiten die richtigen Antworten auf die zum Teil sinnlosen Fragen zu finden.

Wir standen hinter einer Schweizer Familie, die ebenfalls in unserem Flugzeug gewesen war. Es kam mir vor, als ob es überhaupt nicht voranging und mehrmals fragte ich den Aufsichtsbeamten, ob wir denn wirklich warten müssten und immer wieder ertönte ein entschiedenes „Yes!". Die Zeit verging und nach zwei Stunden waren wir vielleicht zehn Meter vorangekommen, aber geschätzte 100 Meter lagen noch vor uns. In den anderen Schlangen ging es wesentlich schneller vorwärts und als ich den für uns zuständigen Beamten sehen konnte, ahnte ich den Grund. Er war extrem langsam – man könnte es wohlwollend auch gründlich nennen.

Nach vier Stunden wurde uns langsam schlecht, denn erstens standen wir die ganze Zeit in diesem schlecht belüfteten Raum, der mit viel zu vielen Menschen gefüllt war und zweitens wurde es immer unwahrscheinlicher, dass wir unseren Anschlussflug noch erreichen würden.

Als sich meine Frau auf den Boden gesetzt hatte und alle Anzeichen eines Zusammenbruchs zeigte, ließ sich der Aufsichtsbeamte erweichen und gestattete uns, zum Schalter für US-Bürger zu gehen. Dort ging alles sehr schnell. Nach einigen Fragen bekamen wir die unteren Abschnitte der grünen Zettel zurück und durften einreisen. Das war genau der Moment, in dem unser Anschlussflug starten sollte. Mit dem Mut der Verzweiflung rannten wir über die Gänge des nicht gerade kleinen Flughafens von Miami und erreichten schließlich das Gate, an dem unser Flugzeug sein sollte. Das Flugzeug war noch nicht abgeflogen, allerdings wurden wir zu einem Check-in-Schalter geschickt, denn wir hatten ja noch keine Bordkarten. Lediglich unser Gepäck war bis Cancun durchgecheckt worden, wir nicht.

An dem betreffenden Schalter gab es die übliche Schlange, und wenn wir uns hinten angestellt hätten, wäre auch die letzte Chance dahin gewesen, unser Flugzeug noch zu bekommen. Deshalb schob ich mich einfach zwischen den Passagier, der gerade abgefertigt wurde und den Schalter und rief: „Sorry, this is an emergency!" Dem Flughafenmitarbeiter schilderte ich kurz unsere Situation, worauf er nur lakonisch antwortete: „That's too late!" Trotzdem ließ er sich erweichen irgendwo anzurufen und tatsächlich war es noch nicht zu spät und wir bekamen von ihm Bordkarten.

Den Weg vom Schalter zum Gate kannten wir ja nun schon und absolvierten ihn wiederum im Laufschritt. Am Gate mussten wir noch durch eine Sicherheitskontrolle, bei der unser Laptop quälend langsam inspiziert wurde. Als wir endlich das Flugzeug der American Airlines betraten, wurden wir freundlich von einer Stewardess begrüßt und nahmen unsere Plätze ein, wobei ich dem Herrn, der am Gang saß auf die Füße trat, wofür ich mich entschuldigte. Ein Blick aus dem Fenster ließ mich jedoch gleich wieder erschreckt hochfahren, denn draußen waren Mitarbeiter des Bodenpersonals gerade dabei, unsere Koffer zu entladen. Ich sprang auf, um der Flugbegleiterin mitzuteilen, dass wir an Bord waren und unser Gepäck gern bei uns hätten, aber sie antwortete, dass einige Schweizer Passagiere fehlten und man deshalb deren Gepäck ausladen müsse. Dazu müssen alle davor befindlichen Koffer ausgeladen und später wieder eingeladen werden. Ich kam zurück, trat demselben Herrn erneut auf die Füße, entschuldigte mich und als ich saß, beruhigte ich meine Frau.

Nach endlosem Warten startete unser Flugzeug endlich und flog über den Everglades Nationalpark in Richtung Cancun. Schon nach kurzer Zeit wurde es dunkel und unsere Hoffnung, noch bei Tageslicht in Playa Natural anzukommen, war dahin.

Für Mexiko mussten wir wieder Einreiseformulare und Zollerklärungen ausfüllen und nach der Landung standen wir erneut in einer langen Schlange bei der Einreisekontrolle. Im Gegensatz zur USA waren die Beamten aber freundlich und einer sprach sogar deutsch mit uns. Auch der Zoll hatte nichts zu beanstanden und so waren wir nach kurzer Zeit eingereist.

Natürlich stand bei Alamo auch wieder eine lange Schlange und wir mussten warten, aber dann bekamen wir endlich die Autoschlüssel und Papiere. Als wir zum Parkplatz kamen, traute ich meinen Augen nicht, denn es wimmelte nur so von uralten VW Käfern und unser Leihwagen war auch einer. Eigentlich war ich ja gar nicht so traurig, denn so hatte ich das Glück einen Käfer zu fahren und mit meinen Erfahrungen beim Trabant zu vergleichen.

Die nächste Enttäuschung war, dass wir nicht einmal einen unserer beiden Koffer in den Kofferraum, der beim Käfer bekanntlich vorn ist, hineinbekamen, denn da war eigentlich nur Platz für einen Werkzeugwickel, so klein war er. Also legten wir unsere Koffer auf die Rückbank und fuhren los.

Plato hatte uns darauf hingewiesen, dass wir unbedingt noch in Cancun volltanken sollten, denn das Tankstellennetz in Mexiko sei nicht sehr engmaschig – vor allem bei Nacht. Also fuhr ich zur ersten Tankstelle und füllte den Tank, denn der war laut Anzeige nur viertel voll. Der Tankwart war so unfreundlich, wie ich es schon im Reiseführer gelesen hatte und er akzeptierte nur Bargeld - keine Kreditkarte. Zum Glück hatten wir uns schon Pesos für 200 Euro in Berlin eingetauscht.

Nach dem Tanken ging es dann aber richtig los auf der Fernstraße México 307 in Richtung Tulum. Hinter uns tuckerte der Boxermotor unseres Volkswagens und immer, wenn ich Gas gab, hörte es sich so an, als ob uns jemand überholte. Zum Glück gab es nicht viele Möglichkeiten, sich zu verfahren, sodass sogar wir den Weg fanden. Unangenehm waren nur die Topes, die der Verkehrsberuhigung dienen sollen und die laut ADAC auch „schlafende Polizisten" genannt werden. Wenn wir mit gar nicht sehr großer Geschwindigkeit darüberfuhren, gab es jedes Mal einen herben Schlag an die Wirbelsäule und das Werkzeug im Kofferraum schepperte fürchterlich.

Immerhin bemerkten wir, dass die VW Käfer eindeutig die Mehrheit der Autos in Mexiko darstellten. Wir waren also in guter Gesellschaft.

Nach einer Weile roch es stark nach Benzin und die Tankanzeige erreichte schnell wieder die Marke von viertel voll. Erstaunt öffnete ich die vordere Klappe und sah zu meinem Schrecken, dass der dort eingebaute Tank ein Loch hatte und das ganze Benzin sich erst im Kofferraum breit gemacht hatte, um dann durch Löcher auf die Straße zu fließen. Gut, dass wir die Koffer nicht dort hineinbekommen hatten, aber schlecht, dass wir so viel Benzin verloren hatten – von den Kopfschmerzen, die der Benzingestank bei uns verursachte ganz abgesehen. Da der alte VW selbstverständlich über keine Klimaanlage verfügte, fuhren wir mit offenen Fenstern, was das Atmen etwas erträglicher machte.

Zum Glück hatten wir bereits die halbe Strecke hinter uns und hofften mit den restlichen 10 Litern Benzin an unser Ziel zu kommen. Obwohl die Strecke nur etwa 130 Kilometer lang war, kam sie uns doch endlos vor, denn wie immer waren wir sehr früh aufgestanden und schon mehr als 24 Stunden unterwegs. So fuhren wir in die Nacht hinein und versuchten anhand der Wegbeschreibung die richtige Stelle zum Abbiegen von der großen Fernstraße zu finden, was uns nicht gelang, denn plötzlich bemerkten wir, dass wir in Tulum waren. Also wendete ich und wir fuhren zurück und schafften es, im zweiten Anlauf den Abzweig zu finden. Es ging dann noch ein bisschen über schmale unbefestigte Wege, aber endlich standen wir vor dem Tor der Ferienanlage. Wir mussten gar nicht klingeln oder klopfen, denn sofort wurde das Tor geöffnet und der Besitzer begrüßte uns freundlich in Englisch mit starkem Akzent. Wir wollten uns entschuldigen, dass wir so spät kamen, aber er winkte ab und trug zusammen mit seinem herbeigeeilten Mitarbeiter unsere Koffer in die besagte Bob-Marley-Suite hoch. Schnell verabschiedeten sie sich und wir fielen übermüdet aber glücklich in das große Bett, wo wir sogleich einschliefen.

Am nächsten Morgen weckte uns die über dem karibischen Meer aufgehende Sonne gegen sechs Uhr. Wir schauten uns nun erst einmal um und waren von der Suite überrascht. Sie war sehr groß und ausgesprochen luftig angelegt, denn die Wände bestanden aus Bambus und Palmenblättern, sodass ein frischer Wind ins Zimmer kam, was bei der dort herrschenden Temperatur sehr angenehm war. Zusätzlich gab es noch einen großen Balkon mit direktem Meerblick und als ich auf ihn hinausging, hörte ich unten Stimmen. Durch die Ritzen im Fußboden konnte ich einige Menschen sehen, die um einen Tisch herum saßen und hörte sie sich auf Englisch unterhalten. Als ich dies meiner Frau berichtete, bekam sie gleich einen Schreck und wollte nicht nach unten gehen. Ich konnte sie jedoch überreden, denn erstens konnten wir uns nicht den ganzen Urlaub über von den anderen fernhalten und zweitens hatte ich Hunger und freute mich auf das Frühstück. Wir hatten schließlich seit der vegetarischen Mahlzeit im Flugzeug nichts mehr gegessen. Wir duschten in einer etwas maroden Dusche, bei der der Duschkopf so verkalkt war, dass nur noch an wenigen Stellen Wasser herauskam. Dass es kein warmes Wasser gab, war nicht schlimm, denn dort war auch das kalte Wasser warm genug zum Duschen. Unangenehm war nur, dass es einen ekligen Geruch nach Schwefelwasserstoff hatte, aber zum Glück hatten wir Duschgel, das gut und stark roch und den Gestank des Wassers überdeckte.

Zum Zähneputzen verwendeten wir Wasser aus einem Spender, das aber auch nur durch den Zahnpastageschmack erträglich war und zum Trinken nicht geeignet schien.

Schließlich rafften wir uns auf und verließen unsere Suite, gingen aber zuerst zum Strand, um uns dann endlich zu den Urlaubern, die unter unserem Balkon saßen, zu gesellen. Wir hatten vor einfach „Good morning" zu sagen und uns dann zwei freie Plätze zu suchen, aber daraus wurde nichts. Alle wollten uns die Hände schütteln und nannten dabei ihre Vornamen. So stellten auch wir uns vor und waren sofort der Mittelpunkt, denn wir schienen die ersten und einzigen Europäer dort zu sein. Von allen Seiten wurden wir mit Fragen bombardiert und ich erinnerte mich an den Besuch bei der Familie in Kanada. Die meisten der Anwesenden kannten sich aus den USA, wo sie jede freie Minute gemeinsam auf einem Campground namens Barefoot Hill verbrachten. So war es nicht verwunderlich, dass wir sie in diesem Clothing Optional Resort trafen und folgerichtig saßen auch alle nackt am Tisch.

So plätscherten die Gespräche dahin und so viel Spaß ich auch dabei hatte, so wartete ich doch sehnsüchtig auf das Frühstück, denn ich hatte schon Kopfschmerzen vor Hunger. Ab und zu meldete sich einer der beiden Papageien in einen Käfig zu Wort. Mal sagte er „Hello" und manchmal pfiff er einfach so, wie Bauarbeiter einer schönen Frau nachpfeifen.

Gegen acht Uhr erschien endlich der Gastgeber und ich hoffte, dass es nun Frühstück geben würde, aber so einfach war es nicht. Er begrüßte uns herzlich und schloss den Raum unter unserer Ferienwohnung auf, der sich als Küche erwies, aber mehr tat er nicht. Zum Glück kam nach einer Weile sein Mitarbeiter, ein kleiner Mexikaner, der sich um unser leibliches Wohl kümmerte. Er kochte Kaffee und presste Apfelsinen aus, damit wir schon etwas zu trinken bekamen. So hatten wir bald jeder eine Tasse Kaffee und ein Glas Orangensaft vor uns, was mir aber nicht half, denn bei meinem Hunger wäre mir beim Genuss der beiden Getränke wohl noch schlechter geworden als es mir sowieso schon war. Endlich erbarmte sich der Hausherr und stellte einen ganzen Muffin und etwas Obst auf den Tisch, damit wir nicht mehr hungern mussten. Da wir zehn Personen am Tisch waren, lässt sich leicht schätzen, dass niemand von einem Zehntel Muffin satt wurde. Auch die eine Banane reichte keineswegs aus, um unseren Hunger zu stillen. Da ich immer versuche, das Beste aus jeder Situation zu machen, genoss ich die Kommunikation in Englisch. Ich hatte nicht den Eindruck in einer Fremdsprache zu sprechen, lernte aber sehr viel Umgangssprachliches dazu. Da es nur ein Messer für alle gab, ertönte immer wieder die Bitte: „Could you please pass me the knife on." Auch der einzige Löffel wanderte von Tasse zu Tasse. Plato, der Hausherr stand hinter seinem Tresen und gab kluge Kommentare zu allen Themen der Welt in gutem, aber stark akzentuiertem Englisch ab, statt uns mit weiteren Lebensmitteln, Geschirr und Besteck zu versorgen. Ich musste an das Lied „Pass the dutchie on the left hand side" denken.

Wir diskutierten über Gott und die Welt. Die Amerikaner erzählten von sich und fragten uns viel über unser Leben in Deutschland vor und nach der Wiedervereinigung und ich berichtete wahrheitsgemäß, so gut ich konnte. Unser Bericht über die Schwierigkeiten in Miami wurde ungläubig kopfschüttelnd zur Kenntnis genommen.

Ein älteres Ehepaar beteiligte sich nur wenig an dem allgemeinen Gespräch, was mir sehr angenehm auffiel, da ich mich vor Anfragen nicht retten konnte. Interessant war auch, dass der männliche Part dieses Paares extrem gute Manieren hatte und immer aufstand, wenn eine Dame den Tisch verließ oder zurückkehrte. Obwohl wir alle nackt waren, konnte ich ihn mir sehr gut im Smoking an der Tafel bei einem Bankett vorstellen.

So saßen wir bis neun Uhr vor der Küche in der Sonne und wechselten von Zeit zu Zeit die Plätze, damit wir nicht die ganze Zeit von derselben Seite bestrahlt wurden. Trotzdem wurde unsere Sonnencreme auf eine harte Probe gestellt, denn wir kamen schließlich aus dem tiefsten Berliner Winter und die karibische Sonne meinte es sehr gut mit uns.

Um neun Uhr hatten wir es aufgegeben, noch irgendetwas Richtiges zum Frühstück zu bekommen und standen auf. Wir holten unsere Handtücher aus unserer Suite und gingen an den Strand, wo wir uns sicherheitshalber erst einmal in den Schatten einer Palme legten. Einer der anderen Urlauber näherte sich uns mit der Frage, ob wir uns nicht schon einmal begegnet sein könnten und nach längerer Überlegung kamen wir zu dem Schluss, dass wir uns tatsächlich 1997 auf Bonaire kennengelernt hatten und so begossen wir unser Wiedersehen mit einer Cola.

Der Gang ins Wasser war leider eine große Enttäuschung. Ähnlich wie in Bonaire war auch hier das Wasser sehr flach und wenig bewegt. Wollte man sich weiter vom Ufer entfernen, so geriet man in einen schier undurchdringlichen Teppich aus Pflanzen, der ein Schwimmen unmöglich machte. Außerdem war das Wasser nicht sehr sauber, sodass das Baden an dieser Stelle sowieso keinen Spaß machte. Der Höhepunkt war ein alter Computermonitor, der halb im Wasser lag. Plato schien sich nicht verpflichtet zu fühlen, diesen Schrott zu entfernen.

Gegen 10 Uhr ertönte plötzlich ein Ruf aus der Küche: „¡Hola, Amigos! What do you want for breakfast?" Wir schauten verwundert dorthin und sahen, dass da ein Koch in typischer Kleidung seine Arbeit aufgenommen hatte. Da alle Amerikaner scrambled eggs with ham bestellten, schlossen wir uns ihnen an und gemeinsam kehrten wir an den langen Tisch vor der Küche zurück. Bald wurde uns das Frühstück serviert, aber wir hatten das Gefühl, dass es eigentlich schon das Mittagessen sei, denn Rühreier mit Schinken gab es bei uns zu Hause morgens nicht.

Nach dem Essen zogen wir uns wegen der großen Hitze in unsere Ferienwohnung zurück und lasen. Am Nachmittag verließen wir das Haus und sahen nach unserem Auto. Es stand ganz unschuldig in der Sonne, stank aber immer noch stark nach Benzin. Wir fragten Plato, ob er wüsste, wo eine Niederlassung von Alamo sei und er schickte uns nach Tulum.

Das traf sich gut, denn erstens war es nicht weit entfernt und zweitens wollten wir dort sowieso die Maya-Stätte anschauen.

In Tulum suchten wir zuerst die Alamo-Vertretung auf und reklamierten unser Auto. Wir bekamen einen kleinen Ersatzwagen aus japanischer Produktion, der uns sehr gefiel, aber meine Frage, ob wir den nicht behalten dürften, wurde abschlägig beschieden. Vielmehr würde unser Käfer repariert werden und wir sollten ihn am nächsten Tag wieder in Tulum abholen. Das war schade, denn der Unterschied zwischen den beiden Autos war enorm, schließlich lagen dazwischen etwa 40 Jahre Autoentwicklung. Außerdem hatte der Japaner eine Klimaanlage, die bei der herrschenden Hitze sehr willkommen war.

Tulum machte auf uns keinen sehr einladenden Eindruck und so besichtigten wir nur Tulums Maya-Ruinen, die wunderschön am Meer gelegen sind und hatten gleich noch das besondere Erlebnis, einen Tornado über dem Wasser beobachten zu können. Dieser Tornado war für uns harmlos und wenn uns nicht ein Guide darauf hingewiesen hätte, so hätten wir ihn wohl gar nicht bemerkt. Was wir allerdings bemerkten, war der Traumstrand, der sich direkt unterhalb der historischen Stätte befand. Die Versuchung war groß, gleich hinabzusteigen und zu baden, aber wir hatten natürlich wieder keine Badekleidung bei uns und FKK schien dort unten nicht üblich zu sein. So konnten wir nur den Badenden neidisch zusehen.

Da wir nun dieses moderne und bequeme Auto hatten, wollten wir es auch ausgiebig nutzen. Deshalb fuhren wir auf dem Highway México 307, auf dem wir gekommen waren, bis nach Playa del Carmen. Dort gab es ein tolles Restaurant direkt am Meer sowie einen kleinen Supermarkt, bei dem wir uns mit Lebensmitteln für das Abendessen eindecken konnten. Da wir keinen Kühlschrank hatten und es in unserer Suite durchweg sehr warm war, kauften wir nur etwas Brot und Käse für eine Mahlzeit ein. Eine Fünfliterflasche Wasser nahmen wir auch mit, denn das Wasser aus der Leitung war nicht trinkbar und das Wasser aus dem Spender wollten wir nur zum Zähneputzen verwenden.

Wir sahen uns ausgiebig in der Stadt um, dann fuhren wir wieder zurück. Weil das Fahren mit dem modernen Auto so viel mehr Spaß machte als mit dem Käfer, beschlossen wir, am nächsten Tag eine weite Tour zu machen. Auf unserem Besichtigungsprogramm stand unter anderem Chichén Itzá, eine der bedeutendsten Ausgrabungsstätten auf der Halbinsel Yucatán und die sollte unser nächstes Ziel sein.

Zurück in unserer Suite bemerkten wir, dass der Roomservice am Werk gewesen war. Alles war wieder sauber und frisch, auch die Papierkörbe waren geleert. Ein bisschen komisch war es schon, dass der Hausmeister, Gärtner und Hilfskoch unsere Betten gemacht hatte.

Abends aßen wir in unserer Suite Weißbrot mit Käse und tranken dazu neutral schmeckendes Wasser. Nach dem Abendbrot spielten wir auf dem mitgebrachten Laptop „Wer wird Millionär". Die CD hatte ich noch kurz vor unserem Urlaub gekauft, um uns so fern der Heimat unsere Lieblingssendung zu ersetzen. Außerdem hatte ich wohlweislich einen Adapter mitgebracht, der sich als goldrichtig erwies, da die Steckdosen in Mexiko dem amerikanischen Standard entsprachen, sodass unser Stecker dort nicht hineinpasste. Während wir spielten, hörten wir, wie die Amis unten vor der Küche saßen und aßen, wobei sie sich laut unterhielten. Ein bisschen neidisch waren wir schon, aber wir hatten den festen Vorsatz, nie wieder All Inclusive zu buchen und mussten jetzt eben tapfer sein.

Um nicht unangenehm aufzufallen, versteckten wir die Verpackung der Nahrungsmittel in unserem Rucksack, um sie am anderen Tag unterwegs zu entsorgen.

Am nächsten Morgen wiederholten sich die Abläufe vom Vortag. Wir teilten uns alle einen Apfel und zwei Brownies und unterhielten uns dabei. Diesmal war unser Auto der Hauptgesprächsgegenstand. Es war aufgefallen, dass wir einen anderen Wagen hatten und ich erzählte, wie es dazu gekommen war. Als ich über das Auslaufen des Benzins berichtete, fragte unser alter Bonaire-Bekannter scheinheilig: „Is this Beetle a German car?" Als ich das bejahte, gab es allgemeines Kopfschütteln, denn von einem deutschen Auto hätte man eine so schlechte Qualität nicht erwartet. Meine Erwiderung, dass dieses Auto seit 40 Jahren in Deutschland nicht mehr hergestellt werde, schien irrelevant zu sein.

An diesem Morgen konnten und wollten wir nicht wieder bis 10 Uhr auf das richtige Frühstück warten, deshalb starteten wir schon um neun zu unserer Fahrt. Der Weg war weit und wir rechneten mit zwei Stunden Fahrzeit. Ich schaltete die Klimaanlage ein, sodass wir es richtig angenehm hatten, während wir auf der Straße nach Chichén Itzá fuhren. Links und rechts der Straße gab es ein undurchdringliches Buschwerk und die Straße war meist so schmal, dass wir nur hoffen konnten, dass uns kein LKW entgegenkam, denn es gab keine Möglichkeit zum Ausweichen. Erstaunlicherweise begegneten wir überhaupt keinem Fahrzeug und so erreichten wir unser Ziel ohne Probleme.

Da wir so gut wie gar nichts zum Frühstück gegessen hatten, suchten wir zuerst etwas zu essen. Wir fanden ein Hotel, das ein vielfältiges Essen in Form eines Büfetts anbot. Begleitet von mexikanischer Musik, genossen wir auf einer Freifläche vor dem Hotel eine große Auswahl an landestypischen Gerichten.

Nachdem wir uns noch Wasser aus der großen Wasserflasche in eine kleine abgefüllt hatten, ließen wir das Auto auf einem großen Parkplatz zurück und begaben uns zum Eingang der Ausgrabungsstätte. Es dauerte nicht lange, dann hatten wir unsere Eintrittskarten und passierten das Haupttor.

Aufgrund der Größe und Vielfalt der gesamten Anlage spare ich es mir, minutiös über die vielen Stunden unseres Aufenthalts dort zu berichten. Es waren die Reste überwältigender Bauten aus der Maya-Zeit zu bestaunen. Besonders eindrucksvoll war das Ersteigen der großen Pyramide des Kukulcán, das ich ohne Probleme bewältigte. Es wunderte mich allerdings, dass fast alle Besucher mir im Krebsgang oder auf allen Vieren entgegen kamen und ich fragte mich, warum sie nicht ganz normal die Stufen herunterliefen, wie man das auf jeder Treppe macht. Als ich oben war und mich umdrehte, um die Aussicht von der 30 Meter hohen Plattform zu bewundern, wurde mir schlagartig klar, was die Menschen dazu veranlasste, den Abstieg in so eigenartiger Weise zu vollführen. Die Treppenstufen waren viel schmaler als wir es bei uns gewöhnt sind und sie waren vielfach beschädigt, was wohl am Witterungseinfluss und den vielen Besuchern, die darüber gestiegen waren, lag. Da es auch kein Geländer gab, an dem man sich festhalten konnte, war der Abstieg vor allem für nicht schwindelfreie Personen in der üblichen Art nicht möglich. Ich war froh, schwindelfrei zu sein und meine Bergstiefel an den Füßen zu haben, denn so konnte ich den Abstieg in Vorwärtsrichtung wagen. Das ging schnell, war aber tatsächlich nicht ganz ungefährlich. Ein Fehltritt hätte sicherlich dazu geführt, dass ich den Rest der Treppe rollend absolviert und mir alle Knochen gebrochen hätte. Es ging aber gut und brachte mir ungläubige und neidische Blicke ein.

Am Nachmittag durften wir nach längerem Anstehen einen Blick in die Pyramide werfen. Wir stiegen eine Treppe hoch und da wir nicht die ersten waren, kamen uns auf genau dieser Treppe schon die Besucher entgegen, die die Attraktion bereits gesehen hatten. Wegen der räumlichen Enge kam es zu mehr oder weniger unangenehmen Berührungen mit den Entgegenkommenden. Als wir endlich oben waren, durften wir einen kurzen Blick auf einen steinernen Jaguar mit Augen aus Jade werfen, um sofort von den Nachfolgenden von unserem Platz verdrängt und weitergeschoben zu werden.

Am späten Nachmittag fuhren wir nach Tulum, um dort notgedrungen unser schönes Auto abzugeben und den alten Käfer zurückzubekommen. Am liebsten hätte ich den Japaner behalten, aber ich wollte keinen Ärger kriegen und so vollzogen wir den Wechsel. Erstaunlicherweise bekamen wir nicht unseren Käfer repariert zurück, sondern einen anderen, mit dem wir zu unserem Feriendomizil zurückfuhren, nachdem wir uns wieder Brot und Käse für das Abendessen eingekauft hatten.

Den nächsten Morgen verbrachten wir wieder vor dem Haus sitzend und auf das Frühstück wartend. Dabei gingen die Gespräche diesmal um den aus Sicht der Amerikaner unvermeidlichen Krieg gegen den Irak. Obwohl meine Frau mir vorher eingebläut hatte, mich zu diesem zu erwartenden Thema nicht zu äußern, konnte ich nicht schweigen und brachte meine Meinung über diesen Krieg und Kriege generell zum Ausdruck. In Deutschland war die Mehrheit der Bevölkerung, zu der auch wir gehörten, der Meinung, dass dieser Krieg von den USA grundlos angezettelt werden sollte und außerdem völlig sinnlos und dazu gefährlich sei. Bis auf das alte Ehepaar, das sich ohnehin sehr zurückhielt, waren alle der Meinung, dass der Krieg nötig und richtig wäre. Sie sprühten förmlich vor Begeisterung. Plötzlich sagte die ältere Dame so laut, dass es alle hörten: „Until the body bags come home." Da wurde es ruhiger. Ich überlegte, was sie meinte und kam schließlich zu dem Schluss, dass mit body bags wohl Säcke mit getöteten amerikanischen Soldaten gemeint waren. Damit hatten ja die Amis im Verlauf des Vietnam-Krieges hinreichende Erfahrungen gemacht, hatten aber offenbar alles schon wieder vergessen.

Um zehn Uhr kam der Koch und machte uns jedem eine Omelette zum Frühstück. Zwischen den Amerikanern und Plato gab es Streit darüber, ob die Getränke ebenfalls inklusive wären. Nach längerem Hin und Her gab Plato schließlich nach und die betroffenen Gäste triumphierten. Wir staunten, dass es darüber zu einer Meinungsverschiedenheit kommen konnte, denn unsere Erfahrungen mit All Inclusive waren ja ganz anders. Jetzt waren wir froh, in Playa Natural nicht Vollverpflegung gebucht zu haben.

Nach dem Frühstück gingen wir zum Strand und legten uns unter einen Sonnenschirm. Ich versuchte zu schwimmen, gab aber bald auf, denn das Wasser war einfach zu flach. Ich konnte an der tiefsten Stelle mit den Armen den Boden berühren, an allen anderen Stellen setzte ich mit dem Bauch auf – und das lag nicht am Bauch.

An diesem Vormittag lernten wir auch endlich die Hausherrin Victoria kennen. Sie erzählte uns, dass sie in Deutschland geboren und aufgewachsen sei, da ihr Vater als Offizier in Bayern stationiert gewesen sei. Deutsch konnte sie bis auf einige Floskeln aber trotzdem nicht. Sie hatte mitbekommen, dass wir gegen den Irakkrieg waren und sagte uns, dass sie auch dagegen sei. Sie hätte sowieso viele Probleme in den USA gehabt und lebe deshalb mit ihrem Mann in Mexiko.

Während die anderen Gäste Mittag aßen, verließen wir das Anwesen und fuhren nach Playa del Carmen, um dort ebenfalls etwas zu essen, uns für den Abend wieder Lebensmittel einzukaufen und die Abfälle vom Vortag zu entsorgen. In Chichén Itzá waren wir auf den Geschmack gekommen und freuten uns nun, die Gerichte, die wir in unserem mexikanischen Restaurant in Berlin aßen, auch einmal direkt in Mexiko zu genießen.

Als der Kellner merkte, dass wir keine Amerikaner waren, wurde er viel freundlicher zu uns. So speisten wir vorzüglich und hatten nebenbei noch einen herrlichen Blick auf das Karibische Meer. Dort gab es einen schönen Strand und man konnte offensichtlich auch richtig gut schwimmen – aber leider nur bekleidet. Wir bereuten einmal mehr, keine Badebekleidung bei uns zu haben.

Zurück in Playa Natural gingen wir wieder an den Strand und kühlten uns von Zeit zu Zeit im flachen Wasser ab. Auch dort wurde geplaudert und der ältere Herr fragte uns nach der Stadt „Lier" in Deutschland. Wir rätselten und nannten Städte, die so ähnlich klangen, aber er schüttelte nur den Kopf. Da kam seine Frau auf die Idee, den Städtenamen aufzuschreiben und siehe da, es handelte sich um Leer in Ostfriesland. Nun erzählte er uns, dass seine Vorfahren aus Leer gekommen seien und sein Urgroßvater noch deutsch gesprochen habe. Deshalb mussten wir eine Menge über Deutschland erzählen und sie hörten aufmerksam zu. Wir hatten das Gefühl, mit sehr gebildeten Menschen zu sprechen, die nicht so oberflächlich waren wie die anderen Amerikaner, die wir kennengelernt hatten. Zwar hatten wir uns alle am ersten Tag vorgestellt, aber wir konnten uns nicht alle Namen merken. Deshalb nannten wir noch einmal unsere Namen. So erfuhren wir, dass er Bill hieß und sie Betty. Bettys Vorfahren kamen aus Riga, jedoch war sie nicht sonderlich an Lettland interessiert.

Am Abend trennten sich unsere Wege wieder, denn während wir erst einen Abendspaziergang machten und dann unser primitives Abendbrot verspeisten, setzten sich die Amerikaner an den Tisch und warteten auf das Dinner.

Wir hatten uns sogar zwei Flaschen Bier gekauft, die aber warm geworden waren, und deshalb überhaupt nicht schmeckten. Wir beschlossen für den Rest unseres Urlaubs lieber bei Wasser zu bleiben.

Am nächsten Morgen gab sich Victoria die Ehre. Nachdem ihr Mann sie mit den Worten angekündigt hatte, dass sie heute für uns die weltbesten Pfannkuchen machen würde, erschien sie gegen neun Uhr so, wie sie aufgestanden war – derangiert und verschlafen. Sie trug einen Morgenmantel, aus dem ihr Nachthemd herausschaute und ihre Haare hingen ihr ungekämmt im Gesicht herum. Ich hoffte nur, dass sie sich wenigstens die Hände gewaschen hatte, bevor sie unser Essen bereitete. Wir hatten immerhin den Vorteil, dass wir eher frühstücken konnten und dadurch mehr vom Tag hatten. Leider war auch diese Mahlzeit von Unzulänglichkeiten gekennzeichnet, denn der Teig reichte nur für fünf Pfannkuchen, was aber gut damit korrespondierte, dass es auch nur fünf Teller gab. So hatte jedes Paar wenigstens einen Pfannkuchen, was ja nicht schlecht war, wenn man nicht zunehmen wollte.

Nach dem Essen wurden die Papageien aus dem Käfig genommen und den Gästen, die das wollten, auf die Schulter gesetzt. Als einer bei mir saß, knabberte er ganz vorsichtig an meinem Ohrläppchen, was sich sehr ulkig anfühlte.

Bevor wir nach oben gingen, fragten Betty und Bill, ob sie sich einmal unsere Suite ansehen dürften. Natürlich willigten wir ein und sie begleiteten uns in unsere Ferienwohnung. Oben angekommen, staunten sie über die Größe und den Komfort. Verwundert erfuhren wir, dass sie in ihrem Bungalow nicht einmal elektrischen Strom hatten. Auch unsere Dusche bewunderten sie, wobei ich im Hinblick auf den schlechten Geruch des Wassers einwendete: „But the water smells like rotten eggs." Da antwortete Bill zu meiner Überraschung: „This is sulfur hydrogen." Ich fragte: „Are you a chemist?" Darauf antwortete er: „No, I'm a Dr. Math." Also hatten wir einen promovierten Mathematiker vor uns und so wurde auch verständlich, dass er sich nicht an den meist belanglosen oder auch patriotischen Gesprächen seiner Landsleute beteiligte.

So vergingen die Tage und nach einer Woche reisten plötzlich alle Amis ab. Es wurden E-Mail-Adressen ausgetauscht, es gab Umarmungen und von allen Seiten das Versprechen in Kontakt zu bleiben. Wirklich leid tat uns der Abschied eigentlich nur von Betty und Bill, die uns im letzten Moment sagten, dass dies ihr erster Urlaub gewesen sei, bei dem sie gehungert hätten, denn das Essen hätte nur aus Wassersuppen bestanden, wodurch sie an ihre entbehrungsreiche Kindheit erinnert worden seien.

Der mexikanische Angestellte hatte alle Hände voll zu tun, um sämtliche Bungalows herzurichten. Wir bewunderten ihn wirklich, denn er war Mädchen für alles. Wenn er nicht in der Küche Orangen auspresste oder Kaffee kochte und nicht die Zimmer säuberte, dann hatte er stets im Garten der Anlage zu tun. Die bisherigen Gäste waren noch gar nicht lange weg, da kamen schon die nächsten.

Am nächsten Morgen gab es wieder eine große Vorstellungsrunde. Auch diesmal waren die Urlauber schon aus den USA miteinander bekannt. Wie wir bald erfuhren, waren auch die Besitzer des Campgrounds Barefoot Hill dabei. Sie hießen Wilma und Fred, was wir uns wegen der Familie Feuerstein sehr gut merken konnten. Darüber hinaus waren sie sehr nett zu uns und schienen uns zu mögen. Wilma saß immer vor ihrem Bungalow und las, was wegen der fehlenden Beleuchtung im Inneren verständlich war. Wenn sie ein Buch ausgelesen hatte, schenkte sie es mir, denn sie hatte gesehen, dass ich englischsprachige Bücher las.

Wenn wir abends spazieren gingen, begleitete uns meist der kleine Hund der Gastgeber. Oft trafen wir den Koch, der uns in korrekter Berufskleidung entgegenkam und jedes Mal freundlich grüßte. Wie wir später erfuhren, war er in einem Hotel in der Nähe angestellt und hatte bei Playa Natural einen Zweitjob. Deshalb kam er immer so spät am Morgen, denn zuerst musste er die Hotelgäste bekochen.

Auch die neuen Gäste waren wohl nicht völlig zufrieden mit der Versorgung und so gab es wieder Diskussionen mit Plato, aus denen wir uns glücklicherweise heraushalten konnten, denn wir aßen weiter allabendlich unsere Käsebrote.

Obwohl wir alles Mögliche mit der Kreditkarte bezahlten, wurde unser mexikanisches Bargeld bald knapp. Wir hatten zwar von einer der letzten Reisen übriggebliebene Dollars bei uns, die auch anstandslos akzeptiert wurden, wollten sie uns aber als eiserne Reserve aufheben. Deshalb gingen wir zu einer Wechselstube, um Pesos einzutauschen. Nach der Euro-Bargeldeinführung 2002 hatten die Euro-Gegner den Untergang des Euros damit beweisen wollen, dass er im Verhältnis zum Dollar immer weniger wert wurde. Das hatte sich Anfang des Jahres 2003 geändert und wir freuten uns, dass unser Euro 10 % mehr wert war als der Dollar. Schuld daran war der bevorstehende Irakkrieg, wie wir später erfuhren.

In der zweiten Woche machten wir auch noch einige Ausflüge zu den Sehenswürdigkeiten der Halbinsel Yucatán. Besonders eindrucksvoll war der Besuch der Ruinen von Coba, die nur eine Stunde von unserem Quartier entfernt waren. Von der Spitze der ebenfalls zu besteigenden Pyramide hatte man einen wunderbaren Blick über den Dschungel, der diese alte Mayastadt umgibt.

Auch einige Cenotes sahen wir uns an, schwammen aber nicht in den sehr klaren Seen, sondern bewunderten die Taucher, die sich in die Höhlen trauten, die die einzelnen Gewässer miteinander verbinden.

Abends gingen wir dann doch öfter in ein benachbartes Restaurant, um dort zu essen und dazu auch mal ein Bier oder Wein zu trinken. Dorthin mussten wir ein Stück unter Palmen parallel zum Ufer entlang wandern. Als einmal eine Kokosnuss direkt neben mir aufschlug, erinnerte ich mich daran, gelesen zu haben, dass in den Tropen wesentlich mehr Menschen durch herabfallende Kokosnüsse getötet werden als durch wilde Tiere. Fortan gingen wir lieber den etwas weiteren und beschwerlichen Weg am Strand entlang.

Im Heft mit den Flugtickets gab es den dringenden Hinweis, den Rückflug unbedingt 72 Stunden vor dem Abflugtermin zurückzubestätigen. Nachdem unsere Bitte, das einzige Telefon in Playa Natural zu benutzen, von Plato abgelehnt worden war, beschlossen wir kurzerhand, mit dem Auto nach Cancun zu fahren, dort die Rückbestätigung zu tätigen, die Stadt zu besichtigen sowie die dort befindlichen Ruinen von El Rey zu besuchen. Als Nebeneffekt konnten wir den Weg zum Flughafen ohne Stress erkunden. Deshalb machten wir drei Tage vor unserer endgültigen Abreise die Fahrt mit dem VW Käfer nach Cancun. Es fuhr sich wesentlich besser als in der Nacht, aber es war auch viel heißer.

In Cancun erledigten wir zuerst die Pflicht am Flughafen, dann sahen wir uns in der Stadt um. Sie bestand fast nur aus großen Hotels, sodass wir bald die Lust verloren, sie länger zu besichtigen. Leider fanden wir auch den angeblich dort vorhandenen Geldautomaten der CITI Bank nicht, bei dem wir kostenlos Geld abheben wollten. Wenigstens blieben uns noch die Maya-Ruinen von El Rey, aber trotz des Namens, der „Der König" bedeutet, handelte es sich hier um eine kleine archäologische Stätte, die wir recht schnell wieder verließen. Am späteren Nachmittag fuhren wir zurück, nahmen uns aus einem Supermarkt noch etwas zu essen mit und trafen am frühen Abend glücklich in Paya Natural ein.

„Manuel quit", teilte mir Fred am nächsten Morgen mit. Ich konnte mit der Meldung zuerst gar nichts anfangen, da ich nicht wusste, von welchem Handbuch er sprach, aber als ich sah, dass die Küche heute geschlossen war, ahnte ich, dass er den fleißigen mexikanischen Angestellten meinte, der hier sämtliche Arbeiten erledigt hatte. Ich konnte mir gut vorstellen, dass er für die vielen Jobs, die er gemacht hatte, sehr schlecht bezahlt worden war und irgendwann die Nase voll hatte. Blöd bloß, dass es genau in unserem Urlaub sein musste. So saßen wir morgens noch länger vor dem Haus und erst wenn Plato geruhte, aufzustehen und die Küche aufzuschließen, durften wir uns selbst Kaffee kochen und nach Nahrungsresten suchen, die es uns ermöglichten bis zehn Uhr durchzuhalten.

Am letzten Tag luden uns Plato und seine Frau zu einem kostenlosen Dinner ein. Wir nahmen die Einladung an und saßen somit zum ersten Mal abends mit am Tisch. Was sie servierten war nicht schlecht und zumindest an diesem Abend keine Wassersuppe. Vielleicht hatten sie sich unsertwegen mehr Mühe gegeben. Die beiden nahmen an der Mahlzeit teil und es wurde viel geplaudert. Auch ein neuer Gast war dazugekommen. Es handelte sich um eine Dame aus Mexiko, die nicht englisch sprach. Deshalb musste Plato alles übersetzen, was sie uns und wir ihr sagen wollten. Über ihn erfuhren wir, dass sie Französischlehrerin sei, was mich sofort dazu veranlasste, so gut ich konnte mit ihr französisch zu sprechen.

Obwohl wir noch ein gemeinsames Frühstück am nächsten Morgen haben würden, nahm Wilma von uns Abschied, als wenn wir ihre besten Freunde wären und uns für immer trennen müssten. Sie und Fred luden uns zu sich nach Ohio auf ihren Campground ein.

Beim letzten Duschen in der Bob-Marley-Suite wollte ich noch einmal versuchen weitere verkalkte Löcher im Duschkopf mit einem Zahnstocher zu öffnen, um für die Heimfahrt möglichst frisch zu sein. Dabei schien ich wohl etwas zu grob zu Werke gegangen zu sein, denn plötzlich fiel mir der Duschkopf auf die Stirn – er war einfach abgerostet. Das Wasser lief nun besser, wenn auch etwas unorthodox aus dem verbliebenen Stummel.

Nach dem Frühstück gab es noch einmal eine Verabschiedung mit Tränen und dann waren wir weg. Wir tuckerten mit unserem Kugelporsche in Richtung Flughafen Cancun. Da wir mit offenen Fenstern fuhren, verirrte sich eine Wespe in das Auto und beim Versuch, sie ins Freie zu dirigieren, stach sie meine Frau in einen Finger, der sofort dick anschwoll. Sie wickelte ein Taschentuch um den Finger, gab etwas von unserem Trinkwasser darüber und hielt die Hand in den Fahrtwind zum Kühlen.

Unterwegs musste ich noch einmal tanken, denn die Tankanzeige ging gegen Null. Leider reichte mein mexikanisches Geld nicht mehr und so bot ich Dollars an, worauf sich das Gesicht des Tankwarts verfinsterte und er mir einen extrem schlechten Kurs machte, aber ich hatte keine Wahl und musste in den sauren Apfel beißen. Ich hatte schon vorher gelesen, dass in Mexiko alle Tankstellen dem Staat gehören und die Benzinpreise überall gleich sind. Dadurch gab es keine Konkurrenz und die Tankwarte hatten keinen Grund freundlich zu sein. Wir kannten das aus der DDR.

Bei der Fahrzeugrückgabe am Flughafen ging alles sehr schnell. Natürlich war mehr Benzin im Tank als nötig und ich ärgerte mich, dass ich die Dollars dafür ausgegeben hatte.

Beim Einchecken ging alles ganz reibungslos und auch der Zoll hatte nichts zu beanstanden, sodass wir bald darauf im Flugzeug saßen, welches Cancun pünktlich in Richtung Miami verließ. Nach all den Problemen auf dem Hinflug hatte der erste Schritt auf dem Heimweg wenigstens schon geklappt. Unterwegs wurden wieder grüne Zettel und Zollerklärungen für die USA ausgeteilt und wir füllten alles noch einmal aus, dachten aber, dass es unnötig wäre, denn wir hatten ja noch die Zettel vom Hinflug.

In Miami landeten wir pünktlich und mussten uns wiederum bei der Immigrationsbehörde anstellen. Zum Glück dauerte es diesmal nur eine Stunde bis wir an der Reihe waren. Wir gaben unsere sämtlichen Zettel bei dem Beamten ab, aber statt sich zu bedanken, wurde er sehr wütend und schrie mich an, weil wir die Zettel vom Hinflug nicht beim Verlassen der USA abgegeben hatten. Er hielt mir die Rückseite eines der grünen Zettel hin und brüllte immer wieder: „Read this! Read this!" Um des lieben Friedens willen tat ich so, als ob ich es las, jedoch hätte ich ohne Lesebrille das Kleingedruckte gar nicht erkennen können. Ich ahnte jedoch was da stand, aber wir hatten die Logik dieser Prozedur nicht verstanden und verstehen sie heute noch nicht. Trotzdem entschuldigte ich mich unterwürfig und er wurde leiser, gab uns die Schnipsel der letzten

Einreise zurück und forderte uns energisch auf, sie bei der Ausreise wieder abzugeben.

Froh, diese Hürde genommen zu haben, suchten wir den Check-in-Schalter von Air France auf, wo wir Bordkarten für den Transatlantikflug und den Anschlussflug nach Berlin bekamen. Der Angestellte sprach genauso gut englisch wie französisch und da er eine dunkle Hautfarbe hatte, dachte ich sofort an Saint Martin, wo die Menschen genau so aussahen und diese beiden Sprachen auch so gut beherrschten.

Der nächtliche Rückflug mit Air France verlief ohne Besonderheiten, wenn man einmal davon absieht, dass wir kurz vor Paris statt eines Wurstbrötchens eine tiefgefrorene und daher steinharte Birne zum Frühstück bekamen, die wir beim besten Willen nicht essen konnten und demzufolge hungrig und neidisch den anderen Passagieren beim Essen zusehen mussten. Nach längerem Warten in Paris brachte uns Air France gut bis nach Berlin-Tegel und auch die Taxifahrt nach Hause verlief problemlos, sodass wir daheim müde aber glücklich in unsere Betten fallen konnten.

Das vegetarische Spezialessen löschte ich am nächsten Tag in unseren Profilen bei Air France, denn es war besser spät das Essen zu bekommen als etwas Ungenießbares.

Einige Wochen danach begann der Golfkrieg und wir waren froh, dass Deutschland sich nicht daran beteiligte. Als ich eine kritische E-Mail zu diesem Thema an unsere Miturlauber von Mexiko schickte, bekam ich von den meisten gar keine Antwort, von unserem Bonaire-Bekannten eine den Krieg rechtfertigende E-Mail und nur Bill und Betty signalisierten mir Zustimmung.

La Réunion (Indischer Ozean)

Im September 2003 wollten wir zum zweiten Mal in diesem Jahr in die weite Welt hinaus und da wir nun mal eine Vorliebe für alles Französische hatten, bereisten wir ein weiteres französisches Übersee-Département, nämlich die Insel Réunion im Indischen Ozean. Es war mir wiederum wichtig gewesen, einen Flug zu buchen, bei dem wir in Paris nicht den Flughafen wechseln mussten. Wir flogen von Berlin nach Paris mit Air France, um dann mit Air Austral weiterzufliegen. Da beide Partner-Airlines waren, wurden wir auch gleich bis zum Flughafen Saint Denise auf Réunion durchgecheckt, sodass wir uns in Paris CDG um nichts kümmern mussten. Das klappte auch sehr gut und wir saßen schließlich in einer Boeing 777.

Zum ersten Mal flogen wir mit einem nur sehr schwach ausgebuchten Flugzeug, weshalb es noch viele freie Plätze gab. Da es ein Nachtflug war, und wir aus dem Fenster ohnehin nichts sehen konnten, nahmen wir das Angebot der Stewardessen an, uns in verschiedenen Reihen auf den drei miteinander verbundenen Sitzen hinzulegen. Dazu bekamen wir eine Decke und das Licht wurde gedimmt, sodass wir es recht gemütlich hatten, während wir quer über Afrika flogen.

Meine Hoffnung, dass dieser Flug ruhiger verlaufen würde, da es nicht über den Atlantik ging, wurde enttäuscht, denn mitten über Afrika gab es heftige Turbulenzen und die Anschnallzeichen wurden eingeschaltet. So versuchte ich mich im Liegen anzuschnallen, was mir aber nicht gelang. Deshalb wollte ich zu meiner Frau gehen und sie wecken, damit auch sie nicht unangeschnallt bliebe. Einige Reihen weiter hinten sah ich nackte Beine und einen dunklen Haarschopf an den beiden Enden der Decke herausschauen. Liebevoll berührte ich einen Fuß und sagte zärtlich: „Hallo Schatz, wach mal auf." Als jedoch keine Reaktion erfolgte, begann ich eine der Waden zu streicheln, wobei ich ein ganz seltsames Gefühl hatte, denn solche stachligen Beine kannte ich an meiner Frau eigentlich nicht. Noch bevor ich meine Hand zurückziehen konnte, blickte ich in die erstaunten Augen eines jungen dunkelhaarigen Mannes. Schnell ging ich weiter, nachdem ich „Pardon" gestammelt hatte. Einige Reihen später schaute ich genauer hin und erst als ich ganz sicher war, dass da meine Frau lag, streichelte ich ihre Beine.

Dieser Nachtflug hatte den Vorteil, dass wir schon vormittags am Ziel waren, wenn auch nicht wirklich ausgeschlafen. Obwohl wir bei diesem Flug den gesamten afrikanischen Kontinent von Norden nach Süden überquert und dabei zum ersten Mal den Äquator überflogen hatten, landeten wir nach elf Stunden wieder in der EU, und zwar an ihrem südlichsten und östlichsten Punkt. Deshalb gab es keine Einreiseformalitäten, sondern unsere Personalausweise reichten völlig aus, sodass wir schnell unseren Mietwagen bei Avis in Empfang nehmen konnten. Als eine schwarze Schönheit mit uns um das kleine Auto französischer Produktion herumging und das Übergabeprotokoll fertigte, hatte ich Probleme mich nicht auf sie, sondern auf das Auto zu konzentrieren. Ich konnte nur hoffen, dass sie wirklich alle Kratzer und Beulen im Übergabeprotokoll notiert hatte, denn ich sah keine.

Nach kurzer Zeit fuhren wir in Richtung unseres Hotels in Saint-Gilles. Die Fahrt sollte nur etwa 45 Minuten dauern und war laut Beschreibung nicht kompliziert. Das Auto fuhr sich gut und ich hatte keine Probleme, mich darauf einzustellen – ja, ich dachte fast, ich säße in meinem eigenen Auto, so glichen sich alle Bedienelemente. Dass dies ein Trugschluss war, bemerkte ich erst, als wir plötzlich in einen Tunnel fuhren, der nicht beleuchtet war. Vergeblich suchte ich den Lichtschalter an der Stelle, wo er bei meinem Mitsubishi war. Da es um uns herum sehr schnell dunkel wurde, hatte ich keine Chance den Lichtschalter zu finden. Oft ist es ja so, dass man bei der Einfahrt schon das berühmte Licht am Ende des Tunnels sieht. Das klappte in diesem Fall auch nicht, da der Tunnel nicht geradlinig verlief, sondern eine Kurve machte. Meine einzige Rettung war, die ganze Zeit die Lichthupe zu betätigen, damit ich nicht gegen die Tunnelwand lenkte. Ich fuhr langsam und hoffte nur, dass ein hinter mir fahrendes Fahrzeug meine Reflektoren sehen und nicht auffahren würde. Endlich waren wir aus dem Tunnel heraus und ich nahm mir vor, künftig bei jedem für mich neuen Auto immer als Erstes nach dem Lichtschalter zu suchen. In diesem Fall handelte es sich um einen Kippschalter am Armaturenbrett. Er war nicht mit dem Blinklichtschalter gekoppelt, wie ich es kannte.

Unser Hotel hieß Les Filaos und sah von außen recht gut aus. An der Rezeption wurden wir freundlich von einer jungen blonden Frau empfangen, die sogar englisch sprach und uns gleich erzählte, dass sie aus Paris stamme.

Während der Anmeldeprozedur erschien eine etwas ältere dunkelhaarige Frau in der Lobby und wurde als „Nathalie, la femme de chambre" vorgestellt. Sie war sehr freundlich, gab uns die Hand und fragte, ob wir an diesem Morgen aus Paris angekommen wären. Als wir das bejahten, erzählte sie, dass wir dann im selben Flugzeug wie ihr Sohn gekommen wären. Während wir sprachen, tauchte ein junger dunkelhaariger Mann auf, den sie als ihren Sohn vorstellte. Zu meinem Schrecken erkannte ich genau den jungen Mann wieder, dem ich in der letzten Nacht so zärtlich sein Bein gestreichelt hatte. Ich hätte vor Scham in den Erdboden sinken wollen und hatte das Gefühl knallrot zu werden.

Mit dem Aufzug ging es in den zweiten Stock. Dort schlossen wir unser Zimmer auf und traten ein. Als wir jedoch die Tür von innen schließen wollten, sprang sie immer wieder auf, weshalb wir sie zuschlossen. Die Zimmereinrichtung entsprach dem Drei-Sterne-Niveau des Hotels und war für uns ausreichend. Lediglich die Töpfe waren inakzeptabel, denn sie waren dermaßen verbeult, dass man damit auf dem Elektroherd nicht kochen konnte. Wir hatten zwar nicht die Absicht, jeden Tag ein Menü zuzubereiten, aber wenigstens Kaffeewasser sollte sich kochen lassen.

Durch eine große Glastür gelangte man auf einen Balkon, auf dem wir uns sicherlich oft aufhalten würden. Gegenüber war ein Supermarkt, was die Frühstücksversorgung erleichtern würde und auf der Straße, die am Hotel vorbeiführte, war mäßiger Verkehr, der uns vorerst nicht störte, außer den Mofas, die ab und zu lautstark vorbeiknatterten.

Wir packten unsere Koffer aus und als wir danach das Zimmer verlassen wollten, sahen wir das Zimmermädchen auf dem Gang. Ich ergriff die Gelegenheit beim Schopfe und sagte: „Pardon Madame, les casseroles sont … ." Dabei zeigte ich ihr die verbeulten Töpfe, denn was „verbeult" auf Französisch heißt, wusste ich nicht. Sie begriff sofort, schloss das Nachbarzimmer auf und tauschte unsere Töpfe gegen die wesentlich besseren von dort aus.

Nach dem Verlassen des Hotels schlenderten wir durch eine Fußgängerzone unter Flammenbäumen in Richtung Meer. Unterwegs kamen wir an einem Restaurant vorbei und da es schon Mittag war, setzten wir uns und studierten die Speisekarte. Wir essen gern Fisch und den fanden wir auch auf der Karte, aber es stand dort ausschließlich „Pêche du Jour" und ich wollte gern wissen, welcher Fisch das denn sei. Ich muss mich wohl sehr unklar ausgedrückt haben, denn die Wirtin schaute verzweifelt, um dann einen anderen Gast etwas zu fragen, das ich nicht verstand. Er sagte nur ein Wort und das war „Fish". Wir bestellten daraufhin lieber Entrecôte und obwohl ich „bien cuit" hinzufügte, war das Fleisch nachher ziemlich blutig und zäh.

Später gingen wir zum Ufer, um endlich einen Blick auf das Meer zu werfen. Der Strand war nicht sehr schön und überlaufen. Vor allem die Einheimischen genossen ihren Feierabend mit Sonne und Wasser. Auf den ersten Blick unterschied sich der Indische Ozean nicht von den anderen Meeren, die wir bisher gesehen hatten.

Wir verließen den Strand und streiften ein wenig durch die sehr exotische Natur. Dann kümmerten wir uns schließlich um unser leibliches Wohl, indem wir den unserem Hotel gegenüberliegenden Supermarkt aufsuchten. Dort gab es die aus Frankreich bekannten Waren, nur teurer. An der Kasse erlebten wir eine Enttäuschung, denn die Kreditkartenzahlung funktionierte dort nur mit Eingabe der PIN, die ich aber nicht kannte, da man sie sonst nie brauchte. EC-Karten wurden nicht akzeptiert, daher mussten wir bar bezahlen.

Den Nachmittag und Abend verbrachten wir auf unserem Balkon. Nachdem ich herausgefunden hatte, dass uns da niemand beobachten konnte, zogen wir uns aus, um die Sonne am ganzen Körper zu genießen. Da der Zeitunterschied zwischen Réunion und Deutschland nur zwei Stunden beträgt, hatten wir keine Mühe uns der Ortszeit anzupassen. Wie in der Karibik wurde es auch auf Réunion um 18 Uhr dunkel. Es war jedoch immer noch so schön warm, dass wir auf dem Balkon sitzen blieben und lasen. Einen Fernseher hatten wir in diesem Hotel nicht. Dafür hatten wir einen sehr interessanten Sternenhimmel über uns, bei dem der Sichelmond wie eine Wiege auf dem Horizont zu liegen schien.

Es war noch dunkel, als ich am nächsten Morgen durch laute Geräusche unsanft geweckt wurde. Erschrocken fuhr ich hoch und eilte durch die offene Balkontür auf den Balkon. Der Supermarkt gegenüber bekam Ware, die unter großem Getöse abgeladen und in das Lager gebracht wurde. Ein Blick auf die Uhr zeigte 5:30 Uhr. Das war schon hart für uns, aber um sechs Uhr wären wir wahrscheinlich sowieso von der Sonne geweckt worden. Da wir nun schon mal wach waren, standen wir auch gleich richtig auf und beobachteten vom Balkon aus, wann der Supermarkt öffnete, was leider erst um neun Uhr der Fall war. Halb tot vor Hunger ging ich dann schnell ein Baguette holen und wir konnten endlich frühstücken.

Wie vor jeder Reise hatte ich mich informiert, ob es am Urlaubsort auch eine Möglichkeit für FKK gab und hatte herausgefunden, dass es einen Strandabschnitt gab, der souris chaude genannt wurde und an dem Nacktbaden üblich sei. In der Hotelhalle fragte ich deshalb die Rezeptionistin, ob sie wüsste, wo sich dieser Strand befindet, sie aber sah mich nur etwas verwirrt an und schüttelte dann den Kopf. Ein anderer Gast, der sich gerade in der Lobby aufhielt, hatte meine Frage gehört und erklärte mir, wie wir zu dieser „heißen Maus" hinkämen.

Schnell wollten wir unser neu erworbenes Wissen nutzen und fuhren sofort in südliche Richtung. An einer Stelle, in deren Nähe wir den gesuchten Strand vermuteten, stellten wir das Auto ab und gingen zu Fuß weiter. Die Gegend war ein wenig unübersichtlich, denn wir bewegten uns in einer hügligen Lavalandschaft, die spärlich bewachsen war und uns an Fuerteventura erinnerte. Irgendwann sahen wir dann das Ufer, das aber an dieser Stelle keinen sehr einladenden Eindruck machte, denn die Lava reichte bis in das Wasser und von einem Badestrand konnte keine Rede sein. Wie wir feststellten, waren wir nicht die einzigen Besucher dieses Ortes, sondern es gab drei schwarze Männer, die nackt herumliefen. Auch wir zogen uns aus und setzten uns auf unsere Decke. Einer der Männer begrüßte uns freundlich mit Handschlag und setzte sich sehr dicht neben mich auf sein Handtuch. Er stellte sich vor und nachdem auch wir unsere Vornamen gesagt hatten, wollte er wissen, woher wir kämen. Auch das sagte ich ihm und nun wollte er alles über das Wetter in Deutschland wissen. Ich berichtete wahrheitsgemäß darüber und er bedauerte uns, dass wir es zu Hause so kalt hatten. Die Situation erinnerte mich an den FKK-Strand auf Guadeloupe, nur dass wir dort mit den Einheimischen nicht gesprochen hatten.

Nun waren wir ja nicht zum Plaudern an den Strand gekommen und deshalb stand ich auf, um ins Wasser zu gehen. Leider wurde meine Befürchtung, dass das Baden durch die scharfkantige Lava unter Wasser problematisch sein könnte noch dadurch übertroffen, dass es überall Seeigel gab, deren Stacheln unangenehme Wunden erzeugen können, wenn man auf sie tritt. Ich versuchte zwar, sie zu umgehen, aber es machte einfach keinen Spaß dort zu baden. Die spitzen Steine und die Seeigel waren mir zu gefährlich, weshalb ich recht schnell wieder das Wasser verließ und zu meiner Frau zurückkehrte. Sie schaute ganz verzweifelt, denn unser Deckennachbar hatte ständig auf sie eingeredet und da sie nichts verstanden hatte und auch nicht antworten konnte, hatte sie Angst, er könne beleidigt sein. Ich erklärte ihm, dass meine Frau nicht französisch sprach und er nickte lachend. Das hatte er sich schon gedacht.

Nicht ohne uns freundlich von den drei Männern zu verabschieden, verließen wir diesen Strand in der Gewissheit, nicht dorthin zurückzukehren. Wir trösteten uns damit, dass Réunion viele reizvolle Landschaften hat und dass das gelegentliche Baden dann eben ausnahmsweise mit Badekleidung erfolgen müsste.

Also beschlossen wir unsere Aktivitäten mehr in die Berge zu verlegen, die auf dieser Insel auch wirklich sehr zum Wandern einluden. Leider mussten wir feststellen, dass die Berge morgens zwar in strahlendes Sonnenlicht getaucht waren, aber sich meist schon mittags in dichten Nebel hüllten. So hatten wir bereits am nächsten Tag das Problem, dass wir zwar früh bis an den Fuß eines Berges heranfuhren und sofort begannen ihn zu ersteigen, aber als wir oben angekommen waren, sahen wir kaum noch die Hand vor Augen. Das war natürlich ebenso ärgerlich wie gefährlich, denn wir mussten ja schließlich wieder herunter. Zum Glück wurde der Nebel weniger, je tiefer wir stiegen und so kehrten wir viel zu früh und ohne rechten Erfolg in unser Hotel zurück.

Wir hatten nun die Entscheidung, ob wir am nächsten Morgen ausschlafen und ein frisches Baguette wollten oder ob wir am Abend noch ein

Baguette kaufen, es nicht mehr knusprig, aber ganz früh verspeisen wollten, um vor dem Nebel auf dem Berg zu sein. Da wir uns für Letzteres entschieden, wanderten wir bereits um neun Uhr auf dem Kraterrand eines erloschenen Vulkans. Es war sehr abenteuerlich, denn der Weg war weniger als einen Meter breit und nichts für ängstliche Menschen, die nicht schwindelfrei waren, denn links und rechts ging es steil bergab. Meine Frau hatte große Angst abzustürzen und hielt sich krampfhaft bei mir fest.

Ich hatte gelesen, dass es auf Réunion bewohnte Täler gibt, die nur zu Fuß oder mit dem Hubschrauber zu erreichen sind. Solch ein Tal lag jetzt wohl unter uns. Hier hatten Postzusteller und Lehrer ihre liebe Not, zu ihrer jeweiligen Kundschaft zu gelangen.

Nachdem wir eine ganze Weile gewandert waren, kam uns ein Paar entgegen. Diese Begegnung stellte uns alle vor eine große Aufgabe, denn man konnte nicht einfach mal einen Schritt zur Seite gehen, um die anderen durchzulassen, dazu war der Weg zu schmal. Wir hätten nur eine Möglichkeit gehabt, aneinander vorbeizukommen, indem wir die Entgegenkommenden umarmt hätten und umeinander herumgetanzt wären, aber erstens konnte ich diesen Vorschlag nicht auf Französisch formulieren und zweitens wusste ich vorher, dass meine Frau da nicht mitmachen würde. Außerdem befürchtete ich, dass dieser Weg gar nicht vollständig um den Krater herumlaufen würde und wir uns in einer Sackgasse befänden. Deshalb fragte ich: „Est-ce un cul-de-sac?" Er lachte und antworte: „Oui c'est un cul-de-sac." Sein „Cul-de-sac" hörte sich ganz anders an als meines und ich ahnte, warum er gelacht hatte.

So kehrten wir um und liefen vor dem anderen Paar her bis wir an die Stelle kamen, an der unser Aufstieg in eine Gratwanderung übergegangen war. Dort verließen wir den schmalen Kraterrand. Bald wurde der Weg nach unten breiter und wir ließen uns überholen, um gemächlich unseren Weg fortzusetzen. Wenn wir uns umschauten, stellten wir fest, dass es dort genau so aussah wie in Bayern. Auf den Bergwiesen weideten Kühe und Schafe und es war irgendwie idyllisch. Aus dem Tal kletterte ein Bus die engen Serpentinen empor und vor jeder Kurve hupte er, wohl um den Gegenverkehr zu warnen. Lustig war, dass die Kühe auf jeden Hupton mit einem vielstimmigen "Muh" antworteten und so klang es in kurzen Abständen immer wieder: "Tuut - Muh! Tuut - Muh! Tuut - Muh!" Es war köstlich anzuhören, wie sich Bus und Kühe miteinander unterhielten.

Wir sahen bei dieser Wanderung Papyrus, Bambus und Riesenfarne sowie extrem große Seidenspinnen, deren Netze wohl einen Durchmesser von mehr als fünf Meter hatten.

Da an diesem Tag der Nebel seinen freien Tag zu haben schien, verlebten wir einen wunderschönen Tag in den Bergen von Réunion und kamen am späten Nachmittag müde und k.o. in unser Hotel zurück. Als wir in unser Zimmer wollten, öffnete sich gerade unsere Tür und Nathalie kam uns entgegen. Sie hatte wohl soeben unser Zimmer gesäubert und war wie immer sehr gut gelaunt. Sie begrüßte uns freundlich und fragte was wir an diesem Tag unternommen hatten. Während ich kurz über unsere Aktivitäten berichtete, gab es einen lauten Knall und meine Frau schrie auf. Erschrocken schauten wir zu ihr hin und sahen, dass sie gegen die Glastür unseres Balkons gelaufen war. Nathalie hatte nicht nur die Scheibe streifenfrei geputzt, sondern auch die Tür geschlossen. Sie sprang erschrocken hinzu und entschuldigte sich wortreich, obwohl sie ja nichts falsch gemacht hatte. Putzen war schließlich ihre Aufgabe, und dass wir uns daran gewöhnt hatten, dass die Balkontür ständig offenstand, konnte sie nicht wissen. Zum Glück war meiner Frau nichts Nennenswertes passiert, sondern sie hatte nur einen Schreck bekommen und eine kleine Beule an der Stirn, aber ihre Brille war ganz geblieben. Die Schwellung würde bald wieder verschwinden, wenn sie sie gut kühlte. Dazu brachte uns Nathalie nach kurzer Zeit einen Eisakku. Mit weiteren Worten des Bedauerns verließ sie uns und wir mussten trotz allem über dieses Missgeschick lachen als wir allein waren.

Da sich meine Frau an diesem Abend nicht mehr unter Menschen traute, holte ich uns Pizza von einem vor unserem Hotel stehenden Imbisswagen und wir genossen einen weiteren herrlich warmen Abend auf unserem Balkon. Wir lasen lange und tranken dazu das ebenfalls von mir mitgebrachte Bier, sodass wir mit dem Einschlafen keine Probleme hatten.

Die nächsten Tage verbrachten wir mit Bergwandern und Baden. Wir hatten entdeckt, dass es etwas entfernt von uns im Ort Boucan Canot einen schönen Strand und ein sehr gutes Restaurant mit Blick auf das

Meer gab. Man konnte sehr gut schwimmen, wenn auch angezogen und danach zum Essen in das Restaurant des Hotels gehen, von wo aus wir sogar wieder Delphine beobachten konnten.

Um dorthin zu kommen, fuhren wir ein Stück mit dem Auto, stellten es ab, wo es erlaubt war und liefen den Rest des Weges zu Fuß. Bei diesen Spaziergängen sahen wir zu unserem Erstaunen überall an den Bäumen Vogelnester, die Weidenkörben glichen und wie Ampeln an den Ästen hingen. Mir ging die Frage nicht aus dem Sinn, wie es den Vögeln nur mit ihren Schnäbeln gelungen war, diese Körbe zu flechten und an die Äste zu hängen.

Als wir am Freitagnachmittag in unser Hotel kamen, staunten wir, wie lebhaft es dort plötzlich zuging. Anscheinend waren alle anderen Zimmer von jungen Leuten belegt und die wollten sich offensichtlich amüsieren. Als ich die nette junge Frau an der Rezeption fragte, was denn diese hohe Auslastung plötzlich zu bedeuten hatte, sagte sie uns, dass die Einwohner von Réunion an den Wochenenden gern in eine andere Stadt auf der Insel reisen.

Es wurde ein langer, lauter Abend und mehrmals wurde an unserer Tür gerüttelt, die wir glücklicherweise immer abschlossen. Wir waren froh, als gegen Morgen endlich Ruhe einkehrte. Der Schlaf währte allerdings nicht lange, da begann die lautstarke Belieferung des Supermarktes gegenüber und die Nacht war für uns vorbei. Die Alkoholleichen in all den anderen Zimmern schien der Krach nicht zu stören, denn von ihnen hörten wir nichts. Wir hofften nun auf den Sonntagmorgen, denn wir nahmen an, dass da der Supermarkt keine Lieferung bekommen würde.

Um nicht wieder Opfer der lautstarken Nachbarn zu werden, gingen wir an diesem Samstagabend in ein Restaurant in der Nähe, das trotz des chinesischen Namens traditionelle französische Küche anbot, was uns überhaupt nicht störte.

Am Sonntagmorgen um sechs Uhr wurden wir jäh geweckt. Die Ursache war diesmal nicht die Belieferung des Supermarktes, sondern, wie ich bei einem Blick vom Balkon sah, ein schrecklich lauter Laubbläser, mit dem der Hotelgarten von abgefallenen Blättern gesäubert wurde. Wir fragten uns, ob diese Aktion tatsächlich um diese frühe Morgenstunde sein musste. Aber es schien niemanden außer uns zu stören.

In der zweiten Woche wanderten wir zu vielen Berggipfeln und Kraterrändern, fuhren mit dem Auto einmal um die ganze Insel und entdeckten viele merkwürdige und interessante Dinge. Es gab überall die hellroten Altäre zu Ehren des St. Expeditus. Einer Legende nach, beruht der Name des Heiligen Expedit auf einem Irrtum. Es wurde irgendwann eine Heiligenstatue nach Réunion geschickt, deren Verpackung auf dem Weg beschädigt worden war. Deshalb war wohl als Aufschrift nichts weiter als „Expedit" zu lesen, was auf expéditeur - also „Absender" hindeutete, aber von den Empfängern als Name des Heiligen gedeutet wurde. So verehren die Katholiken von Réunion den Heiligen Expeditus, den es wahrscheinlich nie gegeben hat.

Offensichtlich gibt es auf der Insel eine große Frömmigkeit gepaart mit Aberglauben, ein Verhalten, das aber auch immer wieder genährt wird durch bestimmte Ereignisse. Als zum Beispiel im April 1977 der 2.600 Meter hohe Vulkan seine glühende Lava zu Tal fließen ließ und dadurch mehrere Siedlungen im Südosten der Insel verwüstete, teilte sich der Strom vor der Kirche Notre Dame von Piton Sainte-Rose und floss links und rechts an ihr vorbei, ohne sie zu zerstören. Noch heute liegt das Gotteshaus zwei Meter unter dem Straßenniveau - und heißt seitdem Notre-Dame-des-Laves. Auch eine Marienstatue mit einem Schirm schien die Lava umgeleitet zu haben, denn wir sahen sie am Rande der erkalteten Lava stehen, die um sie herumgeflossen war, sie aber nicht beschädigt hatte. Ihre Hauptaufgabe, eine wertvolle Vanillepflanzung zu schützen, erfüllte sie jedoch nicht, denn diese fiel der Lava zum Opfer.

Die Religiosität spielt dort wohl eine sehr große Rolle, bezieht sich aber nicht ausschließlich auf den Katholizismus, sondern es leben auch Moslems, Hindus, Buddhisten, Juden und Protestanten in friedlicher Koexistenz. So findet man auf Réunion Kirchen, Moscheen, hinduistische Tempel und Pagoden und niemand scheint sich daran zu stören. Allein dieses konfliktfreie Miteinander war die Reise wert.

Bei einer unserer Erkundungsfahrten mit dem Auto kamen wir auch an die Stelle, an der die Lava die Straße unterbrochen hatte. Das war auf

Réunion aber wohl kein Problem, denn es gab einen neuen Straßenabschnitt, der über die inzwischen erkaltete Lava führte.

Während es sonst immer große Aufregung gibt, wenn irgendwo auf der Welt ein Vulkan aktiv wird, sieht man das auf Réunion ziemlich gelassen. Es heißt dann lediglich: „volcan la pété." Kurz vor dem Ende unseres Urlaubs fing der Vulkan tatsächlich an zu pupsen, wie es die Einheimischen ausdrücken. Wir verfielen jedoch nicht in Panik, sondern fuhren und kletterten so dicht wie möglich an die ausfließende Lava heran. Dieses Schauspiel war sehr imposant und deshalb waren wir auch nicht die einzigen Zuschauer.

Ein anderer Ausflug führte uns in die Stadt mit dem zunächst unerklärlichen Namen Le Tampon. Meine unwissenschaftliche Erklärung ist die, dass dort die meisten der Verwaltungsbeamten aus Saint-Pierre wohnen, die beruflich viel mit Stempeln zu tun haben und Tampon ist schließlich das französische Wort für Stempel.

An einem Vormittag wurde im Garten unseres Hotels ein indisches Büfett aufgebaut. Wir ließen uns die Gelegenheit nicht entgehen und nahmen teil. So hatten wir das Vergnügen, viele typisch indische Gerichte zu probieren und waren sehr angetan von der indischen Küche. Es ist wohl nicht nötig zu erwähnen, dass wir mal wieder als Letzte satt waren und als wir uns endlich zurückgezogen hatten, tauchten plötzlich viele indisch aussehende Menschen auf und aßen die Töpfe leer. Endlich hatten wir auch einmal das Gefühl, dass nicht alles weggeworfen wurde, was wir nicht geschafft hatten.

Bei einem Obsthändler kauften wir regelmäßig ein und lernten eine für uns neue Frucht kennen, die er Cœur de Bœuf nannte. Später in Berlin fanden wir heraus, dass es diese auch bei uns gab - da heißt sie allerdings Cherimoya.

Von einem anderen Händler kauften wir Vanille, die auf der Insel geerntet wurde. Sie war sehr teuer, aber als der Verkäufer uns erklärte, wie viel Aufwand und welche Zeit es zur Herstellung der fertigen Vanilleschoten braucht, verstanden wir den hohen Preis.

Es würde den Rahmen dieses Kapitels sprengen, wenn ich über alle unsere Ausflüge auf Réunion berichten würde, bedeutet aber, dass diese Insel so voller Attraktionen steckt, dass man sie mehr als ein Mal besuchen sollte.

Nach 14 Tagen nahmen wir Abschied von Nathalie, die uns dringend ans Herz legte, wiederzukommen. Da wir aber noch viel mehr von der Welt sehen wollten, konnte ich nur sagen: "Pourquoi pas?"

Als wir zum Flughafen fuhren, hatte ich wieder ein ungutes Gefühl in der Magengegend, denn unser Auto hatte einige zusätzliche Kratzer und kleine Beulen bekommen, als wir auf wilden Wegen herumgefahren waren. Wir hatten zwar eine Vollkaskoversicherung, aber es konnte sein, dass wir den Schaden erst einmal bezahlen müssten und das Geld später von der Versicherung wiederbekommen würden. Als wir das Auto zurückgaben, wurde es wieder von einer wunderschönen jungen Frau inspiziert. Sie überprüfte die Tankfüllung und den Kilometerstand, dann ging sie mit dem vor 14 Tagen aufgenommenen Übergabeprotokoll um das Auto herum. Mir klopfte das Herz bis zum Hals, denn gleich musste sie auf die von uns verursachten Schäden stoßen. Sie jedoch tat nichts weiter als die Vollzähligkeit der notierten Schäden zu überprüfen und abzuhaken. Bei Schäden, die vom Staub verdeckt waren, wischte sie den Staub weg, um sie besser sehen zu können. Da alle alten Beulen und Kratzer natürlich noch vorhanden waren, war die Sache für sie erledigt. Die neu hinzugekommenen Schäden ignorierte sie und wenn sie nicht so tief schwarz gewesen wäre, hätte sie wahrscheinlich blonde Haare gehabt.

Gran Canaria (Kanarische Inseln)

Im Mai 2005 flogen wir für zwei Wochen nach Gran Canaria. Dort erwarteten wir ein Wetter, wie wir es auf Teneriffa und Lanzarote kennengelernt hatten. Dass wir in Berlin bei schlechtem Wetter abflogen, war für uns kein Problem, denn das waren wir schon gewohnt, wenn wir per Flugzeug verreisten. Am Reiseziel waren wir bis dahin immer mit stahlblauem Himmel und Wärme empfangen worden. Warum sollte es diesmal anders sein?

Wir flogen mit Air Berlin und unser Abflug verzögerte sich um etwa eine Stunde. Als wir endlich einsteigen durften und auf unseren Plätzen saßen, ertönte die Stimme des Flugkapitäns, der sich für die Verspätung entschuldigte, indem er sagte, dass es ein technisches Problem gegeben habe, das jetzt aber mehr oder weniger behoben sei. Wir hofften, dass es nur die Kaffeemaschine war, die mehr oder weniger funktionierte und nichts Systemrelevantes am Flugzeug. Immerhin kamen wir gut in Nürnberg an, wo wir umsteigen mussten.

Man sah, dass der Flughafen Nürnberg dem Ansturm kaum gewachsen war, denn überall bildeten sich lange Schlangen, aber Air Berlin hatte diesen Flughafen als Hub für seine Urlaubsflüge auserkoren.

Bald ging es mit einem anderen Flugzeug derselben Gesellschaft weiter. Als es Mittagessen gab, fragten die Stewardessen in jeder Reihe: „Chicken oder Pasta?" Wenn überhaupt jemand der überwiegend älteren Fluggäste darauf antwortete, war es: „Was?" Deshalb wiederholten die Stewardessen geduldig in jeder Reihe: „Hühnchen oder Nudeln?" Das wurde von den Passagieren besser verstanden und sie entschieden sich für eines der Gerichte. Nach dem Essen flimmerte Mister Bean auf den Bildschirmen und danach fing es an zu schaukeln – also ein ganz normaler Flug.

Als wir uns den Kanaren näherten, waren wir enttäuscht, denn es war stark bewölkt und außerdem sagte der Pilot schlechtes Wetter für Gran Canaria an. Wir trösteten uns damit, dass es ja auch nicht immer nur warm und trocken sein könne und dass die nächsten Tage sicher viel besser werden würden.

Nachdem wir das Flugzeug verlassen hatten, waren wir froh, unsere Anoraks noch griffbereit zu haben. Wer Gäste am Flughafen abholte, war warm angezogen und hatte einen Regenschirm dabei. Da wir dieses Mal Flug und Unterkunft bei einem Reiseanbieter gebucht hatten, meldeten wir uns bei einer Verantwortlichen und teilten ihr mit, dass wir angekommen waren, aber nicht mit dem Bus fahren würden. Wir wollten nicht, dass sie auf uns wartete und dass sich unsertwegen die Fahrt der anderen Urlauber verzögern würde.

Dann führte uns unser Weg zur Autovermietung. Diesmal war es die Firma Cicar, bei der wir vorab gebucht hatten. Die Anmietung war unkompliziert, die Angestellte sprach gut englisch und so hatten wir schnell unser Auto.

Als wir in Richtung Maspalomas fuhren, hatten wir nicht das Bedürfnis, die Klimaanlage einzuschalten; fast hätten wir geheizt, so kalt war es. Während ich mit der erlaubten Höchstgeschwindigkeit fuhr, überholten mich ständig Busse, die die Urlauber vom Flughafen zu den Hotels brachten. Als wir die halsbrecherischen Manöver beobachteten, die sie beim Überholen ausführten, waren wir froh, nicht in einem dieser Busse zu sitzen.

Bei der ausgewählten Unterkunft eingetroffen, waren wir aus zwei Gründen enttäuscht. Das Äußere des Gebäudes entsprach bei weitem nicht dem Bild in dem Prospekt und es gab keinen Parkplatz in der Nähe des Hauses. Ein Halten in zweiter Reihe war ebenfalls schlecht möglich, da die Straße sehr schmal war und ständig von Autos passiert wurde. Wir kamen uns vor, wie daheim in Berlin-Prenzlauer Berg. Ich lud schnell unsere Koffer aus und meine Frau wartete mit ihnen vor der Rezeption bis ich einen Parkplatz gefunden hatte und zu Fuß zurückgekommen war. Dann betraten wir das Gebäude und gingen zur Rezeption. Es mutete dort alles sehr primitiv an und der Portier kam erst nach mehrmaligem Läuten an seinen Arbeitsplatz. Nachdem alle Formalitäten erledigt waren, suchten wir unser Apartment auf. Es lag im Parterre und als wir uns umschauten, waren wir alles andere als begeistert, denn es war schon sehr abgewohnt.

Wenigstens sahen wir aus dem Fenster den Atlantik, was uns ein bisschen tröstete. Zwar gab es einen Fernseher, aber der empfing lediglich ARD als einzigen deutschen Sender, wie ich sofort feststellte. „Na ja, besser als gar nichts", dachte ich, „dann können wir wenigstens Nachrichten sehen."

Schnell zogen wir die Anoraks aus und Sweatshirts an, dann verließen wir die Ferienwohnung wieder und machten uns auf die Suche nach etwas zum Essen. Es war früher Nachmittag und wir hatten Hunger, denn im Flugzeug hatte es nur einen kleinen Imbiss gegeben. Nach wenigen Minuten Fußweg erreichten wir eine Passage, in der sich ein Restaurant an das andere reihte. Wir ließen uns gleich bei dem allerersten nieder, da wir nicht zu viel Zeit verlieren wollten. Dort bestellten wir uns papas arrugadas, denn wir wussten von unseren früheren Urlauben auf den Kanarischen Inseln, dass es sich um die typischen kanarischen Schrumpfkartoffeln handelte, die wir gern aßen. Wieder stellten wir fest, dass sie viel besser schmeckten als sie aussahen. Vor allem war es fremd für uns, dass wir die runzlige Kartoffelschale essen konnten. Hätten wir das nicht vorher gelesen, so hätten wir wahrscheinlich die Pelle entfernt, wie es die Frau am Nachbartisch verzweifelt versuchte. Allerdings blieb dann kaum noch etwas von den Kartoffeln übrig.

Nach dieser kleinen aber leckeren Mahlzeit wollte ich aber sofort zum Strand, denn deswegen waren wir ja nach Gran Canaria geflogen. Wie beschrieben, gab es eine regelrechte Wüste, die sich Dunas de Maspalomas nannte und die gleichzeitig einen riesigen Strand bildete. Die Wellen waren nicht zu hoch und ich hatte große Lust zum Baden, obwohl eine ziemlich kühle Brise wehte. Eine Badehose brauchte ich nicht, denn der gesamte Strand sollte für FKK freigegeben sein, was man wegen der niedrigen Temperatur an diesem Spätnachmittag aber nicht merkte, denn wir waren die einzigen Badegäste. Viele Strandspaziergänger schauten mich erstaunt an, als ich nass aus dem Wasser kam. Ich wusste nicht, ob das Bewunderung oder Mitleid war oder ob an dieser Stelle doch nicht FKK erlaubt war. Da wir kein Handtuch bei uns hatten und der Wind zu kalt war, um sich von ihm trocknen zu lassen, musste ich mich ziemlich nass wieder anziehen, was recht unangenehm war.

Wir eilten zurück in unser Hotel, ich zog mich um und dann suchten wir das Restaurant, bei dem wir Frühstück und Abendessen gebucht hatten. Das fanden wir auch recht bald in der schon am Nachmittag besuchten Passage. Es hatte den typisch spanischen Namen „Alt Dortmund". Da wir lange Hosen und Pullover trugen, wagten wir es, uns einen Platz im Außenbereich zu suchen, der glücklicherweise überdacht war. Der deutsch sprechende Kellner kam, wir gaben ihm unseren Voucher, bestellten ganz bescheiden preiswerte Gerichte und dazu Weizenbier für uns beide. Dass es dieses typisch deutsche Getränk hier gab, wunderte uns gar nicht mehr, denn wir fühlten uns wie mitten in einer x-beliebigen Fußgängerzone in Deutschland.

Das Bier kam, dann wurde das Essen serviert und während wir aßen wurden wir Zeugen eines eigenartigen ständig wiederkehrenden Schauspiels. Immer, wenn Urlauber das Restaurant passierten, stellte sich ihnen ein Mitarbeiter des Restaurants in den Weg, sprach sie meist auf Anhieb in ihrer Muttersprache an und wies sie auf die bereitgehaltene Speisekarte hin. Viele ließen sich dadurch tatsächlich zu einem Besuch dieses Restaurants überzeugen. Uns beeindruckte diese Überzeugungskraft sehr und vor allem waren wir überrascht, dass der Mann schon von weitem erkannte, ob Deutsche, Briten oder Holländer auf ihn zukamen, auch wenn diese nicht sprachen.

Als wir die Rechnung für die Getränke bestellten, bekamen wir sie zusammen mit einem Schnaps. Da die beiden Biere nur 4,10 Euro kosteten, gab ich fünf Euro und dachte, ich hätte schon etwas übertrieben beim Trinkgeld. Der Kellner sah das aber anscheinend anders, denn er bedankte sich kaum dafür.

Wir gingen in unser Quartier und schliefen in dieser Nacht gut und lange. Trotzdem waren wir am nächsten Morgen schon wieder die Ersten bei dem im selben Restaurant gebuchten Frühstück. Wir bekamen eine illustrierte Speisekarte, aus der wir das gewünschte Frühstück auswählen konnten, sodass die Bestellung auch ohne Beherrschung der spanischen Sprache geklappt hätte. Sprachkenntnisse waren aber in diesem Fall ohnehin unnötig, denn der Kellner sprach nicht nur deutsch, sondern er war sogar Deutscher.

Nach dem Frühstück hatten wir erst einmal ein Meeting, zu dem die Reiseleitung alle neuen Urlaubern eingeladen hatte. Wir trafen uns in der Außenanlage eines großen Hotels in der Nachbarschaft und für jeden gab es ein Glas Sangria mit Melonenstückchen, das wir tranken, während die Reiseleiterin uns begrüßte und auf die sehenswerten Stellen der Insel hinwies. Da wir uns schon zu Hause mittels ADAC TourSet auf die Reise vorbereitet hatten, wanderten meine Blicke gelangweilt über die Anlage und erreichten schließlich das Netz, das über unseren Köpfen gespannt war. Ich sah dort zu meiner Verwunderung laut summende Tiere fliegen, die so groß wie Maikäfer waren. Ich zeigte sie meiner biologisch gut informierten Frau und sie meinte, dass es sich um riesengroße Kakerlaken handeln müsse.

Da die Beobachtung der Kakerlaken für mich interessanter war, als die Ausführungen der Reiseleiterin, hörte ich nicht mehr hin. Meine Aufmerksamkeit erwachte jedoch schlagartig, als ich hörte, wie ein Urlauber fragte, ob er einen Spielplan der Oper von Gran Canaria haben könne, da er gern einige Aufführungen besuchen wolle. Diese Anfrage fesselte mich noch mehr als die fliegenden Großkakerlaken. Ich hätte es trotz all meiner manchmal ausufernden Fantasie niemals für möglich gehalten, dass jemand auf die Kanaren reist, um in die Oper zu gehen.

Nach der Besprechung wollten wir nun aber endlich den Strand und das Meer genießen. Als wir jedoch unsere Decke ausgebreitet hatten, bemerkten wir einen ziemlich kräftigen kalten Wind von See. Da wäre ein Windschutz, wie wir ihn an der Ostsee benutzt hatten, nützlich gewesen – den hatten wir aber nicht. So wurden wir nach und nach vom Sand zugeweht. Das Baden war zwar schön, da es ganz ordentliche Wellen gab, aber es erinnerte sehr an die Ostsee, da der Wind alle aus dem Wasser ragenden Körperteile kühlte. Aber wenigstens waren wir an einem FKK-Strand, wie uns der Blick zu den wenigen anderen Badegästen bestätigte.

Lange hielten wir es leider nicht am Wasser aus, denn wir froren und hatten Sand in allen Körperöffnungen, was sehr unangenehm war. Deshalb zogen wir uns bald wieder an und gingen in unser Zimmer. Dort duschten wir und überlegten dann, was wir an diesem nicht so sonnigen Tag unternehmen könnten. Nach kurzer Diskussion setzten wir uns ins

Auto und machten eine kleine Erkundungsfahrt entlang der Küste. Wir fuhren in westlicher Richtung und erreichten bald darauf Puerto Rico. Scherzhaft auf eine Karibikinsel anspielend, fragte ich: „So weit sind wir gefahren?"

Wahrscheinlich gab es früher mehrere reiche Häfen auf der Welt, sodass ein Mehrfachvorkommen dieses Namens nicht verwunderlich war. Dieses Puerto Rico lag zwischen großen Felswänden direkt am Meer. Leider war fast jede verfügbare Stelle mit Hotels zugebaut, sodass man vom Wasser aus keinen schönen Anblick hatte, wenn man landeinwärts schaute. Es gab einen großen künstlichen Strand, an dem es nicht so kalt und windig war wie in Maspalomas, weshalb er auch unangenehm voll war. Deswegen und da es sich um keinen FKK-Strand handelte, verließen wir ihn bald wieder und wendeten uns der Stadt zu. Auf der Suche nach einem Restaurant, in dem wir zu Mittag essen konnten, bemerkten wir, dass in diesem Ort die englische Sprache überwog. Das störte uns natürlich nicht und so fanden wir einen schönen Platz in einem Restaurant mit Blick auf den Yachthafen, um endlich mal wieder Fish and Chips essen zu können.

Auf dem weiteren Stadtbummel begegneten wir vielen Skandinaviern und Briten, wie man hörte. Die Stadt war sehr touristisch und es gab ein riesiges Shoppingcenter. Alles in allem gefiel es uns nicht so gut in Puerto Rico, aber als wir in den eigentlichen Hafen kamen, sahen wir, dass auch von dort mehrere Schiffe zum whale watching starteten. Wir informierten uns gründlich und entschieden uns schließlich für eine Fahrt mit einer der Fähren, die regelmäßig von Puerto Rico nach Mogán fuhren. Auch von ihnen aus sollte es möglich sein, Wale und Fische zu beobachten, allerdings zu einem geringeren Fahrpreis verbunden mit dem Vorteil, gleich noch eine andere Hafenstadt zu besuchen.

So fuhren wir also mit einem Schiff in Richtung Puerto de Mogán und hofften unterwegs auf die Begegnung mit Walen. Obwohl das Schiff ziemlich weit auf den Ozean hinausfuhr, erwies sich diese Hoffnung als unbegründet, aber zum Trost hatten wir ja noch die Erkundung einer anderen Stadt.

In Puerto de Mogán stiegen wir aus der Fähre und sahen uns im Hafen und in dessen Umgebung ausführlich um. Die Stadt gefiel uns sehr gut, hatte sie doch ein mediterran anmutendes Flair und erinnerte uns mit ihren kleinen Brücken und engen Gassen an Venedig. Es gab auch einen großen Strand und da endlich schönes Wetter war, badeten auch viele Menschen und noch mehr lagen am Strand und sonnten sich. Wir hatten natürlich wieder keine Badekleidung dabei, weshalb wir nur zusehen konnten, freuten uns aber trotzdem, dass die Sonne schien. Das war doch das Wetter, das wir auf Gran Canaria erwartet hatten.

Mit der nächsten Fähre fuhren wir wieder zurück nach Puerto Rico, nahmen uns aber fest vor, noch einmal mit dem Auto nach Puerto de Mogán zu fahren, insbesondere deswegen, weil wir auch auf der Rückfahrt wieder kein einziges Wassertier zu sehen bekamen.

Während wir nach Hause fuhren, wurde es bereits dunkel und die Kälte nahm ebenfalls zu. In unserer Straße suchte ich erneut lange erfolglos nach einem Parkplatz, bis ich einige Straßen weiter fündig wurde.

Wir zogen uns im Hotelzimmer warm an, um uns dann auf den Weg zum Restaurant zu machen, für das wir die Gutscheine hatten. Der Kundenfänger auf der Straße kannte uns schon und riet uns, lieber gleich in das Restaurant hineinzugehen, da es draußen zu kalt sei. Ich zeigte auf seine kurze Hose und sein T-Shirt und fragte, ob er nicht friere, aber er antwortete, dass das eben ein Job sei, bei dem man nicht empfindlich sein dürfe.

Wir verkrochen uns ins Innere der Gaststätte und wurden vom selben Kellner wie am Vorabend bedient. Er war korrekt, aber nicht mehr so freundlich wie tags zuvor. Diesmal wurden wir schon frecher, indem wir eine Vorspeise zusätzlich zum Hauptgericht bestellten, wie es in der Erklärung zu unseren Gutscheinen stand. Wir bekamen auch das Gewünschte sowie das außerdem bestellte Bier, aber am Ende kam nur die Rechnung ohne den Schnaps. Wir überlegten, ob es das zusätzliche Getränk nur am ersten Tag gab, kamen aber zu dem Schluss, dass man wahrscheinlich von uns mehr Trinkgeld erwartet hatte, denn wir hätten ja ohne die Gutscheine eigentlich eine viel höhere Rechnung gehabt. So legten wir noch etwas dazu und als der Kellner das Geld einsteckte, fragte er doch tatsächlich, ob wir noch einen Schnaps trinken möchten. Wir hatten also unseren Fehler richtig erkannt und korrigiert.

Im Hotelzimmer wollten wir noch ein wenig fernsehen, aber da wir keine Senderauswahl hatten und uns das angebotene Programm nicht gefiel, gingen wir wieder zum Lesen über, was ja auch viel besser war als in die Röhre zu gucken.

Als ich am nächsten Morgen aus dem Fenster schaute, sah ich herrlichen blauen Himmel über dem Meer und freute mich auf einen schönen sonnigen Badetag. Die Enttäuschung kam schon auf dem Weg zum Frühstück, denn es fing an zu regnen. Das Frühstück konnten wir zum Glück unter einem Dach einnehmen, aber als wir zum Hotel zurückrannten, wurden wir ziemlich nass. So blieben wir den Vormittag über im Haus und warteten auf besseres Wetter, das aber nicht kam.

Um nicht den ganzen Tag im Hotelzimmer zu sitzen, bestiegen wir mittags unser Auto und starteten erneut zu einer Entdeckungsreise. Diesmal fuhren wir in die Berge. Wenn wir schon nicht am Strand liegen konnten, dann wollten wir wenigstens etwas von der Insel sehen. Ich musste den Scheibenwischer einschalten und er hatte viel zu tun, denn es goss wie aus Kannen. Es machte keinen Spaß bei diesem Wetter auf den engen Bergstraßen zu fahren und von der sicher sehr schönen Landschaft sah man auch nicht viel. Als dann vom Berg auch noch Steine auf die Straße vor uns fielen, war für mich die Sache klar. Ich wollte zurück zum Hotel, was aber gar nicht so einfach war, denn da oben konnte man nicht einfach wenden und zurückfahren. Ich musste also erst einmal ungeachtet der fallenden Steine weiterfahren und hoffte nur, dass sie uns nicht treffen würden. Wie durch ein Wunder kamen wir unbeschadet in einem Bergdorf an, von wo aus wir über eine etwas größere Straße zurückfuhren, auf der wir meistens etwas weiter von den Berghängen und damit auch vom Steinschlag entfernt waren.

Als wir zurück im Hotel waren, machten wir uns klar, dass wir großes Glück gehabt hatten, dass uns und dem Auto nichts passiert war. Offensichtlich hatte der vermehrte Steinschlag etwas mit dem Regen zu tun, der wohl die Felswände rutschig machte und die Steine hinunterspülte.

Also saßen wir wieder warm angezogen in unserem Zimmer und sahen im Fernsehen Sendungen, die wir zu Hause nie gesehen hätten, bis wir uns wieder auf den Weg zum Restaurant machten, um zu Abend zu essen.

So gingen die Tage dahin und statt wärmer wurde es kälter, regnerischer und windiger. Langsam begann ich den Herrn zu verstehen, der bei der Besprechung nach dem Opernprogramm gefragt hatte. Es war vielleicht keine schlechte Idee, sich in ein warmes Opernhaus zu flüchten, wenn man draußen nur friert.

Da ja Gran Canaria eigentlich immer warmes Wetter hat, gab es natürlich in unserem Hotel keine Heizung und zu allem Überfluss hatten die Schiebefenster unseres Zimmers einen großen Spalt, durch den der kalte Wind mit voller Intensität hineinblies. Um wenigstens diese Zugluft zu vermeiden, stopfte ich die Vorhänge in die Lücke der Fenster und so blieben wir einigermaßen von dem Wind verschont, wenn es auch nicht schön aussah.

Bei einem erneuten Whale Watching hatten wir mehr Glück und sahen einige Wale, aber es war so stürmisch, dass das Schiff, auf dem wir fuhren so gewaltig schwankte, dass sich einige Passagiere übergeben mussten, was die ganze Fahrt etwas unappetitlich machte.

Als wir wegen des schlechten Wetters aus Verzweiflung eine Fahrt in die Inselhauptstadt Las Palmas de Gran Canaria unternahmen, hatten wir den üblichen Stress mit der Parkplatzsuche in den engen Straßen und den Leuten, die uns zu Werbeveranstaltungen für time sharing einladen wollten. Am Ende waren wir froh, wieder die lange Strecke zu unserem Hotel zurückfahren zu können, denn im Auto war es wenigstens warm.

An diesem Abend gab es während wir Abendbrot aßen ein Gewitter und als wir im Hotelzimmer fernsehen wollten, war bei dem deutschen Sender der Ton weg. Deshalb konnten wir bei der Unterhaltungssendung nur sehen, wie die Sänger die Lippen bewegten und mussten raten, welches Lied da wohl gerade gesungen wurde.

So hatten wir also das Pech, Gran Canaria so kalt zu erleben, wie wir es nicht für möglich gehalten hatten. Wir mussten jeden Tag in denselben dicken Pullovern herumlaufen, denn wir waren ja auf Sommerwetter eingestellt und sogar die Akquisiteure vor dem „Alt Dortmund" hatten sich inzwischen warm angezogen. Leid taten uns auch die Kamele, die eigentlich zur Personenbeförderung da waren, aber nun nass und kalt stillstanden.

Irgendwie waren wir froh, als der Urlaub zu Ende war. Wir waren uns bewusst, dass auch wir ein wenig an unserer Misere schuld waren, denn wenn wir nicht wieder das billigste Hotel im Katalog genommen hätten, hätten wir es wahrscheinlich ein bisschen wärmer und bequemer gehabt, aber das Wetter wäre auch nicht besser gewesen. Wir hatten einfach Pech gehabt.

Tavira (Portugal)

Im September 2004 starteten wir zur längsten Autoreise unseres Lebens. Unser jüngster Sohn lebte zu dieser Zeit dienstlich für ein halbes Jahr in Huelva in Spanien und wir wollten ihn dort gern besuchen. Außerdem hatten wir uns schon lange vorgenommen, an die Algarve zu reisen. So verbanden wir das eine mit dem anderen und fuhren mit dem Auto nach Tavira über Huelva. Insgesamt betrug die von uns ausgewählte Fahrstrecke rund 3700 Kilometer.

Am 4. September fuhren wir los und steuerten als erstes Ziel Luxemburg an. Dort übernachteten wir und fuhren am nächsten Morgen weiter. Nur zu gern hätten wir die nächste Nacht in unserem Lieblingshotel in der Camargue verbracht, aber dort wurde umgebaut und wir mussten weiterfahren, um uns eine andere Bleibe für die Nacht zu suchen, was uns auch problemlos gelang.

Am nächsten Tag fuhren wir am Mittelmeer entlang, um dann über Toulouse und Lourdes nach Biarritz zu kommen. Dort übernachteten wir und am nächsten Morgen ging es nach Spanien, und zwar in das damals für uns noch angsteinflößende Baskenland, in dem die ETA für die Autonomie dieser Region kämpfte. Deshalb nahmen wir uns vor, dort keine Pause zu machen, sondern so schnell wir möglich ungefährliche Gefilde zu erreichen. Da wir nicht wussten, wie weit der Arm der Freiheitskämpfer reichte, waren wir erst beruhigt, als wir uns Madrid näherten. Ohne Aufenthalt passierten wir die spanische Hauptstadt und betrachteten die vielen Hochhäuser nur von der Autopista aus.

Wegen der guten Erfahrungen mit den Hostales an spanischen Autobahnen wählten wir ein solches hinter Toledo für die nächste Übernachtung. Allerdings war dieses viel luxuriöser als die, die wir bei früheren Fahrten kennengelernt hatten, denn es glich eher einem guten Hotel. Wir bekamen ein klimatisiertes Zimmer mit allem Komfort, der allerdings auch seinen Preis hatte. Dafür konnten wir abends recht gut essen, ohne von herumliegender Verpackung belästigt zu werden. Während wir am nächsten Morgen das süße Frühstück mit Messer und Gabel verspeisten, wurden wir Zeugen, wie ein reicher Araber mit seinen Frauen und Kindern auscheckte und mit einem Kleinbus davonfuhr.

Nach dem Frühstück ging es weiter durch die Hitze Spaniens und genau nach Plan erreichten wir nachmittags um 16 Uhr die Grenze zu Gibraltar. Nach längerem Anstehen durften wir passieren, überquerten die Start- und Landebahn des Flughafens und stellten unser Auto wieder auf den Parkplatz des Supermarkts. Danach gingen wir auf Hotelsuche, denn ich hatte mir fest vorgenommen, eine Nacht in Gibraltar zu bleiben, um abends in einem Pub Fish and Chips zu essen und dazu ein bis zwei Guinness zu trinken.

Nach längerem Suchen fanden wir schließlich ein Hotel weit abseits der Hauptstraße, das ein Sonderangebot machte, welches wir gern annahmen. Wir bezahlten also im Voraus und gingen zurück zum Parkplatz, um das Auto zu holen, denn vor dem Supermarkt durfte es über Nacht nicht stehen. Wir fuhren los und obwohl wir einen Stadtplan von Gibraltar hatten, schafften wir es nicht, zum Hotel zu kommen, denn die Straßen und Gassen waren sehr eng und deshalb fast ausnahmslos Einbahnstraßen. Es gab nur zwei Stellen, an denen man die Main Street, die Fußgängerzone war, in jeweils einer Richtung mit dem Auto überqueren durfte. Ich kam mir vor, wie ein Pilot, der verzweifelt versucht zu landen, aber immer wieder die Landebahn verfehlt. Der Unterschied zum Fliegen war nur, dass ich ständig in Sackgassen geriet und auf engstem Raum wenden musste. Nach zwei Stunden zermürbender Irrfahrt fasste ich einen verzweifelten Entschluss und befuhr im Schritttempo die Main Street trotz Verbot und flanierenden Fußgängern, um am Ende wirklich an der richtigen Stelle in die richtige Straße einzubiegen und vor dem Hotel parken zu können. Dass ich den Ruf der Deutschen bei den Briten noch mehr ruiniert hatte, schien mir in diesem Moment das kleinere Übel zu sein.

Das Hotel war sehr einfach, aber dafür auch nicht zu teuer und schließlich wollten wir ja nur eine Nacht dort verbringen. Sehr skurril war ein riesiges Gerät, das mitten im Zimmer stand, durch einen dicken Schlauch mit der Außenwelt verbunden war und sich als Klimaanlage entpuppte. Meine Frau dachte zuerst, dass das Zimmermädchen den Staubsauger stehengelassen hätte und wollte sich beschweren.

Als wir endlich ausschwärmten, war es schon dunkel, aber immer noch angenehm warm. Wir wählten das erstbeste Restaurant, aber es gab weder Fish and Chips noch Guinness. Dafür konnten wir ein Flugzeug auf dem kleinen Flughafen starten sehen, was zumindest mich mit dem Restaurant versöhnte.

Am nächsten Tag konnten wir uns jede Menge Zeit lassen, denn bis nach Huelva, dem vorübergehenden Wohnort unseres Sohnes und seiner Frau waren es nur knapp 300 Kilometer. Als wir sie erreicht hatten, freuten wir uns die beiden zu sehen und verbrachten einen Nachmittag und eine Nacht bei ihnen.

Auch zu unserem nächsten und endgültigen Ziel war es keine große Entfernung mehr, denn bis zum Hotel Pedras Del Rei waren es nur noch lächerliche 90 Kilometer. Trotz aller Trödelei waren wir viel zu früh beim Hotel und mussten warten. Die Wartezeit vertrieben wir uns mit der Besichtigung der schönen Anlage und als es endlich Mittag war, testeten wir das Restaurant, das uns nicht enttäuschte.

Dann war es endlich soweit, dass wir einchecken durften. Wir bekamen den Schlüssel für das Haus und zwei Dauerkarten für die Eisenbahn zum Strand. Das Haus war gut eingerichtet und groß genug und die nähere und weitere Umgebung war schön. Was wollten wir mehr? Ach ja, im Meer schwimmen und das möglichst ohne lästige Kleidung. Also ließen wir alles stehen und liegen, schnappten uns nur unsere Strandtücher und eine Flasche Wasser und gingen zur Haltestelle der Bahn, die uns zum Badestrand Praia do Barril bringen sollte. Bevor wir den Zug erreichten, mussten wir über einen schwimmenden Steg auf die Insel namens Ilha de Tavira. Dann endlich durften wir in einen am Bahnsteig wartenden Wagen des Mini-Zuges einsteigen, nachdem wir unsere Fahrkarten gezeigt hatten. Bald darauf ging die Fahrt los. Wir saßen in einem offenen Waggon, aber da der Zug recht langsam unterwegs war, empfanden wir den Fahrtwind als angenehm. Da die Lok nur wie eine Dampflokomotive aussah, aber tatsächlich von einem Dieselmotor angetrieben wurde, blieb die Belästigung durch Abgase gering. In der Mitte der Strecke gab es einige Weichen, denn dort war eine kleine Werkstatt, in der Ersatzwagen standen und außerdem konnten an dieser Stelle die beiden in unterschiedlichen Richtungen verkehrenden Züge aneinander vorbeifahren.

An der Endhaltestelle entstiegen wir dem Zug und gingen zum Strand. Dort angekommen, wunderten wir uns über die an einem Brett hängenden vielen Blechbüchsen, bis wir begriffen, dass sie den Badegästen als Aschenbecher dienten. Wie oft hatten wir uns schon geärgert, dass überall an den von uns besuchten Stränden Zigarettenkippen herumlagen. Das würde an diesem Strand wohl nicht passieren, denn alle neu hinzugekommenen Raucher nahmen sich eine Dose vom Brett. Das brauchten wir nicht, da wir nicht rauchen, aber wir suchten den FKK-Strand. Als wir keinen Hinweis darauf fanden, fragte ich einen der Rettungsschwimmer nach dem Naturist Beach und er zeigte mir freundlich die Richtung. Wir mussten ein Stück gehen, dann sahen wir ein unscheinbares Schild, auf dem in mehreren Sprachen darauf hingewiesen wurde, dass an dieser Stelle der FKK-Strand begann. Das wäre fast nicht nötig gewesen, denn wir waren weit und breit die Einzigen und es hätte niemand gesehen, wenn wir auch unerlaubt nackt herumgehüpft wären.

Wir breiteten unsere Decke aus und dann hielt uns nichts mehr an Land. Das Wasser war einfach herrlich klar und warm. Zwar fehlten mir die hohen Wellen, aber alles Gute war nun mal nie beisammen. Sogar meine Frau ging zusammen mit mir ins Wasser, was sie gewöhnlich vermied, da sie immer befürchtete, dass wir bestohlen werden könnten. An diesem einsamen Strandabschnitt war die Gefahr jedoch zu vernachlässigen, denn wir hätten jeden potenziellen Dieb schon kommen sehen, lange bevor er sich an unseren Sachen zu schaffen gemacht hätte.

Als es Abend wurde, verließen wir den Strand - nicht weil es uns zu kalt gewesen wäre, sondern weil wir Hunger hatten. An der Stelle, an der wir den Strand betreten hatten, nahmen wir jetzt ein langgestrecktes Gebäude wahr, das ein Selbstbedienungsrestaurant beherbergte. Es handelte sich um ehemalige Fischerhäuschen, die für die Versorgung der Urlauber genutzt werden, nachdem die Fischer sie verlassen hatten, weil es vor dieser Küste keine Thunfische mehr gab. Nachdem wir eine Weile in einer Schlange gestanden hatten und beobachten konnten, wie die Leute vor uns ihre Mahlzeiten bestellten und wie diese zubereitet wurden, waren wir an der Reihe. Da ich gehört hatte, dass die meisten Gäste vor mir in Englisch bestellt hatten, tat ich das auch. Allerdings hatten wir uns Schwertfisch ausgesucht und als ich dies in meinem besten Englisch aussprach, verstand der Koch nicht, was ich wollte. Ich war erstaunt, dass scheinbar noch kein Engländer Schwertfisch bestellt zu haben schien, denn sonst hätte er diese Aussprache eigentlich kennen müssen. Gegen meine Überzeugung sprach ich das Wort swordfish nun so aus, wie es geschrieben wird und hatte Erfolg. Er schnitt mit einer Kreissäge von einem langen dicken tiefgekühlten Schwertfisch zwei Scheiben ab und legte sie auf je eine Kochplatte. Dann fragte er: „With chips?" Ich staunte über das Wort chips, begriff aber dann schnell, dass er Pommes Frites meinte und dass nur die Amerikaner diese french fries nannten. Als alles fertig war, nahmen wir unser Essen und gekühlte Getränke, bezahlten und setzten uns dann unter ein Zeltdach. Dort konnten wir mit Blick auf den Atlantik und viele rostige Anker unsere Mahlzeit genießen. Die verrosteten Anker des Cemitério das Âncoras (Ankerfriedhof) wurden in den 60er Jahren des vorigen Jahrhunderts in den Sand eingebettet, als die Fischer nicht mehr von ihrem Fischfang leben konnten. Der Schwertfisch schmeckte vorzüglich und wir genossen so lange das Essen und den Ausblick bis es dunkel wurde. Da wir die letzte Bahn verpasst hatten, legten wir den einen Kilometer langen Weg parallel zur Bahnstrecke zu Fuß zurück, was uns auch nicht allzu schwer fiel.

Der Fernseher zeigte nur portugiesische Sender, sodass uns nichts anderes übrigblieb als bis zum Schlafengehen zu lesen.

Am nächsten Morgen ging ich zum Lebensmittelladen im Zentrum der Anlage und holte Brötchen. Baguettes oder Ähnliches gab es leider nicht. Auf dem Weg passierte ich einen künstlich angelegten kleinen Teich mit Schildkröten und eine Voliere mit Papageien. Bei mir verstärkte sich der Eindruck, dass wir es richtig gut getroffen hatten bei der Wahl unseres Urlaubszieles.

Von der langen Fahrt erholten wir uns die ersten Tage nur am Strand. Mittags gingen wir in das Freiluftrestaurant und aßen meist Fisch, abends dinierten wir im Restaurant im großen Zelt.

Als wir wieder fit waren, setzten wir uns ins Auto und suchten einen Supermarkt, bei dem wir uns mit Lebensmitteln versorgen konnten, denn das Angebot des kleinen Marktes in der Ferienanlage war recht bescheiden. Wie immer fanden wir bei der Suche nach Nahrung auch andere interessante Orte. Tavira, das am Fluss Rio Gilao liegt, hat einige Sehenswürdigkeiten und eine davon ist der Blick von der Burg auf einem Hügel. Fährt man weiter bis zur spanischen Grenze, so kann man auch dort schöne Ausblicke auf und über den Grenzfluss Guadiana genießen.

Wegen der Preisunterschiede bei Lebensmitteln und Benzin wechselten wir mehrmals auf die spanische Seite zum Tanken und Einkaufen.

Am ersten Sonnabend am Urlaubsort besuchte uns unser Sohn mit seiner Frau. Sie genossen den schönen Strand auf der Insel und das gute Essen. An ihrem vorübergehenden Wohnort hatten sie Probleme, etwas zu

Essen zu bekommen, das ihnen zusagte. Huelva ist eben touristisch nicht so erschlossen wie Tavira und so gab es dort nur einheimische Gerichte.

Während der 14 Tage in Portugal erkundeten wir das Gebirge Serra de Monchique und obwohl es im Hochsommer dort sehr heftige Waldbrände gegeben hatte, sahen wir überwiegend grüne Wälder. Ebenfalls schön war der Besuch des Parque Natural da Ria Formosa. In diesem großen Naturpark konnte man einen ganzen Tag verbringen. Wenn wir nach dem Baden nur noch ein wenig spazieren gehen wollten, liefen wir nach Santa Luzia, der nächstgelegenen Stadt. Auch dort gab es Neues zu entdecken. Insbesondere gefielen uns die gefliesten Fassaden der alten Häuser.

Gern beobachteten wir die Krabben, die bei Ebbe aus ihren Löchern im Sand herauskamen, aber bei der geringsten Bewegung von uns wie die geölten Blitze wieder dort hinein verschwanden. Der Tidenhub an dieser Stelle des Atlantik ist ganz beachtlich. Bei Flut war die schwimmende Brücke zur Insel ein ebener Weg, aber bei Ebbe musste man auf derselben Brücke erst steil abwärts und von der Mitte an wieder steil aufwärts gehen.

Wenn wir mit der kleinen Bahn fuhren, stellte ich fest, dass sich die Lok immer auf derselben Seite des Zuges befand, sodass sie den Zug schob, wenn wir vom Strand nach Hause fuhren. Weiterhin bemerkte ich, dass kurz vor dem Bahnhof ein roter Stab in der Erde steckte, damit der Lokführer wusste, wann er bremsen musste. Als wir kurz vor Urlaubsende wieder einmal vom Meer kamen, staunte ich, dass der Lokführer an besagtem Stab diesmal keine Anstalten zum Bremsen machte und so nahm das Schicksal seinen Lauf. Ich konnte gerade noch „Festhalten!" rufen, dann fuhren wir mit voller Reisegeschwindigkeit von geschätzten 15 Stundenkilometern auf einen im Bahnhof abgestellten leeren Waggon auf, der uns zwar abbremste, aber nach dem Impulserhaltungssatz wegen seiner geringeren Masse stark beschleunigt wurde und gegen den Prellbock am Bahnhofsende krachte. Die Frauen kreischten auf, aber es gab glücklicherweise keine Verletzten, jedoch schien der Sachschaden erheblich. Wir stiegen aus und hinterließen die Bahnmitarbeiter ziemlich verstört. Ich konnte mir als Ursache nur vorstellen, dass unser Lokführer, anstatt auf den Stab zu achten, seinen Blick nicht von den hübschen spärlich bekleideten Damen lassen konnte, die im Zug und damit in seiner Blickrichtung gesessen hatten.

Die zwei Wochen gingen schnell vorbei und am letzten Wochenende besuchte uns noch einmal unser Sohn mit seiner Frau. Gemeinsam fuhren wir dann am Sonntagabend nach Huelva, um dort eine Nacht zu schlafen, bevor es auf den weiten Heimweg ging.

Die Rückfahrt verlief komplikationslos, da wir Gibraltar ausließen. Wir hatten schon einige Gegenstände von unserem Sohn im Auto – darunter eine Satellitenantenne, sodass wir es vermieden eine Grenze zu passieren, an der man noch richtig kontrolliert wurde.

Ich konnte es mir nicht verkneifen, noch einmal einen Abstecher nach Andorra zu machen, wo wir zwei Nächte blieben. Ich war neugierig, welche Währung dort jetzt galt, aber logischerweise war es der Euro.

Nach einem Zwischenaufenthalt in Fritzlar kamen wir vier Wochen nach unserer Abfahrt gut wieder zu Hause an. Wir resümierten, dass die Fahrt sehr schön, aber auch sehr anstrengend gewesen war und dass wir gerne noch einmal nach Portugal reisen würden, aber dann mit dem Flugzeug.

Korsika

Obwohl uns Korsika lange Zeit als zu gefährlich erschienen war, fassten wir im Jahr 2005 den Entschluss, diese Insel doch zu besuchen. Wir flogen nach Bastia und der gebuchte Mietwagen von Hertz erwies sich als ein Renault Scenic, mit dem ich schon daheim immer geliebäugelt hatte, da ich diese kleinen Vans mochte, aber ich war von der Qualität der französischen Autos nicht so überzeugt, wie von der der Japaner. Nun war ich ganz froh, als ich ihn gewissermaßen zum Testen bekam. Der Reiseveranstalter hatte uns den Weg sehr gut beschrieben und sogar auf die Radarfallen hingewiesen, sodass wir unser Ziel, die FKK-Anlage Baghera ohne Probleme erreichten.

Nach der Anmeldung bekamen wir den Schlüssel für ein Drittel eines Dreifachhauses ausgehändigt und durften unser Auto neben dem Haus unter einem Eukalyptusbaum parken. Nachdem wir uns ein wenig umgesehen hatten, wobei wir auch den Strand nicht ausließen, waren wir mit der Wahl unseres Urlaubsziels sehr zufrieden. Einzig die vielen Mücken, die ausgehungert über uns herfielen, minderten die Freude.

Da wir bei der Anmeldung erfahren hatten, dass die dortigen Supermärkte am Sonntagvormittag geöffnet seien, stiegen wir wieder in unser Auto und fuhren bis nach Aleria zurück, denn dort hatten wir auf der Anfahrt einen E.Leclerc gesehen. Der war tatsächlich offen und so konnten wir unseren ersten Einkauf auf Korsika erledigen. Da alles aussah wie in Frankreich, hatten wir keine Mühe, das Richtige zu finden.

Zufrieden fuhren wir zu unserem Chalet zurück, zogen uns aus, cremten uns ein und gingen mit unseren Strandtüchern zum Meer, wozu wir erst einen breiten Streifen der hier überall wachsenden Macchia durchqueren mussten. Der Strand war breit und feinsandig und das Wasser war warm und ziemlich sauber, sodass wir es sehr lange dort aushielten.

Abends gingen wir zu dem Restaurant, das zur Anlage gehörte, wurden aber enttäuscht, denn weder das Essen noch die Bedienung waren sehr französisch, sondern in deutscher Hand. Ich sprach zu Anfang mit dem Kellner französisch, aber er antwortete deutsch, sodass ich aufgab. Trotzdem ließen wir es uns schmecken.

Das obligatorische Baguette am Morgen holte ich stets in dem zur Anlage gehörenden kleinen Laden, der etwas außerhalb lag und von dem alten Herrn, der wohl der Besitzer des Geländes war, geführt wurde. Da auch dort die Belieferung nicht immer pünktlich war, hatte ich die Gelegenheit, mich angeregt mit einigen Niederländern zu unterhalten, die ausnahmslos deutsch sprachen und sich wunderten, dass wir aus Deutschland seien, denn sie hatten uns aufgrund unseres Autos für Franzosen gehalten.

Wenn ich der Erste vor dem kleinen Supermarkt war, nahm ich die Gelegenheit wahr, mir die Plantage auf der anderen Straßenseite anzusehen, in der es Oliven- und Mandelbäume gab. Außerdem gab es überall Esskastanienbäume, aus deren Früchten auf Korsika unglaublich viele Speisen und Getränke hergestellt werden.

Die Anlage war schön und ruhig. Die Häuser standen weit voneinander entfernt, sodass wir uns nicht gestört fühlten, zumal wir eine ganze Weile die einzigen Bewohner unseres Teils der Anlage waren. Nach ein paar Tagen bezog ein österreichisches Paar das Hausdrittel neben uns und wir lernten uns deshalb schnell kennen, weil deren Gepäck nicht mit ihnen zusammen eingetroffen war und sie um eine Kopfschmerztablette baten. Da wir in einem FKK-Camp weilten, waren die fehlenden Kleider für die beiden entbehrlich.

Das Fahren mit dem Scenic machte Spaß bis zu dem Tag, da der Warnhinweis „Vérification des freins!" am Armaturenbrett aufleuchtete. Ich schaute im Wörterbuch nach und stellte fest, dass ich die Bremsen überprüfen sollte. Das Serviceheft von Hertz wies eine nahegelegene Tankstelle als Hertz-Stützpunkt aus. Als ich sie betrat, wusste ich nicht, wie ich nach dem Service fragen sollte und sagte einfach: „Ertz service?" Das „H" hatte ich weggelassen, da ich glaubte so für Franzosen besser verständlich zu sein. Der Tankwart sah mich einen Moment verdutzt an, dann begriff er und folgte mir zum Auto. Dort sah er sich die Meldung an, konnte aber nicht helfen, sondern schickte mich zum Flughafen, wo ich das Auto gemietet hatte.

Auf dem Weg nach Bastia hatte ich noch die Hoffnung, dass sich der Fehler schnell beheben ließe und wir das Auto weiter nutzen könnten, aber diese Annahme war falsch. Wir mussten in einen ziemlich luxuriösen Peugeot umsteigen, was mich ein wenig traurig machte, denn nun saßen wir wieder so tief, wie es in einer Limousine üblich ist und ich hatte mich schon so an die erhöhte Sitzposition im Scenic gewöhnt. Aber was sollten wir machen?

Wir fuhren mit dem neuen Auto los und da wir schon mal in Bastia waren, beschlossen wir, den nördlichsten Punkt der Insel zu erreichen, indem wir das Cap Corse umrundeten und immer an der Küste entlangfuhren. Leider hatte ich den betreffenden Abschnitt des Reiseführers nicht vollständig gelesen, denn darin wurde ausdrücklich davor gewarnt die Fahrt in Bastia zu beginnen, da man in diesem Fall ständig am rechten steilen Abgrund fuhr, was bei der schmalen Straße schon ziemlich gefährlich war. Meine Frau litt Höllenqualen, denn es gab keinerlei Begrenzung und sie hatte das Gefühl, dass wir mit den beiden rechten Rädern ständig über dem Abgrund fuhren. In Nonza an der Westküste erholten wir uns von der schrecklichen Fahrt, um bald danach den Weg zur westlichen Seite nach Bastia einzuschlagen.

Ganz oben auf meiner Wunschliste stand eine Fahrt mit der korsischen Schmalspurbahn. Deshalb fuhren wir eines Tages nach Corte, der Universitätsstadt in den Bergen und kauften uns dort Fahrkarten, um mit dem Zug nach Ajaccio zu fahren. Der Zug war sehr alt und erinnerte uns an die Schienenbusse, die früher in der DDR gefahren waren. Aber es war nicht nur die Nostalgie, die uns und viele andere Touristen in diesen Zug steigen ließ, sondern die Fahrt als solche war ein tolles Erlebnis, denn sie verlief überwiegend durch die Berge. Es ging durch dunkle lange Tunnel und über hohe Viadukte und bei allem schaukelte die Bahn, dass es einem Angst und Bange werden konnte. Im Reiseführer hatte ich gelesen, dass dieser Zug auch TGV genannt wurde, was in diesem Fall allerdings Train à Grande Vibration bedeutete und genau zutraf. Trotzdem oder gerade deswegen machte die Fahrt sehr viel Spaß und bestätigte den Satz „Der Weg ist das Ziel". In Ajaccio, der Geburtsstadt Napoléons bummelten wir durch die Straßen, aßen Mittag, bummelten wieder, aßen Eis, dann gingen wir zurück zum Bahnhof, wo wir bald darauf in einen Zug stiegen, der uns wiederum auf abenteuerliche Weise nach Corte zurückbrachte.

Auf dem Weg zurück zur Ferienanlage bemerkte ich, dass etwas mit dem Blinklicht nicht stimmte und als ich es vor dem Haus überprüfte, musste ich feststellen, dass das Rücklicht sowie Brems- und Blinklicht nicht funktionierten. Also blieb mir nichts anderes übrig als am nächsten Tag wieder zum Monsieur Ertz zu fahren und ihn erneut um Hilfe zu bitten. Bei dieser Störung konnte er sogar selber helfen und nach einer halben Stunde hatten wir unser Auto wieder. Außer in Mexiko mit dem uralten Käfer hatten wir noch nie irgendwelche Probleme mit Leihwagen gehabt, weshalb wir jetzt ein bisschen enttäuscht waren.

Eines Tages auf dem Weg zum Strand hörten wir aus dem Gebüsch Geräusche, die uns vermuten ließen, dass dort ein Asthmatiker nach Luft rang. Als wir jedoch den Kranken suchten, fanden wir nur ein Schildkrötenpärchen, das sich gerade paarte und dabei die seltsamen Laute ausstieß. Als meine Frau sie fotografieren wollte, beendeten sie ihr Liebesspiel und verschwanden im Gebüsch – zeigten also zutiefst menschliches Verhalten.

Fast am Ende unseres Urlaubs fuhr der Besitzer der Anlage mit einem Traktor nebst Kesselwagen durch das Gelände und sprühte etwas gegen die Mücken. Diese kleinen Plagegeister waren auch wirklich das Einzige, das uns dort geärgert hatte. Für einen älteren Herrn mit einem ausgesprochenen Luxusauto und einer sehr jungen Frau, die ein benachbartes Chalet gemietet hatten, kam diese Insektenbekämpfung allerdings zu spät, denn seine Begleiterin hatte es keine fünf Minuten im Freien ausgehalten, dann waren beide abgereist. Vielleicht haben sie woanders noch ein lauschiges Plätzchen gefunden.

Schon während der gesamten zweiten Woche hörten wir die Klagen der Nachbarn, dass die Fähren bestreikt würden, weswegen die Urlauber, die mit dem Auto angereist waren, nicht rechtzeitig abreisen konnten. Wir freuten uns, dass wir mit dem Flugzeug zurückfliegen würden bis zu dem Moment, da wir hörten, dass auch der Flughafen bestreikt würde. Wieder einmal sorgten die Franzosen mit ihrer Streiklust dafür, dass unser Urlaub stressig wurde. Aber wir hatten wieder einmal Glück, denn einen Tag vor unserem Abflug endete der Streik und wir konnten wie geplant abreisen.

Unser Rückflug fand sehr früh am Morgen statt und wir hatten Angst, zu verschlafen, aber ich wurde rechtzeitig wach und so konnten wir in aller Ruhe zu dem kleinen Flughafen von Bastia fahren, um dann von dort aus nach Hause zu fliegen.

Übereinstimmend stellten wir fest, dass der Urlaub sehr schön gewesen war und dass Korsika zu Recht den Beinamen L'île de beauté trug, denn es war wirklich eine schöne Insel. Wenn man außerdem bedachte, dass es einen Direktflug von Berlin gab, der nur etwas mehr als zwei Stunden dauerte, dann sollte eigentlich weiteren Reisen dorthin nichts im Wege stehen.

Charlotte (USA)

Unsere amerikanischen Freunde Betty und Bill ließen nicht locker, uns zu sich nach Charlotte einzuladen. Nach unseren schlechten Erfahrungen in Miami hatten wir immer wieder abgelehnt, sie zu besuchen, aber als sie schrieben, dass sie nun wohl zu alt seien, um noch zu verreisen, und wir uns deshalb wohl nie mehr wiedersehen würden, entschieden wir uns im Frühjahr 2007 schließlich doch für eine Reise in die USA. Wir hatten durch rege Korrespondenz festgestellt, dass wir auf gleicher Wellenlänge waren und wollten sie wirklich noch einmal sehen.

Da ich nach Charlotte, der Hauptstadt von North Carolina, keinen erschwinglichen Flug fand und da wir auch etwas mehr als die Stadt sehen wollten, wenn wir schon mal in den USA waren, beschlossen wir, über Amsterdam nach Orlando zu fliegen und von dort mit dem Auto die 800 Kilometer zu Betty und Bill zu fahren. Also buchte ich Flüge von Berlin nach Amsterdam mit KLM, dann weiter nach Orlando mit Martinair, Hotelübernachtungen in Orlando und einen Mietwagen bei Hertz.

Wohnen sollten wir in einem Nachbarhaus von Betty und Bill, welches die beiden für uns gebucht hatten. Als ich fragen wollte, ob wir Bettwäsche und Handtücher mitbringen sollten, übersetzte ich Bettwäsche mit Bedclothes und bekam die Antwort, dass wir Pyjamas selber mitbringen müssten, alles andere aber vorhanden sei.

Am Sonnabend, dem 14. März ging es wie immer sehr früh los von Berlin-Tegel. Im KLM Cityhopper hatten wir Plätze direkt am Notausstieg und wurden vor dem Start darüber belehrt, was wir im Falle eines Falles zu tun hätten. Zum Glück passierte nichts und wir landeten nach einem kurzen Flug in Amsterdam. Dort mussten wir noch einige Stunden auf den Anschlussflug warten und konnten erneut den großen Flughafen Schipol bewundern, dann endlich war es so weit und die Boeing-767 war zum Einstieg bereit. Vorher gab es noch eine sehr gründliche Sicherheitskontrolle, die so weit ging, dass einem Passagier sein gerade im Duty Free Shop teuer bezahlter Wein abgenommen wurde und unter lautem Klirren in die Abfalltonne entsorgt wurde. Es ging schließlich in die USA und da musste man besonders vorsichtig sein.

An Bord des Flugzeuges gab es eine frühe Form von Tablets als Unterhaltungsgeräte, die aber so groß und schwer wie Laptops waren und nicht viel konnten – meines funktionierte überhaupt nicht. So hatten wir während des gesamten Fluges das Problem der Unterbringung dieser Geräte; sie störten einfach nur. Am Ende legten wir sie auf den Fußboden und stellten die Füße darauf, was jedoch für meine langen Beine sehr unbequem war.

In Orlando mussten wir uns mit unseren ausgefüllten grünen Karten wieder beim Einwanderungsamt anstellen. Diesmal ging es schneller, der Beamte war sehr freundlich, aber im Gegensatz zu unserer ersten Begegnung mit diesem Amt wurden wir fotografiert und unsere Fingerabdrücke wurden gescannt. Die Freude daran, wie schnell und reibungslos alles über die Bühne gegangen war, währte nicht lange. Wir hatten ja unser Gepäck noch nicht abgeholt. Wie so oft hatte ich gehofft, unser Hotel noch bei Tageslicht zu erreichen, aber daraus wurde auch dieses Mal nichts. Unsere Koffer wurden immer wieder kontrolliert und selbst als wir sie schon hinter uns herzogen und dachten, alles sei erledigt, wurden sie uns wieder weggenommen und wir hörten nur den Hinweis „A12". Ich begriff, dass es sich um das Terminal A12 handelte und suchte einen Weg dorthin, den ich schließlich auch fand. Wir fuhren mit einem Shuttle, denn einen anderen Weg schien es nicht zu geben.

Endlich hatten wir die Koffer und konnten unser Auto holen. Zu diesem Zweck folgten wir den Hinweisen und gelangten zu einem Bus, der uns zur Garage bringen sollte. Der schwarze Fahrer begrüßte uns mit: „¡hola! Hertz?" Ich musste erst einen Moment überlegen, denn er sprach Hertz wie Hörtz aus, aber dann begriff ich und sagte: „Si". Er lachte und sagte noch etwas auf Spanisch, das ich aber nicht verstand. Als einige weitere Fahrgäste eingestiegen waren, ging es los, wobei der Fahrer in einer Mischung von Spanisch und Englisch mit starkem Südstaatenakzent sang und erzählte. Seine Späße blieben uns leider verborgen, aber die Amerikaner lachten. Die Autoübergabe ging schnell, da ich inzwischen bei Hertz den Gold Service genoss. Aus Angst, wir könnten uns unterwegs verirren, hatte ich zum ersten Mal ein Auto mit Navigationsgerät geordert, welches ich allerdings auf Anhieb nicht bedienen konnte, denn ich hatte damit bisher keine Erfahrung. Ein freundlicher Mitarbeiter half mir deshalb das Ziel einzugeben und die Sprache auf Deutsch umzustellen.

Wir fuhren los und hätten ohne Navi das Sheraton Hotel wohl nie gefunden, denn unterwegs gab es mehrere Umleitungen, die zwar den Weg verlängerten. Dennoch erreichten wir müde aber wohlbehalten unser Ziel.

Das Einchecken verlief erwartungsgemäß unkompliziert, da ich auch bei dieser Hotelkette Goldstatus hatte. Problemlos wurde mein Sonderwunsch, ein Nichtraucherzimmer zu bekommen, erfüllt. Leider war es aber für das Abendessen zu spät, denn das Restaurant war schon geschlossen, weshalb wir unsere Müsliriegel aßen, die wir unerlaubterweise im Handgepäck in die USA geschmuggelt hatten. Wir fuhren mit dem Lift in die zehnte Etage und begutachteten unser Zimmer. Es war gut eingerichtet und ausgestattet, hatte aber Fenster, die bis zum Fußboden reichten. Deshalb verlangte meine Frau, dass ich auf der Fensterseite schlafen sollte, da sie Angst hatte, nachts aus dem Bett zu rollen und durch die Scheibe auf die Straße zu fallen. Es gab sogar eine offenbar kostenlose Flasche Wasser, über die wir uns stürzten, denn wir waren mehr durstig als hungrig.

Nachdem wir ausgiebig geschlafen hatten, machten wir uns zum Frühstück fertig. Schon während wir herunterfuhren, konnten wir die pompöse Halle und den großen Speisesaal durch die Glaswand des Lifts bestaunen. Unten angekommen, nahmen wir an einem freien Tisch Platz und schon wenige Sekunden später stand eine Kellnerin bei uns und fragte: „Hi, how are you? Do you want buffet?" Da sie jedoch das Wort buffet wie bahfey aussprach, verstand ich es nicht. Meinte sie Kaffee? Da ich ziemlich hilflos aus der Wäsche schaute, ließ sie uns die Karte da. Wir studierten sie und fanden heraus, was dieses ominöse „bahfey" bedeutete und dass wir genau das haben wollten. Nachdem wir unsere Bestellung aufgegeben hatten, bekamen wir Kaffee und den Hinweis: „Help yourself!" Zusätzlich erhielt ich eine braune Mappe, in der ich unsere Zimmernummer eintragen und unterschreiben musste. Dann konnten wir uns wieder einmal hemmungslos am Büfett sattessen, sodass es bis zum Abendessen reichen sollte. Es gab alle möglichen herzhaften und süßen Speisen, wie sie die Amerikaner mögen.

Nach dem Frühstück wollten wir uns Orlando ansehen, denn wir waren schon gespannt auf diese große amerikanische Stadt und so gab ich ins Navigationsgerät ein: „Orlando, Center". Dann starteten wir unsere Tour und landeten auch wirklich im Zentrum, aber es war außer Hochhäusern nichts Interessantes zu sehen. Vieles erinnerte uns an Toronto, aber da hatte es uns besser gefallen, denn dort waren wenigstens noch Menschen zwischen den Häusern herumgelaufen. Irgendwann beendete ich unser sinnloses Herumfahren und steuerte einen menschenleeren Parkplatz an. Wir nahmen unseren Reiseführer zur Hand und suchten nach einem Ziel. Gerade als wir das gefunden hatten, sah ich im Rückspiegel eine dunkle Gestalt, die sich unserem Auto näherte. Im besten Fall war es ein Bettler, aber ich wollte kein Risiko eingehen und fuhr los. Als wir aus der Stadt heraus waren, suchte ich einen Parkplatz und stellte auf dem Navi das Kennedy Space Center ein, um dorthin zu fahren. Nach etwa einer Stunde erreichten wir das Raumfahrtzentrum. Dort mussten wir zusammen 100 Dollar für den Eintritt bezahlen und wurden vor dem Betreten des Areals kontrolliert wie auf dem Flughafen. Meine Frau musste sogar unser damals gemeinsames Handy einschalten und eine Nummer eintippen, um zu beweisen, dass es keine Bombe war. Dann durften wir endlich das Gelände betreten und fuhren mit verschiedenen Bussen von einer Attraktion zur nächsten. Unterwegs waren wir jedes Mal überrascht, wenn wir Alligatoren sahen. Es war eigenartig, dass auf so engem Raum High Tech und Vertreter der Archosaurier zusammentrafen.

Es wurde ein sehr interessanter Tag mit all den Raketen und sonstigen Exponaten und als wir zurückfuhren, bemerkte meine Frau, dass wir mit denselben Tickets noch ein zweites Mal ins Space Center gehen könnten, weshalb wir sie nicht wegwarfen.

Am nächsten Morgen ging es auf nach Charlotte. Das Navi war programmiert und wir freuten uns auf die Fahrt. Bald erreichten wir die Autobahn und ich fühlte mich sehr heimisch. Vieles war wie zu Hause, allerdings gab es fünf Fahrspuren in jede Richtung und alle Autos fuhren gleich schnell. Ich hatte meinen Cruiser auf die erlaubte Höchstgeschwindigkeit von 70 oder manchmal 75 miles per hour eingestellt und floss im Strom mit. So kam es, dass wir nur ganz selten überholt wurden – dann aber links wie rechts – und dass wir immer dieselben Fahrzeuge neben uns hatten. Lustig waren die Camper, die ihr Auto an einer Deichsel hinter sich herzogen. Unterwegs tranken wir Coke bei McDonalds und da man nur einmal bezahlen musste und jedes Refill kostenlos war, kaufte ich nur einen Pappbecher und wir tranken beide davon, bis wir bis oben hin voll waren mit der süßen Brause, dann füllte ich noch einmal nach für unterwegs.

Nachdem wir Florida verlassen hatten, durchquerten wir die Bundesstaaten Georgia und South Carolina, um endlich in North Carolina und seiner Hauptstadt Charlotte anzukommen. Bill und Betty lebten in einer luxuriösen Seniorenresidenz etwas außerhalb der Stadt, die wir dank Navi problemlos fanden. Am Tor wurden wir von Wachleuten angehalten und gefragt, zu wem wir wollten. Als ich die Namen unserer Freunde nannte, wurde uns der Weg im Gelände beschrieben und wir durften weiterfahren. Wir hatten etwa 850 km an diesem Tag zurückgelegt, so wie wir es auch auf unseren Reisen nach Frankreich und Spanien hielten, waren aber infolge des gleichmäßigen Verkehrsflusses auf der amerikanischen Autobahn viel entspannter.

Betty und Bill standen bereits vor ihrem Haus und winkten. Wahrscheinlich hatte der Wachmann uns schon telefonisch angekündigt. Wir stiegen aus und umarmten sie wie gute alte Freunde. Irgendwie waren wir das ja auch geworden, der E-Mail sei Dank. Sie hatten schon kalte Getränke für uns bereitgestellt und nach einem kurzen Smalltalk zeigten sie uns das Haus, das sie für uns gemietet hatten. Über der Haustür hatten sie ein Transparent mit der Aufschrift „Welkommen!" angebracht. Das Haus war mit allem Notwendigen ausgestattet und für uns viel zu groß, aber wir waren sehr froh, dass sie uns nicht in ihrem Haus einquartiert hatten.

Nachdem wir uns ein wenig frisch gemacht hatten, gingen wir den kurzen Weg zu ihrem Haus zurück und genossen ihre große Gastfreundschaft. Wir nahmen zusammen das Dinner ein und während des Essens und danach wurde viel erzählt, wobei ich immer den Dolmetscher für meine Frau spielen musste, damit sie auch wusste, worüber wir sprachen. Im Mittelpunkt unserer Unterhaltung stand die Situation in Deutschland vor und nach der Wende. Damit die ganze Angelegenheit nicht zu einseitig wurde, fragte auch ich vorsichtig nach ihrem Leben und erhielt bereitwillig Antwort. Er war Mathematikprofessor gewesen und das Fachbuch, das er geschrieben hatte, brachte ihm immer noch Geld und Ruhm ein. Betty hatte ebenfalls an der Universität gearbeitet und junge Lehrer mit dem nötigen Knowhow ausgestattet. Es machte viel Spaß, sich mit ihnen zu unterhalten, denn sie waren nicht die oberflächlichen Amerikaner, die wir bei unseren Urlauben meist getroffen hatten.

Am nächsten Morgen gingen wir zum Frühstück in den Speisesaal der Anlage. Nachdem wir am Büfett bestellt hatten, setzten wir uns an einen Tisch und warteten bis unser Essen fertig war. Ich überbrückte die Wartezeit und erzählte von unserem Besuch im Kennedy Space Center, wo es zwar sehr sonnig gewesen war, aber der Wind recht kalt geweht hatte. Ergänzend wollte ich sagen, dass wir keine Pullover bei uns hatten und deshalb gefroren hätten. Ich hatte aber gelesen, dass Pullover ein sogenannter false friend ist und auf Englisch und Deutsch nicht dasselbe bedeutet, weshalb ich besonders schlau sein wollte und sagte: „We didn't wear trousers and so it was cold for us." Nicht nur unsere beiden Gastgeber lachten herzlich, sondern auch die Küchenfee, die uns in diesem Moment das Frühstück brachte, schüttete sich aus vor Lachen. Als sie sich wieder beruhigt hatte, erwiderte Betty: „If you would not have worn any trousers it would have been much colder for you." Ich lachte mit und korrigierte unsicher: „Pullover?" Sie nickten und verstanden, dass ich Pullover mit Hosen verwechselt hatte, und dabei hatte ich es nur ganz richtig ausdrücken wollen.

Schon vorher hatte mich Bill per E-Mail gefragt, was wir denn bei unserem Besuch bei ihnen sehen wollten und ich hatte mich informiert und geantwortet, dass ich gern in North Carolina eine Stadt namens Cherokee und den dort ansässigen Indianerstamm besuchen würde. Da ich seit meiner Kindheit an Indianern interessiert bin, wollte ich endlich einmal einige live und in Farbe sehen. Bill war einverstanden gewesen und hatte versprochen alles Nötige zu organisieren.

Um keine Zeit zu verlieren, brachen wir gleich nach dem lustigen Frühstück mit Bills Jaguar auf, während unser Leihwagen in Bills Garage blieb. Im Jaguar war alles sehr edel und man saß auch sehr bequem. Unterwegs aßen wir bei McDonalds und lernten Wraps kennen, bevor es sie in Deutschland gab. Nach drei Stunden Fahrt erreichten wir unser Ziel, die Stadt Cherokee im Great-Smoky-Mountains-Nationalpark. Die letzten Kilometer fuhren wir auf abenteuerlichen Schotterpisten durch die Berge. Als Betty Bill fragte, ob es keine andere Straße gegeben hätte, antwortete er lachend: „More fun!"

Am Ende unserer Fahrt erwartete uns ein kleines Bed & Breakfast-Hotel, das sehr gemütlich, aber auch sehr altmodisch war. Am Abend fuhr uns Bill zum Essen in die Stadt hinunter, wo wir neben typischen amerikanischen Geländewagen parkten. Natürlich wurde zünftig Steak gegessen und beim Essen wurde viel gesprochen über die Zeit in Mexiko, über den Irakkrieg, über ihre und unsere Kinder und über alles, was uns gerade so einfiel.

Am nächsten Tag gingen wir in das Indianer-Museum und sahen vieles, was uns sehr traurig machte. Es war dokumentiert, wie das einst stolze Volk der Cherokee seines Landes und seiner Würde beraubt worden war. Als Bestätigung sahen wir in der Stadt viele Native Americans, wie die Indianer jetzt genannt werden und viele waren in einem bedauernswerten Zustand. Sind schon die weißen und schwarzen Amerikaner ziemlich dick, so schienen die roten noch dicker zu sein. Ihnen bekommt die moderne Ernährung nicht gut, weshalb es unter ihnen besonders viele Diabetiker gibt. Weiterhin erfuhren wir von Betty, dass die Einnahmen aus dem ortsansässigen Spielkasino den Native Americans zugute kommen.

Die Desillusionierung vergrößerte sich bei mir, als ich erfuhr, dass die publikumswirksamen Tipis in Cherokee erst im Mai aufgebaut werden würden, da es vorher noch zu kalt sei. Dabei fanden wir es schon sehr warm. In der Stadt gab es einige Aufführungen, aber die dort singenden und tanzenden Cherokee waren auch sehr übergewichtig und einer trug eine dicke Brille, sodass es mir schwerfiel, eine Ähnlichkeit mit meinem Romanhelden Winnetou zu erkennen. Ich tröstete mich damit, dass Winnetou ja Apatsche war.

Nachmittags wanderten wir mit Bill dann noch ein bisschen in die Berge. Er war es nicht gewohnt zu laufen und so wurden wir durch ihn ziemlich ausgebremst. Trotzdem war auch für ihn die kurze Bergwanderung schön und als wir zurückkehrten, schwärmte er Betty vor, wie weit wir gewandert seien. Wir schätzten, es waren zwei Kilometer und er machte daraus vier Meilen.

Wieder zurück in Charlotte besuchten wir die Tochter der beiden, die mit ihrem Mann und ihren zwei Kindern in der Nähe wohnte. Unterwegs wurden wir gebeten, nicht über FKK zu sprechen. Betty sagte: „We don't talk about things like these." Wir wären aber sowieso diskret gewesen, denn wir wussten schon, wie prüde die meisten Amerikaner sind.

Am letzten Abend fragte Betty, ob wir Leftovers essen würden. Meine Frau fragte mich, um was für ein neues Gericht es sich dabei handele und ich antwortete lachend: „Lass dich überraschen." Als Betty die Überbleibsel unseres Dinners vom ersten Tag aus dem Tiefkühlschrank holte und aufwärmte, war auch meiner Frau klar, worum es sich bei diesen Leftovers handelte. Es klang einfach schöner als Reste. Wir waren erstaunt, dass sie so sparsam waren, obwohl sie doch sehr wohlhabend zu sein schienen.

Nach einer letzten Nacht in Charlotte und sehr herzlicher Verabschiedung am nächsten Morgen fuhren wir zurück nach Orlando. Unterwegs sprachen wir darüber, wie gut es tat, Betty und Bill wiedergesehen zu haben und dass es sehr schön mit und bei ihnen gewesen war, insbesondere, da Bill alles für uns bezahlt hatte. In Orlando angekommen, checkten wir wieder im selben Hotel ein und waren an diesem Tag sogar noch pünktlich zum Abendessen.

Da unser Flug erst am nächsten Abend starten sollte, hatten wir noch viel Zeit, die wir nutzten, um erneut das Raumfahrtzentrum zu besuchen, denn wir hatten ja die Eintrittskarten, die noch galten. Etwas Anderes fiel uns nicht ein – für die Disney World fühlten wir uns einfach zu alt. Zurück in Orlando war es immer noch zu früh, um sich zum Flughafen zu begeben und so entschlossen wir uns, in eine dieser Super Malls zu fahren, um so etwas mit eigenen Augen zu sehen. Wir stellten unser Auto auf einem riesigen Parkplatz ab und gingen hinein.

Wir betraten einen riesigen Walmart, wo wir nur aus Spaß einige Kleinigkeiten kauften. Als wir an der Kasse bezahlen wollten, fragte die Kassiererin: „Paper or plastic?" Ich verstand nicht, was sie meinte und muss sie wohl ziemlich dämlich angesehen haben, denn sie bemerkte meine Ratlosigkeit und fragte noch einmal anders: „Cash or credit card?" Ich bezahlte in bar, dann gingen wir lachend zum Auto und fuhren zum Car Return von Hertz.

Dort ging alles sehr schnell. Der Angestellte scannte den Barcode an der Windschutzscheibe ein, überprüfte den Tankinhalt und fertig war die Abgabe. Um zum Flughafen zu kommen, gab es einen richtigen Busbahnhof, denn die Fluggesellschaften hatten verschiedene Terminals und deshalb gab es mehrere Buslinien, die die Fluggäste an die richtige Halle brachten. Wir fanden einen Bus für Martinair und dieser brachte uns zum gewünschten Terminal. Nun warteten wir darauf, dass der Schalter geöffnet wurde und wir einchecken konnten. Meine Frau hatte noch eine Spritze parat, die sie mir als Thromboseprophylaxe erst kurz vor dem Abflug geben wollte, damit die Wirkung während des gesamten Fluges anhielte. Das war auch gut, denn statt der Öffnung des Schalters trat eine junge Dame vor die Warteschlange und verkündete, dass unser Flugzeug mindestens fünf Stunden Verspätung haben würde. Sie verteilte Gutscheine für eine Mahlzeit und dann verschwand sie wieder, bevor sich der Unmut der Passagiere über sie ergießen konnte.

Das Essen im Flughafenrestaurant war teuer, weshalb wir für unsere Mahlzeit noch zuzahlen mussten. Dann hatten wir eine endlose Wartezeit zu ertragen. Aus den angekündigten fünf Stunden wurden zehn. Hatten wir gehofft, in der Lounge auf den Abflug warten zu können, so wurden wir enttäuscht, denn diese schloss um 22 Uhr und wir mussten auf den unbequemen Stühlen der Abflughalle sitzen oder uns auf den Fußboden legen.

Als wir endlich durch die Sicherheitsschleuse zu unserem Gate gegangen waren, fiel mir kurz vor dem Boarding plötzlich ein, dass ich ja noch die Spritze bekommen musste und ich war erstaunt, dass sie bei der Kontrolle nicht entdeckt worden war. Schnell gingen wir hinter eine große Werbetafel, damit meine Frau mich diskret verarzten konnte.

Der Rückflug nach Amsterdam verlief ohne Probleme, aber als wir dort ankamen, mussten wir einen KLM-Schalter aufsuchen, denn der gebuchte Anschlussflug war vor Stunden abgeflogen. Dank der freundlichen Servicekraft konnten wir mit dem nächsten Cityhopper nach Berlin fliegen, wo wir am späten Samstagabend eintrafen. Gleiches galt allerdings nicht für unser Gepäck, das war nicht auf dem Band und wir mussten zu „Lost and Found" gehen. Nachdem wir dort eine Weile angestanden hatten, zeigten wir unsere Luggage Tags und erhielten die Auskunft, dass unser Gepäck in Amsterdam geblieben war und die Zusicherung, dass es bei seinem Eintreffen sofort zu uns nach Hause gebracht werden würde. Außerdem bekamen wir Gutscheine von KLM, die wir für den nächsten Flug einlösen konnten.

Auch wenn unser Gepäck nicht aufgefunden worden wäre, wären wir nicht unglücklich gewesen, denn wir waren in Berlin und hätten uns jederzeit alles neu kaufen können. Da es aber tatsächlich nachgeliefert wurde, hatten wir den enormen Luxus, dass wir unbeschwert nach Hause fahren konnten und am nächsten Tag von einem schwitzenden und keuchenden jungen Mann unsere Koffer die vier Treppen zu unserer Wohnung hochgetragen bekamen.

Schade nur, dass es nicht immer so geht.

Curaçao (Niederländische Antillen)

Den 25. Jahrestag der Maueröffnung verbrachten wir nicht in Berlin, wo er ganz groß gefeiert wurde, sondern hatten beschlossen, ihn auf Curaçao zusammen mit Betty und Bill zu verbringen, die inzwischen unsere besten Freunde geworden waren. Davon, dass sie ihr Alter am Reisen hinderte, wollten sie nichts mehr hören und wir vermuteten, dass es sich dabei nur um einen Trick gehandelt hatte, um uns nach Charlotte zu locken. Im Jahr 2008 hatten sie uns in Berlin besucht, von wo aus wir mit ihnen nach Leer in die Heimat von Bills Vorfahren gereist waren. Nun hatten wir endlich einen gemeinsamen Termin gefunden, um uns auf „neutralem Boden" zu treffen, wie wir es spaßhaft ausdrückten. Eigentlich mieden wir die zweite Jahreshälfte für Reisen in die Karibik, aber ich konnte beruhigt feststellen, dass die ABC-Inseln, zu denen Curaçao gehörte, außerhalb des Hurricane Belt lagen, sodass man sie auch im Herbst besuchen konnte.

Auf Curaçao mietete ich uns eine Ferienwohnung bei einer Niederländerin namens Millie, die damit warb, dass diese Wohnung in der Nähe eines FKK-Strandes liege. Inklusive war ein Leihwagen der Marke Suzuki, was die ganze Angelegenheit zu erleichtern schien.

So fanden wir uns am frühen Morgen des 31.10.2009 am Flughafen Berlin-Tegel ein, um bei KLM nach Amsterdam einzuchecken. Leider war die Abfertigung extrem langsam und der geplante Abflugzeitpunkt bereits weit überschritten, bevor wir unsere Bordkarten hatten. Das Flugzeug hob schließlich mit zwei Stunden Verspätung ab und mir schwante nichts Gutes, wenn ich an unseren Anschlussflug nach Curaçao dachte, denn wir hatten nur zwei Stunden Zeit zum Umsteigen.

Als wir gelandet waren, versuchten wir so schnell wie möglich das Flugzeug zu verlassen und eilten zum Gate unseres Anschlussfluges, aber dieser war soeben gestartet. Also mussten wir zu einem Informationsschalter, wo die freundliche KLM-Mitarbeiterin, die gut deutsch sprach, verzweifelt nach einer Lösung für unser Problem suchte. Am Ende konnte sie uns nichts Besseres anbieten, als dass wir sehr spät an diesem Abend nach Bonaire flogen, um dort zu warten, bis am nächsten Morgen das erste Flugzeug nach Curaçao startete. In Ermangelung einer Alternative willigten wir ein und bekamen Tickets für alle neuen Flüge sowie Gutscheine für Verpflegung am Flughafen Schiphol, Telefonkarten und Gutscheine zum Einlösen beim nächsten Flug mit KLM-Air France, die inzwischen zusammengehörten. Das alles tröstete uns nur wenig, mussten wir doch bis zum späten Abend warten und hatten diesmal sehr ausgiebig die Gelegenheit, uns den riesigen Flughafen Amsterdam-Schiphol anzusehen. Die Verzehrbons lösten wir mittags ein und mit Hilfe unserer Telefonkarten teilte ich unserer Gastgeberin in Curaçao mit, dass wir einen Tag später eintreffen würden, um sie davor zu bewahren, vergeblich am Flughafen auf uns zu warten. Da sie nicht zu Hause war, sprach ich auf ihren Anrufbeantworter. Nach einigen Stunden des Herumlaufens hätten wir eine detailliere Zeichnung des Flughafens anfertigen können.

Nach zwölf Stunden war es endlich so weit, dass wir unsere Reise fortsetzen konnten. Das Flugzeug brachte uns wie erwartet nach Bonaire, wo wir mitten in der Nacht ankamen und mit unserem Gepäck das kleine uns schon bekannte Flughafengebäude verließen. Wenn wir gedacht hatten, dass wir uns dort in ein Restaurant setzen könnten, so hatten wir uns geirrt. Der Flughafen schloss seine Pforten und ringsherum sah alles noch so aus wie bei unserem ersten Besuch. Da war einfach nichts und das auch noch in dunkler Nacht. Dummerweise hatten wir versäumt, uns von der Stewardess etwas Wasser geben zu lassen, sodass wir nun bis zur Öffnung des Restaurants am nächsten Morgen die warme Karibiknacht durstig auf einer Parkbank genießen durften. Meine Hoffnung, in der immerhin noch geöffneten Toilette Wasser trinken zu können, zerrann, als ich den Hahn aufdrehte und Farbe und Geruch des Wassers bemerkte, denn es stank scheußlich und war gelb.

Irgendwann ging auch diese Nacht zu Ende und endlich öffnete das Flughafenrestaurant, sodass wir uns etwas zu essen und vor allem zu trinken kaufen konnten. Dann bezahlten wir widerwillig die Abflugsteuer mit unseren zum Glück vorhandenen Dollars und gingen danach zu dem inzwischen geöffneten Checkin-Schalter, um nach Curaçao einzuchecken. Dort erwartete uns die nächste Enttäuschung, denn unsere Flugtickets wurden ganz rigoros für ungültig erklärt. Um unsere Reise fortzusetzen, mussten wir noch einmal 90 Dollar für den kurzen Flug bezahlen, dann durften wir endlich einchecken und an Bord gehen.

Das Flugzeug war wieder eine zweimotorige Dash 8, wie wir sie von unseren ersten Flügen innerhalb der Karibik kannten. Die meisten Sitze waren leer und wir waren so sehr damit beschäftigt unsere Einreiseformulare auszufüllen, dass wir gar nicht bemerkten, dass wir die Tische einklappen sollten, denn der Landeanflug begann. So ermahnte uns die bezaubernd aussehende Stewardess mit deutlichen Worten, den Anweisungen der Besatzung Folge zu leisten und kaum hatten wir dies getan, da landeten wir auch schon.

Nach Einreisekontrolle und Zollabfertigung standen wir auf dem Parkplatz vor dem etwas größeren Flughafen von Curaçao wie bestellt und nicht abgeholt, denn von unserer Gastgeberin fehlte jede Spur. Also nahm ich mein Handy, in das ich wohlweislich die Nummer unserer Vermieterin eingespeichert hatte, um sie anzurufen. Dieser Versuch misslang, denn mein Handy konnte mit den auf Curaçao benutzen Frequenzen nichts anfangen und verweigerte mir seinen Dienst. In einem Café vor dem Flughafen saßen mehrere junge Burschen und ich fragte sie, ob jemand von ihnen mich mit seinem Mobile telefonieren lassen würde, wobei ich mit einer Dollarnote winkte. Einer von ihnen war bereit, wollte aber die Nummer selbst eintippen, denn er hatte wohl Angst, dass ich auf seine Kosten ein Ferngespräch führen würde. Endlich hatte ich Millie am Telefon und teilte ihr mit, dass wir soeben gelandet seien, worauf sie ganz erschrocken reagierte und versprach, uns umgehend abzuholen.

Wir mussten auch wirklich nicht lange warten, dann fuhr Millie mit ihrem Kleinwagen vor. Zu allem Überfluss hatte sie auch noch ihre Nichte mitgebracht, sodass es für uns vier Erwachsene im Auto ziemlich eng wurde, zumal der winzige Kofferraum nicht eines unserer Gepäckstücke aufnehmen konnte und meine Frau und Millies Nichte je einen Koffer hochkant auf ihre Knie nehmen mussten. Wie uns Millie während der Fahrt erzählte, war sie am späten Abend von einem Ausflug nach Aruba zurückgekommen und hatte ihren Anrufbeantworter noch gar nicht abgehört. Dass sie sehr gut deutsch sprach, machte die Unterhaltung mit ihr einfach. Bei einem Supermarkt machte sie einen Zwischenstopp, damit wir uns mit notwendigen Lebensmitteln eindecken konnten. Sie borgte uns sogar das Geld dafür, da wir noch keine Antillengulden eingetauscht hatten, aber andere Währungen im Laden nicht akzeptiert wurden.

In der gemieteten Ferienwohnung, die sich im Parterre eines zweistöckigen Hauses befand, war alles sehr liebevoll vorbereitet. Es stand sogar eine Flasche Curaçao auf dem Tisch. Diesen blauen Likör hatten wir früher oft getrunken und dabei niemals gedacht, dass wir einmal an seinen Ursprungsort reisen würden.

Im Schlafzimmer gab es eine Klimaanlage und das Bett war von einem Moskitonetz umgeben. Die Klimaanlage im Schlafzimmer war wohltuend, denn die Außentemperatur lag bei 40°C, aber über das Moskitonetz lachten wir bis wir uns auf die Terrasse setzten und sofort derart von Mücken attackiert wurden, dass wir ins Haus flüchteten, wo wir aber auch nicht vor den Mücken sicher waren. Die Insel war eben nicht so karg und trocken wie Bonaire oder Fuerteventura, sodass die Mücken eine gute Lebensgrundlage zu haben schienen. Wir befanden uns noch dazu in einem Gebiet, das man eine Einfamilienhaus-Siedlung nennen konnte. Auf anderen Grundstücken gab es Hunde und Katzen sowie allerlei Federvieh.

Als wir Millie fragten, wo denn der versprochene FKK-Strand sei, verwies sie uns auf das Planschbecken aus Gummi, das sie auf halber Höhe zwischen dem Erdgeschoss und der ersten Etage installiert hatte. Eine solche Gelegenheit zum Nacktbaden war allerdings nicht das, was wir uns vorgestellt hatten. Erstens konnte man in dem kleinen Becken gar nicht schwimmen und zweitens hatten wir keine Lust, vor den Augen anderer bekleideter Gäste nackt herumzulaufen.

Die zweite Enttäuschung bereitete das Auto, das wir gebucht hatten, denn es erwies sich als ein für mich viel zu kleines und unpraktisches Suzuki Samurai Cabrio. Ich hatte beim Fahren ausgesprochene Probleme, meine Beine unterzubringen, geschweige denn sie zielgenau im rechten Moment auf das richtige Pedal zu setzen, sodass ich nach einem Tag verzweifelt aufgab. Außerdem hatten wir Betty und Bill versprochen, sie über die Insel zu chauffieren und das wäre mit diesem kleinen Auto unmöglich gewesen. Wir gaben deshalb den Wagen zurück an Millie und baten sie, uns zum Flughafen zu bringen, damit wir uns dort ein anderes Auto ausleihen konnten. Das tat sie auch und als wir nach längerem vergeblichen Suchen endlich bei Budget fündig geworden waren und den Vertrag unterschrieben hatten, fuhr Millie nach Hause.

Leider hatten wir uns den Weg vom Flughafen zu Millies Haus doch nicht genau genug eingeprägt, denn wir brauchten mehrere Stunden für den Rückweg, den wir mit Millie innerhalb einer halben Stunde geschafft hatten. Es ärgerte mich umso mehr, dass meine Handynavigation nicht für Curaçao funktionierte. Wenn man sie mal brauchte!

Innerhalb der nächsten Tage machten wir einige Ausflüge mit unserem nunmehr bequemen Leihwagen. Besonders zog es uns zu der Stelle, an der es eine FKK-Anlage geben sollte und wir hofften, deren Badestrand nutzen zu können. Ich hatte auf der Tourismusbörse im Frühjahr mit dem Besitzer des Resorts gesprochen und war hellauf begeistert, sodass ich gerne ein Häuschen dort gemietet hätte, aber es war sehr teuer, denn es gab nur All Inclusive und das wollten wir nicht noch einmal. Also hatten wir diesen Gedanken verworfen und uns für die Ferienwohnung bei Millie entschieden. Wie gut diese Entscheidung war, wurde uns klar, als wir die Anlage erreichten. Die Häuser standen noch, aber alles war verwaist. Das Resort glich einer Geisterstadt, denn es gab weder Gäste noch Personal. An vielen Häusern wurde abmontiert, was die Inselbewohner gebrauchen konnten. Wir ahnten, dass wir wohl unser Geld verloren hätten, wenn wir im Frühjahr gebucht und angezahlt hätten.

Trotzdem fuhren wir bis zum Badestrand, stellten dort das Auto ab und sprangen ohne störende Kleidung in das herrliche Wasser des Karibischen Meers. Da an dieser Stelle bis vor Kurzem eine ganze FKK-Anlage gewesen war, meinten wir das Recht zu haben, wenigstens am Badestrand nackt sein zu dürfen. Hin und wieder kamen andere Badegäste, die sich aber weit von uns entfernt hielten, sodass es keine Probleme gab, falls sie der Freikörperkultur kritisch gegenübergestanden hätten. So verlebten wir einen herrlichen Vormittag und verließen den Strand erst wieder als wir Hunger hatten.

In der Nähe war ein interessant aussehendes Restaurant, in das wir einkehrten. Es gab keine Speisekarten, dafür kam der Besitzer an jeden Tisch und zählte die verfügbaren Speisen auf. Leider war so viel für uns Unverständliches dabei, dass wir am Ende das letzte Gericht wählten, da wir verstanden, dass es sich um Fisch handelte und wir uns noch den Namen merken konnten. Das Essen möchte ich als Laie nicht beurteilen, aber der Service war miserabel. Das Essen wurde uns lieblos hingeknallt und zum Bezahlen mussten wir eine halbe Stunde an einer Kasse anstehen, weil sich offensichtlich niemand zuständig fühlte. Als wir dann endlich an der Reihe waren und ich dem Kellner die Kreditkarte reichte, wartete er eine Weile und sah mich fragend an, aber ich blieb hart und gab kein Trinkgeld.

Nach sieben Tagen war es dann endlich so weit und Betty und Bill trafen auf Curaçao ein. Sie hatten ein Ferienhaus direkt am Wasser gemietet und wir besuchten sie gleich am ersten Tag. Die Wiedersehensfreude war groß und wir hatten einander viel zu erzählen. In Badekleidung gingen wir mit ihnen an den Strand und mit Bill schwimmen. Betty konnte nicht schwimmen und traute sich deshalb nicht ins Wasser.

Gemeinsam machten wir mehrere Ausflüge auf der Insel, von denen uns einer nach Willemstad, der Hauptstadt von Curaçao, führte. Wir schlenderten bei größter Hitze durch die Straßen und Betty und Bill gingen in jedes Geschäft, um sich abzukühlen, denn in allen gab es eine Klimaanlage. Im Hafen setzten wir uns in ein Restaurant nahe einer Klappbrücke und beobachteten die Durchfahrt der Schiffe, während wir genüsslich Eis aßen. Gekommen waren wir mit dem Auto über eine große Brücke, die so hoch war, dass auch moderne Kreuzfahrtschiffe unter ihnen hindurchfahren konnten. Am Anlegesteg der Kreuzfahrtschiffe hörten wir vertraute Klänge und sahen schließlich, dass sie von einer Drehorgel herrührten. Wie ich später erfuhr, handelte es sich bei diesem Leierkastenmann um einen deutschen Auswanderer, der jetzt sein Geld mit der Beschallung von unschuldigen Kreuzfahrern verdiente.

Auch dem Christoffel National Park am anderen Ende der Insel statteten wir gemeinsam einen Besuch ab. Als Betty den Plan des Parks sah, sagte sie spontan: „I'll skip the Sint-Christoffelberg!" Auch wir anderen hatten keine Lust bei dieser Hitze den Berg zu besteigen, da wir Angst hatten, einen Sonnenstich zu bekommen. Wegen der weiten Anreise war es inzwischen Mittag geworden und auf dem Weg fehlte jeglicher Schatten. Trotzdem war der Tag im Park sehr eindrucksvoll, denn wir sahen riesige Säulenkakteen, Bromelien, seltene Orchideen und andere exotische Blütenpflanzen.

Am 9. November luden uns dann unsere Freunde zu einem gemeinsamen Abendessen in ein sehr vornehmes Restaurant ein, welches Boathouse hieß, wohl weil es direkt am Wasser lag. Wir wurden von niederländischen Kellnerinnen platziert, die uns die Stühle zurechtrückten und die Servietten mit elegantem Schwung entfalteten, um sie uns auf den Schoß zu legen. Dann gab es einen Aperitif und wir wählten die Speisen aus. Nachdem die Bestellungen aufgegeben waren, musste ich von unseren Erlebnissen des Mauerfalls und der Wendezeit berichten, und obwohl ich das alles schon bei unserem Besuch in Charlotte und bei ihrem Besuch in Berlin erzählt hatte, schien es für Betty und Bill ganz neu zu sein. Vielleicht spielte ihr fortgeschrittenes Alter doch schon eine Rolle, was das Gedächtnis betraf. Bill ging auf die 90 zu, war aber körperlich fit wie ein Turnschuh oder wie er sagte: „As fit as a fiddle". Dabei hatte er Essgewohnheiten, die jede Mutter ihren Kindern austreiben würde. Zum Frühstück trank er lediglich mehrere Tassen Eistee oder ersatzweise auch schwarzen Tee mit einer Unmenge Zucker und als Abendessen wählte er gern einen Eisbecher mit Sahne aus. Obst in jeder Form verabscheute er.

Nach dem Abendessen im Boathouse brachten wir unsere beiden Freunde nach Hause und fanden zum Glück diesmal auch unser Heim ohne Probleme. Wir hatten inzwischen gelernt, an welchen Kreuzungen wir abbiegen mussten.

Ein weiterer Ausflug mit unseren amerikanischen Freunden führte uns zu den Spanish Waters, einer Bucht, die durch eine schmale Passage mit dem Karibischen Meer verbunden ist. Dort gab es einen großen Badestrand mit allen dazugehörigen Einrichtungen und ein Restaurant. Als wir am Ufer spazierten, kamen wir an eine Stelle, an der ein Delfin in einem umzäunten Bereich schwamm. Er tat uns leid, da er so eingesperrt war, aber als wir mit den Naturschützern, die ihn versorgten und um Spenden baten, sprachen, erzählten diese uns, dass sie ihn vor Monaten verletzt auf See gefunden, mitgenommen und versorgt hätten. Nachdem er wieder gesund gewesen sei, hätten sie schon mehrmals versucht, ihn in die Freiheit zu entlassen. Wenn andere Delfine in der Nähe gewesen seien, hätten ihn die Tierfreunde dorthin gebracht, aber er sei immer wieder zu den Menschen zurückgekehrt.

Die Woche mit Betty und Bill verging schnell und bald rüsteten wir zur Abreise. Unser Flug sollte nur eine Stunde später als der von Betty und Bill starten und so bot es sich an, dass wir sie abholten und mit unserem Mietwagen gemeinsam zum Flughafen fuhren. Wir verirrten uns mal wieder und mir half nur das einzige niederländische Wort, das ich kannte, um nach dem Weg zu fragen und zum „Luchthaven" von Curaçao zu finden. Wegen des Umwegs war unser Tank bei der Rückgabe des Autos nicht mehr ganz voll und ich musste Servicegebühren für das Volltanken bezahlen, dann konnten wir einchecken. Zu unserem Ärger wurde uns gesagt, dass unser Flugzeug mit zwei Stunden Verspätung von Amsterdam abgeflogen sei. Da auch Millie uns berichtet hatte, dass eigentlich alle ihre Gäste mit großer Verspätung in Curaçao eintreffen würden, ärgerten wir uns umso mehr, dass ausgerechnet unser Flug von Amsterdam nach Curaçao so pünktlich gewesen war und wir ihn deshalb verpasst hatten.

Nachdem Betty und Bill abgeflogen waren, wollten wir die Lounge aufsuchen, aber auf diese Idee waren vor uns schon viele andere Passagiere gekommen und so war diese wegen Überfüllung geschlossen.

Irgendwann kam dann auch unser Flugzeug und der Rückflug verlief ohne Komplikationen. Wenn wir allerdings gedacht hatten, dass wir für die enorme Verzögerung auf der Hinreise eine Entschädigung von KLM bekommen würden, so hatten wir uns geirrt. Begründet wurde die Ablehnung damit, dass ja unser erster Flug weniger als zwei Stunden Verspätung gehabt habe und dass man für verpasste Anschlussflüge nicht aufkäme. Erst Jahre später wurde diese Regelung vom Europäischen Gerichtshof gekippt, aber da war es für uns zu spät. Nur mit großer Beharrlichkeit gelang es mir, wenigstens unsere Zusatzkosten auf Bonaire erstattet zu bekommen.

Alfarim (Portugal)

Betty und Bill schien der Urlaub mit uns so viel Spaß gemacht zu haben, dass sie vorschlugen, im Herbst 2011 irgendwo in Europa an einer warmen Küste eine Woche gemeinsam zu verbringen. Wir kannten zwar viele schöne und warme Stellen in Europa, aber fast alle hatten den Nachteil, dass sie von Amerika nicht nonstop erreichbar waren. Nach langem Suchen im Internet kam eigentlich nur Lissabon infrage, denn dort gab es einen großen internationalen Flughafen und zum Atlantik mit seinen Badestränden, von denen ein großer Teil sogar für FKK freigegeben war, war es nicht weit. Das teilte ich Bill mit und er suchte sofort ein Ferienhaus, das seinem Vermögen entsprechend keine kleine Hütte, sondern eine luxuriöse Villa sein sollte, die er schließlich auch fand. Er machte mit dem Vermieter alles klar und sendete mir die Kopie des Vertrages per E-Mail zu. Als ich den Preis für die zwei Wochen sah, staunte ich nicht schlecht, denn so eine teure Unterkunft hätten wir nie gebucht, aber man lebt nur einmal und wir würden ja auch nur die Hälfte zahlen müssen. Da Bill es sich nicht zutraute, in Portugal Auto zu fahren, bat er mich, ein großes Auto zu buchen, mit dem wir sie dann dort fahren sollten, wie wir es schon auf Curaçao praktiziert hatten. Auch daran wollte er sich finanziell beteiligen, was jedoch nicht nötigt war, denn ich hatte ein kostenloses Upgrade von Sixt auf die nächst höhere Klasse in petto, welches ich vor Ort einlösen konnte.

Ich übernahm die weitere Korrespondenz mit dem Vermieter und erfuhr auf diese Weise, dass er den gesamten Betrag in bar haben wollte und zusätzlich eine hohe Kaution verlangte, die ebenfalls in bar zu entrichten war. Gleichzeitig wies er darauf hin, dass es in Portugal nicht möglich wäre, an einem Tag einen so hohen Betrag am Geldautomaten abzuheben, sodass wir also das ganze Bargeld schon aus Deutschland mitbringen müssten. Lediglich die Anzahlung sollte vorab überwiesen werden und Bill bat mich, diese Transaktionen durchzuführen, da es für ihn schwieriger wäre, das Geld nach Europa zu überweisen. Ich erledigte das natürlich gern.

Wenige Wochen vor der Reise schrieb mir Bill jedoch, dass Betty krank geworden sei und sie deshalb zu Hause bleiben würden. Das traf uns ziemlich hart, denn wir hatten uns auf die Reise mit ihnen gefreut und außerdem hatten wir ein viel zu großes Haus gemietet, das wir auch nicht kostenfrei stornieren konnten. Wir hatten nun die Wahl, die Reise nicht anzutreten, wobei wir viel Geld verloren hätten oder doch in das Luxushaus zu fahren und alles allein zu bezahlen. Beides waren keine rosigen Aussichten, aber wir entschieden uns für den Urlaub.

So flogen wir an einem schönen Oktobermorgen des Jahres 2011 zu zweit mit Air France von Berlin-Tegel über Paris nach Lissabon. Ich freute mich, wieder einmal mit Air France zu fliegen und genoss es, mit den Stewardessen französisch zu sprechen. Außerdem konnten wir auf diese Weise unsere Gutscheine von KLM nutzbringend einsetzen. Nach einem kurzen Aufenthalt in Paris Charles de Gaulles ging es ebenfalls mit Air France weiter nach Lissabon.

Am Stand von Sixt ging alles sehr schnell und ich nahm das Upgrade in Anspruch, obwohl wir beide allein waren. Zu Hause hatte ich die portugiesische Landkarte auf mein Handy geladen und deshalb fanden wir problemlos innerhalb von 30 Minuten aus Lissabon heraus. Nachdem wir eine sehr lange Hängebrücke passiert hatten, mussten wir noch etwa eine halbe Stunde fahren, dann erreichten wir die angegebene Straße, die in Wirklichkeit ein Sandweg war. Da es inzwischen dunkel geworden war und es keine Hausnummern gab, fuhren wir mehrmals auf und ab, ohne die gesuchte Villa zu finden. Erst ein Anruf beim Vermieter brachte Licht ins Dunkel, indem sich jemand mit einer Taschenlampe ans Tor stellte, um uns den Weg zu weisen. Es empfing uns allerdings nicht der Vermieter, sondern ein von ihm Beauftragter, der uns lang und breit auf Englisch die vielen Besonderheiten des Hauses und Gartens erklärte, ständig auf die „Bibel" (eine Sammlung von Bedienungsanleitungen der Geräte) verwies und schließlich das Geld an sich nahm. Da es sich um 1800 Euro handelte, hatten wir kein gutes Gefühl dabei, so viel Geld ohne Quittung an einen Fremden auszuhändigen, aber was sollten wir machen?

Als er weg war, schauten wir uns in Ruhe im Haus um und staunten über die vielen hochmodernen Elektrogeräte und ebenso über die vielen Gegenstände, die überall herumstanden, von denen wir nicht wagten zu entscheiden, ob es sich um Kunst oder Kitsch handelte. Auf jeden Fall störten die Sachen sehr, denn schon, als wir unser mitgebrachtes Abendbrot verzehren wollten, mussten wir erst einmal den halben Esstisch freiräumen, damit wir Platz zum Essen hatten. Genauso erging es uns, als wir eines der Bäder benutzten, denn auch dort gab es keine freie Stelle, wo man seine Zahnbürste ablegen konnte, obwohl der Waschtisch eigentlich groß genug war.

Die mit Fernsehern ausgestatteten Schlafzimmer lagen im Obergeschoss, die Badezimmer dagegen im Erdgeschoss und wir würden höllisch aufpassen müssen, nachts nicht die steile Wendeltreppe herunterzufallen, falls wir mal auf die Toilette müssten.

Am nächsten Morgen machten wir uns Kaffee mit der Luxus-Kaffeemaschine, zu der auch viele volle Kapseln gehörten, und aßen die letzten Reste unseres Reiseproviants. Dann machten wir uns auf, um einen Lebensmittelladen zu suchen und uns mit dem Notwendigen zu versorgen. Im Ort fanden wir tatsächlich einen kleinen Laden, in dem wir bekamen, was wir brauchten. Es war etwas ungewohnt, alles in einer Sprache zu lesen und zu hören, die wir überhaupt nicht kannten, aber mit etwas Fantasie gelang es mir vielfach eine Ähnlichkeit zu Französisch zu finden, wie ich es in Spanien auch schon praktiziert hatte. Zum Glück war wenigstens das Geld mit unserem identisch, was uns davor bewahrte, immer umzurechnen. Nachdem wir das Eingekaufte ins Haus gebracht hatten, wurde es Zeit, das Meer zu suchen, denn schließlich war das Baden im Ozean der Grund unserer Reise gewesen. Mit Hilfe meiner Handynavigation fanden wir die Richtung, mussten aber erkennen, dass es bei dieser Hitze zum Laufen viel zu weit war, also fuhren wir mit dem Auto.

Vor der Düne gab es einen bewachten Parkplatz, auf dem wir das Auto im Schatten abstellen konnten. Wir bezahlten und gingen dann zum Strand, wo wir fast allein waren. Nachdem wir uns ein Stück vom Eingang entfernt hatten, breiteten wir unsere Decke aus und entledigten uns der Kleidung. Wir waren tatsächlich an einem FKK-Strand, sodass es in dieser Hinsicht keine Probleme gab. Als wir jedoch ins Wasser gehen wollten, mussten wir feststellen, dass die Wellen an dieser Stelle so hoch waren, wie wir es noch nie vorher erlebt hatten. Ich ging trotzdem hinein, merkte aber schnell, dass hier wirklich mein gesamter Mut und meine Erfahrung im Umgang mit hohen Wellen gefragt waren. Wie immer tauchte ich unter den heranrauschenden Brechern hindurch, was in diesem Fall allerdings viel schwerer war und länger dauerte. Als ich es jedoch geschafft hatte, schwamm ich im sanft bewegten Wasser und freute mich darüber. Leider musste ich sehen, dass ich der einzige Schwimmer war.

Als ich erfrischt zur Decke zurückkehrte, spürte ich eine negative Stimmung bei meiner Frau. Sie fand es nicht gut, dass sie nicht ins Wasser konnte, sondern nur am Strand liegen sollte. Ich versuchte, ihr noch einmal meine Technik des Durchtauchens zu erklären, aber sie war skeptisch. Sie dachte wohl noch daran, wie sie in Arnaoutchot über den Strand gerutscht war und blieb dem Wasser deshalb lieber fern. Als ich zum zweiten Mal ins Wasser ging, versuchte sie doch, es mir gleich zu machen, scheiterte aber schon an der ersten meterhohen Welle, rollte über den Strand und bekam eine Panade aus Sand. Das sah zwar sehr lustig aus, hatte aber zur Folge, dass sie sich fortan gar nicht mehr ins Wasser traute. So blieb mir also nichts anderes übrig, als allein zu schwimmen, wobei ich bemerkte, dass das Verlassen des Wassers an dieser Küste wirklich extrem schwierig war. Mehr denn je musste ich genau im richtigen Moment einen festen Stand haben, um dann ans Ufer zu laufen, sonst wäre ich rigoros von der nächsten Welle erwischt und auf den Grund gedrückt worden.

Mittags gingen wir in das Strandrestaurant, um Fisch zu essen. Wir konnten uns unsere Portionen in einer Vitrine aussuchen, welche dann gekocht oder gebraten wurden. Es schmeckte herrlich und wir genossen beim Essen die tolle Aussicht, aber als die Rechnung kam, staunten wir nicht schlecht. Während in Portugal die Preise allgemein niedrig waren, hatten wir es in diesem Fall mit einer sehr hohen Summe zu tun. Das Essen war deshalb so teuer, weil der Preis vom Gewicht des Fisches abhing und wir uns wohl sehr große Stücke ausgesucht hatten.

Da wir nun schon mal dort waren, gingen wir auch am Nachmittag wieder an den Strand und erneut war ich der einzige Badende. Es machte Spaß, war aber auch eine große Herausforderung, bei diesen hohen Wellen schwimmen zu gehen.

Weil es sehr heiß war und nur ich mich ab und zu abkühlen konnte, verließen wir den Strand am frühen Nachmittag und fuhren ein wenig herum, um die Gegend kennenzulernen. Unser Ziel war der Leuchtturm Farol do Cabo Espichel, von wo man nicht nur eine schöne Aussicht hatte, sondern wo es auch ein Kloster mit der barocken Wallfahrtskirche Nossa Senhora do Cabo gibt, das wir besichtigten. In der Kirche war es kühl, was wir bei den herrschenden Temperaturen als angenehm empfanden.

Am Abend saßen wir vor dem großen Flachbildfernseher im Wohnzimmer und nachdem ich einige Einstellungen verändert hatte, konnten wir auch mehr als einen deutschen Sender sehen.

Am nächsten Morgen beim Frühstück beschlossen wir, einen Supermarkt zu suchen, denn der kleine Dorfladen verfügte nur über ein Minimalangebot bei scheinbaren Höchstpreisen. Wir hatten gelesen, dass es in der Nähe alle möglichen Supermärkte geben sollte, einschließlich Aldi und Lidl und da wollten wir einkaufen, um richtig zu sparen.

Während der Fahrt strengten wir unsere Augen an, um das Ziel sofort zu erfassen, wenn es auftauchte. Plötzlich ging ein Ruck durch das Auto, denn wir hatten beide ein Einkaufszentrum an der gegenüberliegenden Straßenseite gesehen und ich musste nun sehen, wo ich wenden konnte und wie wir auf den Parkplatz kämen. Das Wenden ging noch ganz gut, aber beim Abbiegen machte ich einen folgenschweren Fehler, indem ich nicht auf den Parkplatz fuhr, sondern kurz davor auf die Autobahnauffahrt. Als ich es bemerkte, war es zu spät, um zurückzufahren, denn hinter uns kamen schon andere Autos, sodass ich wohl oder übel auf die Autobahn fuhr. Zu unserem Leidwesen waren aber auch die portugiesischen Autobahnen kostenpflichtig und anstatt ganz normal vor einer Schranke zu halten und ein Ticket zu ziehen, wähnte ich mich besonders schlau und hielt mich ganz rechts, wo es keine Schranke und auch kein Ticket gab. Dann mussten wir eine ganze Weile fahren, bis wir endlich an eine Ausfahrt kamen, die ich natürlich auch nutzte. Dort wagte ich es nicht, wieder die unkontrollierte Spur zu benutzen, sondern stellte mich an eine Schlange von wartenden Fahrzeugen an und als das Auto vor uns durch die Schranke gefahren war und die Schranke wieder zuging, wollte ich nichts bezahlen, denn wir waren ja aus Versehen auf die Autobahn gefahren. Während ich den Knopf drückte und versuchte mein Anliegen auf Englisch in das Mikrofon zu sprechen, kam ein junger Mann auf uns zugelaufen, von dem ich annahm, dass er zur Autobahnverwaltung gehörte. Ich erzählte also auch ihm die Geschichte unseres Missgeschicks, aber er schien mich nicht zu verstehen, sondern zeigte nur ständig auf mein linkes Vorderrad, während er mir etwas auf Portugiesisch erzählte. Der Kassenautomat an der Seite zeigte stoisch den Betrag von 34 Euro an und der junge Mann bat mich auf Portugiesisch wohl eindringlich, endlich zu bezahlen und weiterzufahren. Der Stress wurde noch vergrößert, als die Autos hinter mir zu hupen begannen. Da tauchte eine Frau in Uniform auf, die nach Administration aussah. Dieser berichtete ich erneut von unserem Pech, aber sie blieb davon unbeeindruckt und verlangte in halbwegs verständlichem Englisch, dass wir die 34 Euro bezahlen sollten. Unter Protest tat ich es und als sich die Schranke hob, bat mich der junge Mann mit Hilfe der Uniformierten, ganz langsam ein Stück vorzufahren damit er seine Kreditkarte aufheben konnte, die unter unserem linken Vorderrad lag. Sie war ihm wohl beim Bezahlen heruntergefallen und er war zurückgekommen, um sie zu suchen.

Wütend fuhren wir die ganze Strecke zum Einkaufszentrum zurück – diesmal natürlich unter Umgehung der Autobahn. Aus meinen Erfahrungen mit dem französischen Mautsystem war mir klar, dass wir für die größtmögliche Strecke bezahlt hatten, da wir nicht im Besitz eines Tickets gewesen waren. So viel Geld konnten wir beim Einkaufen im Supermarkt während unseres gesamten Urlaubs gar nicht einsparen.

Nach diesem Abenteuer kehrten wir in unser Luxusdomizil zurück und verbrachten den Abend bei Fernsehen und Wein. Als es dunkel wurde, fiel mir auf, dass in allen Räumen Kameras angebaut waren, bei denen von Zeit zu Zeit ein rotes Licht leuchtete, was darauf hinwies, dass sie aufnahmen. Diese Tatsache beunruhigte uns schon ein wenig, denn wir waren immer nackt aus dem Bad gekommen und hatten uns erst im Schlafzimmer angezogen. Da konnte uns der Besitzer also in voller Schönheit betrachten. Allerdings hofften wir, dass wir nicht sexy genug waren, um irgendwo verewigt zu werden, sondern dass die Aufnahmetechnik mehr dem Schutz der vielen kunstgewerblichen Gegenstände diente und in der Beziehung waren wir über jeden Verdacht erhaben. Wir hätten eher noch irgendwelche Nippsachen dazugestellt als weggenommen. Trotzdem fanden wir diese Überwachung unangemessen und verhängten einige Kameras.

Nachdem wir einige Tage teils am Strand verbracht hatten und teils in der näheren Umgebung herumgefahren waren, wollten wir uns Lissabon genauer anschauen. Bevor wir starteten, suchte ich die Strecke per Handynavigation, bekam aber kein Ergebnis. „Das ist wieder typisch", schimpfte ich, „immer wenn man es braucht, funktioniert es nicht!"

Da es wegen der überall vorhandenen Wegweiser jedoch einfach war, nach Lissabon zu finden, verzichteten wir auf die Navigation und fuhren einfach los. Nach einer halben Stunde kamen wir wieder an die große Brücke, die „Ponte de 25 Abril" heißt und über den Tejo führt, wie wir inzwischen wussten, aber da gab es plötzlich wieder die uns so verhassten Mautschranken. Da ich ohnehin ganz rechts fuhr, war ich durch Zufall wieder in der Spur, die keine Schranke hatte und um keinen Unfall zu riskieren, blieb ich rechts. An einer Stelle gab es ein Alarmsignal, das sich anhörte, wie die Sirenen eines amerikanischen Polizeiautos und ich schaute ängstlich in den Rückspiegel, ob uns jemand verfolgte, was aber zum Glück nicht der Fall war. Mit etwas mulmigem Gefühl fuhren wir in die Innenstadt, wo wir uns ein Parkhaus suchten, um unser Auto abzustellen. Den Gedanken an die Rückfahrt und die eventuellen Kosten an der Mautschranke verdrängten wir einfach.

Der Tag in Lissabon verlief sehr angenehm. Wir fuhren mit der alten Straßenbahn, die total überfüllt war und sich in den schmalen Gassen nur Millimeter entfernt von Häuserwänden um die Kurven schlängelte, dass es einem Angst und Bange werden konnte. In der Fußgängerzone herrschte reges Treiben und wir waren froh, dass es nicht Hochsommer war, denn es war auch so schon heiß genug. Nachdem wir die Innenstadt kreuz und quer durchkämmt hatten, mehrmals mit einem großen Aufzug gefahren waren, der im Stadtzentrum von Lissabon den Stadtteil Baixa mit dem höher gelegenen Stadtteil Chiado verbindet, und gut gegessen hatten, fuhren wir mit der historischen Straßenbahn zum Parkhaus zurück, in dem unser Auto stand und starteten die Rückfahrt. Als wir wieder auf der Straße waren, zeigte unser Navi sofort die Route zu unserem Ferienhaus an, was mich wunderte. Ich folgte den Anweisungen und wir erreichten wieder die große Brücke, auf der es in unserer Richtung überhaupt keine Schranken und damit auch keine Maut gab, genau wie wir es bei unserer Anreise vorgefunden hatten. Plötzlich zeigte mir meine Frau eine riesige Christus-Statue auf einem hohen Berg, die wir wegen der Dunkelheit am Anreiseabend nicht wahrgenommen hatten.

Das Phänomen der Route, die mal angezeigt wurde und mal nicht, ließ mir keine Ruhe. Am Abend schaute ich mir die Einstellungen am Navigationsprogramm an und begriff, dass es wahrscheinlich daran lag, dass ich Mautstrecken ausgeschlossen hatte und dass offenbar die Strecke nach Lissabon hinein mautpflichtig war, die Gegenrichtung jedoch nicht. Demnach handelte es sich wohl nicht um ein Entgelt für die Brückennutzung, sonder eher um eine Citymaut.

Nach dem anstrengenden Pflastertreten brauchten wir erst einmal wieder Natur, Strand und Wasser. Am Meer gab es die übliche Arbeitsteilung: Meine Frau lag auf der Decke und kühlte nur von Zeit zu Zeit ihre Füße im Wasser, während ich mich immer wieder in die Wogen warf. Das machte mir Spaß, war aber doch nicht ganz ungefährlich, wie ich bald feststellen musste. Als ich wieder einmal von den Wellen an Land gespült worden war und im flachen Wasser schnell aufstehen wollte, kam plötzlich eine Welle von der Seite und drehte meinen Körper, was mir in dem auf dem Boden stehenden Bein einen starken Schmerz verursachte. Ich konnte mich gerade noch ans Ufer schleppen und zur Decke humpeln. Das rechte Knie schmerzte höllisch und ich wusste nicht, wie ich mich hinsetzen und später wieder aufstehen sollte. Da mir an diesem Tag die Lust auf Baden vergangen war, hinkte ich zum Parkplatz und quälte mich in das Auto. Hatte schon das Einsteigen wahnsinnig wehgetan, so war das noch gar nichts gegenüber der Betätigung von Gas- und Bremspedal. Ich fuhr sehr langsam nach Hause und hoffte nur, dass ich unterwegs nicht scharf bremsen müsste, denn das wäre mir ganz sicher nicht gelungen.

Wir trafen gut in der Ferienunterkunft ein, wo ich ins Wohnzimmer wankte und mir von meiner Frau die Schuhe ausziehen ließ. Anschließend legte sie mir Eis aus dem Kühlschrank auf das schmerzende Knie. Nach Abendbrot und Fernsehen war die Treppe eine echte Herausforderung, die ich ganz langsam und vorsichtig meisterte. Ich hoffte nur inständig, dass ich nachts nicht auf die Toilette müsste, die sich ja im Erdgeschoss befand. Die Nacht verlief sehr schmerzhaft, aber der Gang zur Toilette blieb mir glücklicherweise erspart.

Am nächsten Morgen waren die Schmerzen noch da, weshalb wir beschlossen, nicht zum Strand zu fahren. Wir hatten eine wunderschöne Sonnenterrasse, auf der man es auch gut aushalten konnte. Während mir das Wasser sehr fehlte, änderte sich für meine Frau nicht viel. Sie lag sogar bequemer auf einer der Liegen und ausziehen konnten wir uns auch, denn bis zu uns nach oben konnte niemand schauen.

Die Schmerzen ließen in den nächsten Tagen etwas nach, aber ins Wasser ging ich bis zum Urlaubsende nicht mehr.

Am letzten Tag gönnten wir uns einen besonderen Luxus, indem wir mit der vorhandenen Waschmaschine unsere gesamte Wäsche wuschen und trockneten, um sie zu Hause direkt in den Schrank legen zu können. Während die Waschmaschine arbeitete, kam der Beauftragte unseres Vermieters und gab uns unsere Kaution zurück, nachdem er sich in der Wohnung umgesehen hatte und keinen Mangel feststellen konnte.

Inzwischen waren die Schmerzen erträglich und so wagte ich es zum Flughafen zu fahren. Auf der Tejo-Brücke ertönte wieder die Sirene als ich über die rechte Spur fuhr und wir waren uns ganz sicher, dass es deshalb noch Ärger und Kosten geben würde.

Trotz meiner Blessur erreichten wir einigermaßen problemlos unsere Wohnung in Berlin. Hart war es nur, mit den Koffern die vier Treppen hochzusteigen, aber ich schaffte es. Am nächsten Morgen ging ich wieder arbeiten und wenn die Schmerzen im Knie zu schlimm wurden, rieb ich es mit einer Salbe ein, die auch sehr gut half.

Als nach einem Vierteljahr immer noch kein Strafbescheid aus Portugal gekommen war, hofften wir, dass die Sache damit erledigt war. Mehr Sorgen machte mir mein Knie, das immer noch sehr schmerzte. Ich rang mich durch und ging zum Arzt, der mir sagte, dass ich mir einen Innenbandabriss zugezogen hätte und dass man da nicht viel machen konnte – vor allem nach so langer Zeit. Er prophezeite mir ein Andauern der Schmerzen für ein weiteres Vierteljahr, womit er recht hatte.

Antigua (Kleine Antillen)

Nachdem der gemeinsame Urlaub mit Betty und Bill im Jahr 2011 so schief gegangen war, unternahmen wir 2014 einen neuen Anlauf. Diesmal sollte es wieder in die Karibik gehen, und zwar nach Antigua. Der Vorteil dieser Insel war, dass es ein Resort gab, das einen FKK-Strand hatte, der Nachteil war, dass auf der Insel Linksverkehr herrschte. Wären wir allein gereist, hätten wir uns ein Taxi vom Flughafen zum Hotel und zurück genommen, aber Bill bat mich inständig, ein großes Auto zu mieten und sie damit ein wenig spazieren zu fahren. Er wollte sich auch finanziell beteiligen, was uns nicht überzeugte, denn das hatte ja beim letzten Mal auch nicht geklappt. Aber da sie unsere besten Freunde waren, entsprach ich ihrem Wunsch, machte aber einen Kompromiss, indem ich einen Mittelklassewagen auswählte. Die Unterkunft entsprach auch nicht gerade unseren Wünschen, denn es gab nur All Inclusive und war entsprechend teuer und für uns gefährlich, nur der Flug mit Condor war gut und günstig.

Inzwischen wohnten wir nicht mehr in Berlin, sondern waren in den sogenannten Speckgürtel der Hauptstadt gezogen, von wo aus wir uns Mitte März per Taxi zum Flughafen bringen ließen. Die junge Taxifahrerin plapperte ununterbrochen über sich, wodurch wir erfuhren, dass sie noch kinderlos sei, aber gern zwei Mädchen hätte, wenn ihr Mann den von ihr ausgewählten Vornamen Cheyenne-Erna und Champagner-Eulalia zustimmen würde. Dann fragte sie uns, wo wir denn hinwollten und nach einigem Herumdrucksen sagte ich schließlich die Wahrheit. Eigentlich glaubten wir, dass die junge Frau mit unserem Reiseziel gar nichts anfangen könnte, hatten uns aber getäuscht. Sie war schon viel in der Welt herumgekommen und wusste Bescheid.

Mit Sorge sah ich, dass sie nicht angeschnallt war und als ich sie darauf ansprach, erklärte sie mir, dass sie sich das nicht leisten könne, da ihr der Gurt immer ihre schönen T-Shirts versauen würde. Ich sah mir ihr altes, verwaschenes T-Shirt an und wusste nicht, was man daran noch versauen könnte. Außerdem wollte ich mir gar nicht vorstellen, wie ihre Kleidung aussehen würde, falls sie wirklich einmal einen schweren Unfall haben sollte.

Nun erzählte sie uns, dass sie kürzlich einen Fahrgast gehabt habe, der nach Mexiko geflogen sei. Der hätte sie aber nach der Fahrt angezeigt, weil sie ihn angeblich vergewaltigt hätte. Sie lachte höhnisch. „Der Mann war 80 Jahre alt. Wer will denn so einen vergewaltigen?" Insgeheim hatte ich den Verdacht, dass der alte Herr ihre Fahrweise als Vergewaltigung empfunden hatte. Wie zum Beweis überfuhren wir in diesem Moment eine Kreuzung bei roter Ampel. Die junge Dame schien das nicht zu interessieren, denn sie plauderte ungehemmt weiter. „Wann kommt ihr denn wieder? Da kann ich euch doch auch vom Flughafen abholen". „Das wissen wir noch nicht genau", log ich, denn ich hatte keine Lust noch einmal eine solche Fahrt durchzustehen. „Kann sein, dass wir in Frankfurt zu spät ankommen und dann müssen wir dort übernachten". Wenn ich gedacht hatte, damit aus dem Schneider zu sein, hatte ich mich gewaltig geirrt. Während sie ein Paradebeispiel für Lückenspringen vorführte, griff sie in ihr Handschuhfach und holte eine Visitenkarte heraus, die sie uns reichte. „Ruft doch einfach an, wenn ihr gelandet seid. Bevor ihr euer Gepäck habt, bin ich am Flughafen". Ich steckte die Karte mit den Worten „Klar, das machen wir" ein, wusste jedoch schon jetzt ganz genau, was ich nach der Landung nicht machen würde. „Wenn ihr über den Atlantik fliegt, könnt ihr mir auch zollfreie Zigaretten mitbringen", war ihre nächste Idee. „Aber nur eine Stange pro Person. Mehr ist nicht erlaubt. Sagt mir einfach, was sie gekostet haben, ich bezahle alles". Ich nickte müde. Zigaretten würde ich nicht mal für meinen besten Freund mitbringen, geschweige denn dieser Tussi.

Wir waren froh, als wir am Flughafen angekommen waren, zahlten das Taxi und gingen in die Abflughalle. Wir flogen mit Lufthansa bis Frankfurt und von dort ging es einige Stunden später nach Saint John's, der Hauptstadt des Inselstaates Antigua und Barbuda. Nach meinen Berechnungen sollten wir dort um 17 Uhr Ortszeit landen und würden dann mit dem gemieteten Auto eine halbe Stunde bis zum Hawksbill Beach Resort fahren. Eine Landkarte für diese Insel gab es für mein Navi leider nicht, aber ich druckte mir den Streckenverlauf und den relevanten Kartenausschnitt der Insel aus, sodass es eigentlich kein Problem geben sollte, das Hotel zu finden. Aber schon meine Oma sagte immer: „Ersten kommt es anders und zweitens als man denkt." Sie hatte auch in diesem Fall recht, denn als wir endlich unser Auto bekamen, wurde es gerade dunkel auf Antigua und nachdem wir den Flughafen verlassen hatten, gab es nirgends ein Straßenschild. Zehn Minuten später hatten wir völlig die Orientierung verloren und irrten durch die Nacht. Erschwerend kam hinzu, dass wir auf der falschen Seite fahren mussten, was für mich mehr als ungewohnt war und dadurch noch gefährlicher wurde, dass am Straßenrand ein Abwasserkanal verlief, der recht tief war und keinen festen Rand besaß. Wenn Fahrzeuge entgegenkamen, so glaubte ich, nur die Wahl zu haben, mit ihnen zusammenzustoßen oder links in den Graben zu fallen. Meine Frau schrie jeweils entsetzt auf, denn sie wähnte sich schon in der Gosse. Immer wieder versuchten wir wenigstens die Richtung zu finden, aber es gelang uns nicht. Entnervt hielt ich vor einer Frittenbude, stieg aus und fragte die Verkäuferin auf Englisch, ob sie wisse, wo sich denn dieses Hawksbill befände. Zu meiner Verwunderung verstand sie kein Wort und fragte: „Parlez-vous français?" Ich hatte nicht gedacht, dass hier jemand französisch sprach, formulierte aber meine Frage noch einmal in der gewünschten Sprache, aber weder die junge Frau noch die Gäste konnten mir weiterhelfen. Verzweifelt fuhren wir weiter bis wir zu einer Tankstelle kamen. Sowohl die dort Beschäftigten als auch die Kunden waren eifrig bemüht, uns zu helfen. Mit ihrer Hilfe gelang es uns, endlich in die richtige Richtung zu fahren. Als wir an eine Straßengabelung kamen, sahen wir einen Hinweis auf das gesuchte Ziel und gelangten schließlich mit zweistündiger Verspätung zum Hotel.

An der Rezeption stand eine freundliche Dame, der ich erzählte, dass wir Probleme gehabt hatten, Hawksbill zu finden und sie antwortete beruhigend: „But you've found us." Mit dieser positiven Aussage hatte sie zweifellos recht und half uns den Stress abzubauen. Als wir unser Zimmer bezogen hatten und danach zum Essen gingen, versuchten wir das trotz der fortgeschrittenen Zeit reichhaltige Büfett leer zu essen.

Am nächsten Vormittag gab es eine Besprechung mit der Reiseleiterin, von deren Existenz wir vorher gar nichts gewusst hatten, da wir keine Pauschalreisenden waren. So erfuhren wir, dass außer uns noch drei andere Deutsche anwesend waren. Während der junge Mann, der sich als Arzt vorstellte, sehr sympathisch war, machten zwei Damen auf uns keinen guten Eindruck. Sie waren laut und verlängerten die Besprechung durch unsachliche Bemerkungen und Albernheiten. Wie wir erfuhren, waren sie Schwestern, wollten aber auf keinen Fall zusammen in einem Zimmer wohnen.

In den folgenden Tagen erkundeten wir die Hotelanlage ausgiebig und vor allem besuchten wir den FKK-Strand. Auch an diesem gab es wieder schwarze Männer, wie wir sie von anderen Inseln kannten, allerdings waren die auf Antigua nicht so aufdringlich. Sie grüßten freundlich, stellten sich vor, fragten nach unseren Vornamen und woher wir kämen, rückten uns aber nicht so dicht auf die Pelle. Einer von ihnen warnte uns, dass der ausladende Schatten spendende Baum, unter dem wir lagen, der giftigste Baum der Welt sei. Es handele sich um den Manchinelbaum, an dem alles extrem giftig sei, weshalb man nichts davon berühren dürfe. Erschrocken zogen wir unsere Liegen in die Sonne, denn ein Sonnenbrand schien uns das kleinere Übel zu sein.

Nachdem wir uns von der ersten Autofahrt auf der Insel erholt hatten, setzten wir uns doch wieder in das Auto. Es war heller Tag und das erste Stück bestand aus einer ruhigen Straße, die am Hafen vorbeiführte, in dem gerade drei Kreuzfahrtschiffe lagen. Ärgerlich waren die Speed Bumps, bei denen unser Auto jedes Mal aufsetzte, obwohl ich extrem langsam drüberfuhr. Dann kamen wir wieder in die Stadt, wo es ein bisschen stressiger zuging. Es gab viele Einbahnstraßen, die unkompliziert waren, aber beim Abbiegen in Straßen mit Gegenverkehr musste ich höllisch aufpassen, dass ich nicht aus Gewohnheit auf die rechte Seite geriet. Zwar konnte ich jetzt die Gräben am Straßenrand besser sehen, aber wenn ein breiteres Fahrzeug entgegenkam, hatte ich immer Probleme, so dicht wie möglich an den Graben heranzufahren, ohne über den ausgefransten Rand zu kommen. Wir fuhren zum English Harbour, der am anderen Ende der Insel lag und im Reiseführer sehr angepriesen wurde. Der Ausblick war schön, aber bei mir hielt sich der Genuss in Grenzen, weil ich ständig an den Rückweg dachte. Dieser verlief aber gut, denn wir fanden auf Anhieb nach Hause und ich wurde immer sicherer im Linksfahren.

Betty und Bill kamen fast eine Woche nach uns an. Sie hatten ein Haus gemietet und wir besuchten sie dort gleich am ersten Tag. Die Wiedersehensfreude war groß und wir hatten uns viel zu erzählen. Immer wieder sagte Betty, auf den Straßenzustand anspielend: „Poor Wilfried, how could you drive here?" Das Haus, das sie gemietet hatten, lag direkt am Ufer und Bill wollte unbedingt, dass wir mit ihm gleich vor ihrer Tür ins Wasser gingen. Obwohl man an dieser Stelle nur angezogen baden durfte, schwammen wir seinetwegen mit ihm einige Runden, aber als Bill dann aus dem Wasser wollte, wurde er immer wieder umgeworfen und schaffte es nicht, das Ufer zu erreichen. Schnell schwamm ich hinzu und reichte ihm die Hand, damit er aufstehen und stehenbleiben konnte. Die Wellen waren wirklich nicht hoch, aber er war eben ein sehr dünner alter Mann, der auch von kleinen Wellen umgeworfen wurde. Als wir zu Betty zurückkamen, erzählte er ihr gleich: „Wilfried has saved my life."

Die Woche mit den beiden verlief sehr angenehm, wenn auch etwas eintönig. Morgens holten wir sie zum Frühstück ab, denn Betty war nicht mehr gut zu Fuß und meine Frau und ich nahmen sie in die Mitte, um ihr beim Treppensteigen behilflich zu sein, denn es gab viele Stufen zwischen ihrem Haus und dem Speisesaal. Während wir drei uns das typisch englische Frühstück schmecken ließen, nahm Bill wieder lediglich mehrere Tassen Eistee zu sich. Bevor unsere amerikanischen Freunde bei uns waren, hatten wir es stets vermieden, mittags auch noch etwas zu essen, aber jetzt trafen wir uns mit ihnen immer auch noch zur Mittagsmahlzeit und blieben gleich bis zum Kaffee im Restaurant sitzen, um noch Eis oder Torte zu genießen. Am Abend standen wir stets wieder bereit, um Betty zum Restaurant zu bringen. Bevor wir uns setzten, holten wir uns erst einen Aperitif an der Bar, um uns dann an unseren Stammtisch zu begeben. Nach dem Essen wurden die beiden meist müde und gingen in ihr Haus, wozu sie keine Hilfe brauchten, denn es ging ja die Treppe hinunter. Wir blieben meist noch eine Weile an der Bar und genossen Drinks und Gespräche mit anderen Urlaubern. Viele dachten, dass Betty und Bill unsere Eltern seien und waren ganz erstaunt, wenn wir ihnen sagten, dass es sich um gute Freunde handelte. Auf jeden Fall waren wir durch sie bekannt, wie der sprichwörtliche bunte Hund.

An einem Nachmittag war es dann so weit und wir machten einen gemeinsamen Ausflug mit dem Mietwagen. Da wir die Strecke kannten, fuhren wir noch einmal nach English Harbour. Betty und Bill waren sehr dankbar, dass sie auf diese Weise etwas mehr von der Insel zu sehen bekamen und als wir zurück auf dem Parkplatz der Anlage waren, drückte mir Bill 50 Dollar in die Hand und murmelte dabei: „Our contribution." Das war zwar nett, aber eigentlich hatte ich damit gerechnet, dass er sich an die von ihnen abgesagte Reise erinnern und daran auch noch beteiligen würde. Aber dass er dies vergessen hatte, tat unserer Freundschaft keinen Abbruch.

Der junge Arzt erzählte uns beim abendlichen Cocktail an der Bar, dass er zwischen zwei Dörfern eine Reifenpanne gehabt hätte und dass er auf seinen Anruf beim Autovermieter als Antwort bekommen hätte, dass er sich allein helfen müsste, da für solche Einsätze kein Personal zur Verfügung stünde. Beim Radwechsel in glühender Sonne bemerkte der Fahrer dann, dass die Reifen alle schon sehr porös und eingerissen waren. Gleich am nächsten Morgen ging ich zu unserem Auto und musste feststellen, dass es bei diesem genauso aussah. Die Reifen hatten lange Risse an den äußeren Flanken und wie es an der Innenseite aussah, konnte man nur ahnen. Deshalb beschloss ich, auf weitere Fahrten mit dem Auto zu verzichten, denn ich hatte keine Lust zum Reparieren auf freier Strecke.

Während Bill uns stets zum FKK-Strand begleitete, blieb seine Frau lieber in ihrer Unterkunft. Sie sagte, dass ihr der Weg zu weit sei. Zu meinem Bedauern gab es an diesem von uns bevorzugten Strandabschnitt fast keine Wellen, sodass ich nicht auf meine Kosten kam, aber dafür alle anderen sich im Wasser wohlfühlten. Als eines Tages der Wind wohl gedreht hatte und die Wellenhöhe Ostseeniveau erreichte, gingen wir wieder schwimmen, aber Bill hatte große Schwierigkeiten gegen die Wellen anzukämpfen und driftete mehr und mehr auf einen Felsen zu, der aus dem Wasser ragte und sehr scharfe Kanten hatte. Um ihn vor Schaden zu bewahren, schwamm ich zu ihm, nahm seine Hand und schwamm mit ihm zum Ufer. Als er an Land wieder sprechen konnte, sagte er: „I think my ocean days are over." Von da an ging er nicht mehr ins Wasser; dabei waren wir gar nicht an der Atlantikküste, sondern an der ruhigen karibischen Seite.

Unsere Zimmer wurden täglich gereinigt und wir setzten uns dann immer auf den Balkon, um nicht zu stören. Eines Tages hörten wir, dass das Zimmermädchen unsere Suite verließ und wollten zurück ins Zimmer, das ging aber nicht, da die Balkontür eingerastet war und sich nur von innen öffnen ließ. Jetzt erwies es sich als ausgesprochener Glücksfall, dass wir im Hochparterre wohnten, sodass ich einfach über das Geländer des Balkons klettern, auf den weichen Grasboden herabspringen und zur Rezeption gehen konnte, um jemanden zu bitten, unsere Tür aufzuschließen, denn unser Schlüssel lag im Zimmer.

Schlechter erging es da dem deutschen Arzt, der sich selbst ausgesperrt hatte, als er Wäsche auf dem Balkon aufhängte und nun verzweifelt wartete, dass jemand unter seinem Balkon, der im zweiten Stock lag, vorbeikam. Als wir zufällig in seiner Nähe waren, hörten wir seine Rufe und ich ging auch für ihn zur Rezeption und sorgte dafür, dass er befreit wurde.

Betty und Bill reisten schon einige Tage vor uns ab und beide weinten, als wir uns zum Abschied umarmten. Sie sagten uns immer wieder, dass es durch uns ein besonders schöner Urlaub für sie gewesen sei. Außerdem befürchteten sie, dass dies ihre letzte Auslandsreise sein würde und wir einander vermutlich nie wiedersehen würden. Immerhin war Bill schon über 90 Jahre alt.

Einen Tag vor unserer Abreise wurde die See plötzlich bewegter und der Hotelmanager entschuldigte sich wegen der Unannehmlichkeiten. Ganz erstaunt war er, als ich ihm sagte, dass ich genau diesen Seegang liebte und so lange wie möglich genießen werde. Zusammen mit dem jungen Arzt tummelte ich mich in den Wellen und wir konnten beide gar nicht genug davon bekommen.

Am nächsten Vormittag packten wir unsere Koffer und reisten ab. Zum Flughafen kamen wir recht unkompliziert, denn der Arzt, der ein Auto mit Navigationssystem hatte, fuhr vor und wir folgten ihm. Bei der Rückgabe des Autos achtete ich darauf, dass die Reifenschäden möglichst verdeckt waren, indem ich sehr dicht an den Bordstein fuhr, aber der Angestellte der Autovermietung achtete gar nicht darauf und ich nehme an, dass der nächste Kunde das Auto genau in diesem Zustand bekommen hat.

Schon vor unserem Urlaub hatte es immer wieder Streiks bei der Lufthansa gegeben und wie es das Schicksal wollte, gab es den nächsten Ausstand genau als wir zurückflogen. Bis Frankfurt klappte es ja alles wie geplant, denn wir flogen mit Condor, aber dann ging es nicht weiter. Wir irrten im großen Frankfurter Flughafen herum, bis wir einen Stand der Lufthansa fanden. Dort wurden wir mit Wasser und ein paar Snacks sowie dem Hinweis versorgt, dass wir uns aus einem der Lufthansa-Automaten Fahrscheine für die Bahn holen könnten.

Mit unseren Bahntickets für die zweite Klasse gingen wir zum Bahnhof des Flughafens, von wo aus wir mit der S-Bahn zum Frankfurter Hauptbahnhof fuhren. Wir hatten Glück und mussten gar nicht lange auf den Zug nach Berlin warten. Wir stiegen ein und suchten zwei freie Plätze, die wir auch bald fanden. Leider erwiesen diese sich als reserviert, wie wir bald erfahren sollten. Deshalb torkelten wir mit unseren beiden Koffern durch den fahrenden Zug bis wir ein Abteil fanden, in dem lediglich zwei junge Männer am Fenster saßen. Ohne zu fragen hievte ich die Koffer in die Gepäckablage, dann setzten wir uns. Unseren Gruß hatten die beiden nicht erwidert und ihre Blicke sagten uns, dass wir bei ihnen alles andere als willkommen waren.

Nachdem wir etwa eine Stunde gefahren waren, ertönte die Durchsage, dass ein Zug vor uns wegen technischer Probleme aus dem Verkehr gezogen werden musste und die Reisenden deshalb in unseren Zug umzusteigen hätten. Es dauerte auch gar nicht lange, da hielt unser Zug in Kassel-Wilhelmshöhe und wurde von den auf dem Bahnsteig Wartenden regelrecht gestürmt. Auch unsere Abteiltür wurde geöffnet und ein Paar fragte, ob noch Platz sei. Die beiden jungen Männer antworteten unisono „Nein!", während wir „Ja" sagten. So kamen sie herein, versuchten ihre Koffer auch noch in der Gepäckablage unterzubringen, was aber wegen Überfüllung nicht gelang. Sie setzten sich zwischen uns und die beiden jungen Stoffel und stellten ihre Koffer auf den Fußboden. Wir freuten uns über die neuen Mitreisenden und fragten, ob sie lange auf den Ersatzzug warten mussten, was sie verneinten. Dann erzählten sie uns, dass sie aus der Schweiz kämen und ein verlängertes Wochenende in Berlin verbringen wollten. Etwas ironisch fragten sie, ob wir etwas gegen Ausländer hätten, was meine Frau und ich natürlich vehement verneinten, während die beiden jungen Männer am Fenster sich zu der Bemerkung hinreißen ließen: „Kommt drauf an, was für Ausländer. Hauptsache keine Flüchtlinge." Während die Schweizer lachend darauf verwiesen, dass sie Touristen seien und in drei Tagen wieder nach Hause fahren würden, nahm ich den Faden auf und erklärte, warum Menschen zu uns flüchten und dass es in unserem ureigenen Interesse sei, sie freundlich aufzunehmen. Weiter führte ich aus, dass es durchaus auch Vorteile für uns habe, wenn Menschen aus anderen Ländern zu uns kämen. Ich hatte mir durch Diskussionen im Verwandten- und Bekanntenkreis schon eine gewisse Routine bei der Zurückweisung flüchtlingsfeindlicher Argumente erarbeitet. Als auch die Schweizer in mein Horn stießen, wurden die beiden jungen Herren schließlich doch einsichtig und es entstand eine richtig nette Unterhaltung, sodass wir am Ende fast traurig waren, als wir am Berliner Hauptbahnhof aussteigen mussten.

Da wir annahmen, dass unsere Fahrkarten auch für den Berliner Nahverkehr galten, fuhren wir mit der S-Bahn bis in unseren Vorort und sparten auf diese Weise das Geld für ein Taxi.

Während meine Frau nie wieder nach Antigua will, weil sie die Fahrt mit dem Auto als reinen Horror betrachtete, könnte ich mir schon vorstellen, noch einmal dorthin zu reisen. Man kann ja auch den Shuttle-Service des Hotels nutzen und auf einen Mietwagen verzichten.

Betty und Bill hatten übrigens recht, es war wirklich unser letzter gemeinsamer Urlaub. Die Antworten auf meine E-Mails wurden immer seltener bis sie ganz ausblieben. Was uns bleibt, sind die schönen Erinnerungen an die gemeinsamen Urlaube mit ihnen.

Was sonst noch so passierte

Da es auch bemerkenswerte Situationen bei Reisen gab, die ich hier nicht ausführlich beschrieben habe, kommt zum Schluss ein Sammelsurium von Anekdoten.

Autsch!

Bei einem Ostseeurlaub im Jahr 1974 bekam ich plötzlich Zahnschmerzen und eine dicke Backe. Was also blieb mir übrig, als einen ortsansässigen Zahnarzt aufzusuchen?

Das Wartezimmer war leer und ich durfte gleich auf dem Behandlungsstuhl Platz nehmen. Der Zahnarzt war ein grober Klotz, der besser auf einen Schlachthof gepasst hätte. Ihm reichte ein Blick in meinen Mund, dann standen Diagnose und Therapie fest.

Er holte aus einem Schrank mehrere Instrumente, von denen ich aber nur eine Spraydose sehen konnte. Ich musste den Mund weit öffnen und er sprühte mir eiskalte Luft auf meinen kranken Zahn. Während ich mich noch über diese mir unbekannte Behandlungsmethode wunderte, erschien seine bisher verborgene Hand mit einer Zange und ehe ich mich versah, war der Zahn draußen.

So schmerzhaft ging es zum Glück nie wieder zu, aber dafür oft umso lustiger.

Im Jahr 1988 reiste ich nach Warschau, wo ich in einem Interhotel wohnte. Es war alles sehr modern und ich war bisher nur an das Zelten gewöhnt. Ich fand es toll, dass das Zimmer eine Nasszelle hatte und benutzte sie sofort. Mit der Toilette hatte ich keine Probleme, denn sie funktionierte wie unsere zu Hause. Als ich mir jedoch die Hände waschen wollte, stieß ich auf Schwierigkeiten, denn ich wusste nicht, wie ich diesem seltsamen Gebilde, das sich an der Stelle eines Wasserhahns befand, Wasser entlocken sollte. Ich drehte den Schwenkarm nach links und nach rechts, aber es kam zunächst kein Wasser. Nachdem ich dies einige Male gemacht hatte, strömte doch plötzlich kaltes Wasser in das Waschbecken. Leider war der Strahl so stark, dass ich befürchtete, das Waschbecken könnte überlaufen. Wieder drehte ich den Schwenkarm in beide Richtungen, ohne dass der Wasserstrahl dünner wurde. Da entdeckte ich hinter der eigenartigen Armatur einen Hebel und hoffte, mit seiner Hilfe den Wasserzufluss beenden zu können, was sich aber leider als Trugschluss erwies, denn damit versperrte ich nur den Abfluss und der Wasserstand im Becken nahm schnell zu. Also benutzte ich den Hebel erneut, um das Wasser wieder abfließen zu lassen und starrte auf diese eigenartige Mischbatterie bis ich endlich auf die Idee kam, dass dabei außer Bewegungen nach rechts und links auch solche nach oben und unten möglich waren. Damit gelang es mir nach bangen Minuten den Wasserstrahl abzustellen und eine Überschwemmung zu verhindern.

Bei meinem ersten Besuch der CBIT in Hannover war ich überwältigt von der gezeigten Technik, von der ich hinter der Mauer nur wenig mitbekommen hatte. Während ich auf einer Rolltreppe in eine obere Etage unterwegs war, hörte ich an meinem Ohr einen Mann sprechen, der sehr eigenartige Dinge sagte. So fragte er: „Kommst du heute Abend zu mir ins Hotel?" Ich wagte nicht hinzusehen, da flüsterte er mir ins Ohr: „Ich freue mich schon auf dich und kann es kaum noch erwarten." Ich war sehr verwundert, denn ich hatte ja noch gar nicht zugesagt. Ungeachtet dessen flirtete er weiter: „Ich besorge eine gute Flasche Rotwein, die können wir dann zusammen trinken." Jetzt wurde es mir aber doch zu bunt und ich drehte mich verärgert um. Da sah ich einen Herrn im Anzug, der in einer Hand einen offensichtlich schweren Kasten trug, aus dem ein Kabel herauskam, welches am Ende einen Telefonhörer hatte, den der Mann mit der anderen Hand an sein Ohr hielt. Er benutzte, wie ich messerscharf schloss, ein damals sündhaft teures Funktelefon.

Während einer Wanderung in Frankreich war es uns gerade noch gelungen, uns unterzustellen, dann fing es gewaltig an zu regnen. Die aufgestellten Sonnenschirme boten nur teilweisen Schutz vor Nässe, aber es gelang mir trotzdem, dass meine Schuhe trocken blieben, denn wir hatten ja noch einen langen Fußweg vor uns, den ich ungern in nassen Schuhen absolvieren wollte, um mir keine Blasen zu laufen. Der Regen war heftig, hörte aber schnell wieder auf. Wir besichtigten die kleine Stadt, in der wir uns befanden ein wenig, um uns danach auf den Heimweg zu machen. Eine Toilette am Straßenrand kam uns gerade recht, denn wir wollten doch nicht das Naturschutzgebiet verunreinigen. Nach Einwurf von einem Franc öffnete sich die Tür und meine Frau betrat als Erste die Hightech-Toilette. Nach einer Weile öffnete sich die Tür und sie kam wieder heraus. In Ermangelung von weiteren Geldstücken nutzte ich die offene Tür, um kostenlos den relativ großen Raum zu betreten. Hinter mir schloss sich die Tür wieder. Nach der Erledigung meines Geschäfts wollte ich das Toilettenhaus verlassen, aber die Tür war zu und eine Türklinke gab es nicht. In meiner Verzweiflung drückte ich alle vorhandenen Knöpfe neben der Tür, ohne jedoch irgendeine Wirkung zu erzielen – die Tür blieb zu. Zu meinem größten Schrecken wurde aber plötzlich der Raum geflutet und ich stand schließlich bis zum Knöchel in Seifenwasser. Das automatische Reinigungsprogramm schien abzulaufen und ich hatte keine Chance, mich an einen trockenen Ort zu flüchten. Nachdem meine Schuhe vollgelaufen waren, öffnete sich endlich die Tür und ich konnte mit meinen klitschnassen Füßen auf die Straße gehen und so den Heimweg antreten. Es schmatzte bei jedem Schritt und das Gefühl war schrecklich.

Jedoch kann uns nicht nur unbekannte Technik in Erstaunen versetzen, sondern auch die Menschen in anderen Klimazonen.

Einmal waren wir im Hochsommer in Helsinki. Am Tag reichte die Sonne für einen Sonnenbrand auf meinem Kopf, aber abends war es uns draußen trotz wärmender Kleidung viel zu kalt und so genossen wir unser Abendessen gemeinsam mit vielen anderen Touristen lieber im Hotelrestaurant. Als wir aus dem Fenster schauten, sahen wir einen Mann in kurzen Hosen und T-Shirt auf der Terrasse Platz nehmen und essen. Vermutlich war er wesentlich tiefere Temperaturen gewöhnt und deshalb war es ihm drinnen zu warm.

Eine Hotelangestellte auf Lanzarote erzählte uns einmal bei einem Urlaub im November, dass sie jeden Abend nach der Arbeit erst mal ein heißes Bad nehme, um sich aufzuwärmen, wohingegen wir die herrschende Temperatur von 28 Grad im Schatten genossen und täglich im Meer badeten.

Ja, und dann gibt es manchmal noch so eine Situationskomik, wie zum Beispiel diese hier.

Im Jahr 2008 erfüllte ich mir einen ganz alten Wunsch und flog zusammen mit meiner Frau nach Liverpool, um endlich die Heimat der Beatles kennenzulernen. Das Wetter war scheußlich und nachdem wir an der Magical Mystery Tour teilgenommen und außerdem die Stadtrundfahrt mit dem Hop-On/Hop-Off Bus dreimal absolviert hatten, sahen wir nur noch die Möglichkeit, shoppen zu gehen, um die Zeit bis zum Rückflug warm und trocken zu verbringen. Deshalb betraten wir ein Marks & Spencer Warenhaus, wo sich meine Frau besonders für die angebotenen Bikinis interessierte, denn jedes Teil kostete nur ein bis zwei Pfund. Bald hatte sie einen Bikini ausgewählt, war sich aber nicht sicher, ob er ihr passte, weshalb sie mich bat, nach einer Umkleidekabine Ausschau zu halten. Während sie weitersuchte, nahm ich ihr den Bügel mit Höschen und BH ab und als eine Verkäuferin in der Nähe war, ging ich auf diese zu und fragte: „Excuse me, where are the fitting rooms?" Sie sah mich etwas seltsam an und antwortete dann: „Downstairs, but I can tell you before, it won't fit you." Ich begriff, dass sie dachte, ich wolle den Bikini anprobieren und beeilte mich, zu sagen: „It's not for me, it's for my wife!" Dabei zeigte ich dahin, wo ich meine Frau zuletzt gesehen hatte, aber diese war inzwischen irgendwo zwischen den Regalen und Kleiderständern abgetaucht und damit unsichtbar. Die Verkäuferin schaute mich sehr merkwürdig an, bevor sie wegging.

Bei dem folgenden Missgeschick hätte ich zu gern eine Videokamera gehabt und gefilmt.

Auf dem Flughafen London-Heathrow war ein Paar wohl gerade aus einem fremden Land eingetroffen und benutzte eine Rolltreppe. Die vielen schweren Koffer hatte der Mann auf die Stufen vor sich gestellt. Als die Rolltreppe zu Ende war, schaffte er es nicht, alle Koffer aus dem Weg zu räumen und fiel darüber hin. So erging es auch seiner Frau und allen nachfolgenden Rolltreppenbenutzern, denn sie hatten keine Chance dem Unheil zu entgehen. Die Rolltreppe war voll und niemand konnte zurückgehen. Der Berg übereinanderliegender Menschen wuchs so lange, bis jemand den Notschalter betätigte und die Rolltreppe anhielt. Zum Glück war niemand verletzt worden, es war einfach nur sehr lustig anzusehen.

Oft stolpert man auch über sprachliche Hürden.

An der Kasse eines Supermarktes in Westengland fragte mich die Verkäuferin: „Do you need a carrier?" Ich war verwirrt, denn ich wusste gar nicht, dass ich so schwach aussah, dass man mir einen Träger mitgeben musste. Ich muss wohl ziemlich verwirrt dagestanden haben, bis die Verkäuferin hinter sich griff und mir eine Plastiktüte zeigte. Ich nickte, denn so einen Träger konnte ich tatsächlich gebrauchen.

In England sagte unser Vermieter zu mir: „If you need me, give me a ring." Ich überlegte, dass er wohl meinte, ich solle anrufen. Ring sollte wohl den Ton beschreiben, den ein Telefon damals machte. Mir fiel ein, dass es ja auch ein ABBA-Lied mit dem Titel „Ring, Ring" gab. Als wir einmal mit unseren amerikanischen Freunden Urlaub machten, sagte ich zu ihnen: „When you are ready, give us a ring." Sie schauten mich staunend an und fragten: „Why should we give you a ring, when we are ready?" So erfuhr ich, dass in den USA ein ring wirklich ein Ring ist und der Anruf ein call.

Auf dem Flughafen Paris Charles de Gaulle wollte ich mit meiner Frau in den Abflugbereich. Wir fanden einen Eingang, aber davor stand ein Wächter, der darauf achten sollte, dass nur die richtigen Fluggäste hier passieren konnten. Er fragte: „Vous voyagez en Business?" Ich antwortete ihm: „Non, nous sommes en vacances." Er lachte, denn das war nicht die Antwort auf seine Frage. Freundlich aber bestimmt schickte er uns zum Eingang für die Economy Class.

Weniger lustig, aber kurios ist das Folgende.
Der Rückflug von unserem Urlaubsort nach Berlin verzögerte sich um mehr als fünf Stunden. Da es 2 Uhr morgens war und für Berlin-Tegel ein Nachtflugverbot existierte, mussten wir in Berlin-Schönefeld landen, um dann mit dem Taxi durch ganz Berlin nach Hause zu gelangen. Da die Fluggesellschaft nicht auf meine Briefe reagierte, in denen ich das vom Piloten versprochene Taxigeld anforderte, beauftragten wir einen Anwalt, unsere Rechte zu vertreten. Das tat er auch und wie immer bei solchen Prozessen, gehen die Schreiben und die Stellungnahmen hin und her. Der Pilot unseres Flugzeuges versicherte auf fünf Seiten, eidesstattlich, dass es objektive Gründe gegeben habe, dass er nicht pünktlich fliegen konnte und auf weiteren fünf Seiten, dass er weniger als zwei Stunden zu spät in Berlin angekommen sei, sodass uns eine Entschädigung nach den Europäischen Fluggastrechten nicht zustehe. Er nannte als Grund seines zu späten Eintreffens Wind und jonglierte mit den Zeiten von Ankunft- und Abflugort, die er auch noch mit der Weltzeit vermischte. Bevor unser Anwalt darauf erwidern konnte, dass die ganze Zeit Flugzeuge gestartet und gelandet waren, während wir auf unser Flugzeug warteten und dass man doch für die Flugdauer und Zeiten des Abfluges und der Ankunft eine einheitliche Zeit benutzen müsse, hatte ein Richter bereits unsere Klage ohne mündliche Verhandlung abgewiesen. Eine Berufung war nicht möglich, da der Streitwert unter 600 Euro lag.

Manche Vermieter haben eigenartige Marotten.

In einer kleinen Pension im Rheinland gesellte sich die Wirtin während des Frühstücks zu uns, um zu plaudern. Das wäre ja nichts Schlimmes gewesen, hätte sie uns nicht erzählt, dass sie einen großen Aufwand gehabt hätte, ihre drei Fremdenzimmer mit Dusche und WC zu versehen, da das Abflussrohr zu dünn gewesen sei. Um die Ausscheidungen der Gäste trotzdem abzutransportieren, musste ein Schredder für Fäkalien eingebaut werden, dessen Funktionsweise sie uns in allen Einzelheiten erläuterte. Als uns der Appetit vergangen war, fragte sie scheinheilig, ob es uns nicht schmecke.

Eine andere Vermieterin hatte von ihrem Mann, der Kriminalkommissar war, offensichtlich strenge Auflagen, was die Feriengäste betraf. So mussten wir zuerst die Kenntnisnahme der Hausordnung quittieren, dann mussten wir für alle Einrichtungsgegenstände, den Zimmerschlüssel und jede Mahlzeit unterschreiben, wobei es eine Liste mit den verwendeten Geschirr- und Besteckteilen gab. Ohne Unterschrift hätten wir nichts zu essen bekommen. In der Hausordnung waren für den Fall des Verlustes irgendwelcher Haushaltsgegenstände drastische Strafen angedroht. Am Ende waren wir froh, ohne Vorstrafe wieder nach Haus fahren zu dürfen.

Wie man an den kurzen und langen Geschichten in meinen beiden Reisebüchern sieht, gibt es viel Seltsames und Kurioses, das auf Reisende zukommen kann. Trotzdem hat mir das Reisen immer Spaß gemacht und ich möchte keine der Erfahrungen missen, die ich gemacht habe.

Noch ein Buch über Reisen gibt es aber nicht. Jetzt sind auch mal andere Themen dran.

Anhang: Reiseziele in Nord- und Mittelamerika

Ebenfalls von Wilfried Hildebrandt und im selben Verlag erschienen:

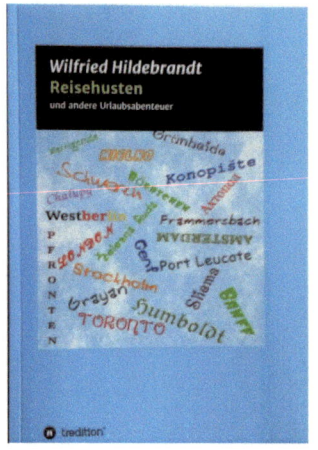

Marion Bergsdorf schrieb für die Märkische Allgemeine Zeitung u.a.

Reisebeschreibungen sind nicht meine Sache, obwohl ich gerne reise. Entsprechend lustlos ging ich ans Lesen dieses Buches. Schon nach der ersten Geschichte entpuppte sich „Reisehusten" von Wilfried Hildebrandt als amüsante Abendunterhaltung. ...

Lesermeinungen bei Amazon:

„Ich bin absolut begeistert, selten hat mich ein Buch so zum Lachen gebracht! Man kann sich richtig gut reinversetzen. Gern mehr davon, z.B vom Alltag/Arbeitsleben."

„Empfehlenswertes Buch, um dem Alltag zu entfliehen und über Urlaubsmissgeschicke lachen zu können. Denn das sind doch die Erinnerungen, die uns ein Schmunzeln aufs Gesicht zaubern. Lob an den Autor."

„Es hat Spaß gemacht, das Buch zu lesen. Ich hatte das Gefühl selbst alles miterlebt zu haben. Hoffentlich schreibt der Autor noch mehr Bücher!"